Bayern

5 Gymnasium

Unsere erde

Herausgegeben von
Martina Flath
Ellen Rudyk

Autorinnen und Autoren:
Martina Flath, Vechta
Berta Hamann, Würzburg
Volker Huntemann, Langenzenn
Christa Jandausch, Bad Kissingen
Ellen Rudyk, Taunusstein
Max Steinmüller, München

in Zusammenarbeit
mit der Verlagsredaktion

Cornelsen

Mit Beiträgen von: Peter Fischer, Frank V. Kühnen, Susanne McClelland,
Jürgen Neumann
Redaktion: Hans-Ragnar Steininger
Bildassistenz: Franziska Becker
Atlasteil: Michael Kunz
Webcodes: Sebastian Fischer, Bersenbrück
Grafik: Volkhard Binder, Franz-Josef Domke, Oliver Hauptstock, Matthias Pflügner,
Dieter Stade, Josephine Wolff, Hans Wunderlich
Karten: Oliver Hauptstock, cartomedia, Dortmund; Peter Kast, Ingenieurbüro für
Kartographie, Wismar; Kartographie Muggenthaler, Regen

Umschlaggestaltung: Corinna Babylon, Berlin
Layout und technische Umsetzung: CMS Cross Media Solutions GmbH, Würzburg
Titelfoto: Füssen am Lech (Foto: © F1online digitale Bildagentur)

www.cornelsen.de

**Die Mediencodes enthalten zusätzliche Unterrichtsmaterialien,
die der Verlag in eigener Verantwortung zur Verfügung stellt.**

1. Auflage, 1. Druck 2017

Alle Drucke dieser Auflage sind inhaltlich unverändert und können
im Unterricht nebeneinander verwendet werden.

© 2017 Cornelsen Verlag GmbH, Berlin

Das Werk und seine Teile sind urheberrechtlich geschützt.
Jede Nutzung in anderen als den gesetzlich zugelassenen Fällen
bedarf der vorherigen schriftlichen Einwilligung des Verlages.
Hinweis zu den §§ 46, 52 a UrhG: Weder das Werk noch seine Teile dürfen
ohne eine solche Einwilligung eingescannt und in ein Netzwerk eingestellt
oder sonst öffentlich zugänglich gemacht werden.
Dies gilt auch für Intranets von Schulen und sonstigen Bildungseinrichtungen.

Druck: Firmengruppe APPL, aprinta Druck, Wemding

ISBN 978-3-06-064571-8 (Schulbuch)
ISBN 978-3-06-065296-9 (E-Book)

PEFC zertifiziert
Dieses Produkt stammt aus nachhaltig
bewirtschafteten Wäldern und kontrollierten
Quellen.
www.pefc.de
PEFC/04-32-0928

Inhaltsverzeichnis

Blick aus dem Weltraum auf einen Kontinent bei Nacht

6 Geographie – ein neues Unterrichtsfach
8 Unsere Erde – dein Geographiebuch

12 1 Den Planeten Erde erkunden

14 Unsere Erde – ein Planet im Sonnensystem
16 Das Gesicht der Erde – Kontinente und Ozeane
18 Der Globus – ein Modell der Erde
20 Die Erde – vom Kern zur Kruste
22 Die Erde – unser Lebensraum
24 Unser Lebensraum muss geschützt werden
26 **Geo-Aktiv:** Wir orientieren uns nach Himmelsrichtungen
28 **Geo-Methode:** Wir erkunden unsere Schule mit digitalen Karten und Luftbildern
30 **Geo-Methode:** Wir arbeiten mit dem Stadtplan und dem Maßstab
32 **Geo-Methode:** Der Atlas – gewusst wo, gewusst wie!
34 **Geo-Methode:** Wir lesen physische Karten
36 **Geo-Check: Den Planeten Erde erkunden**

40 2 Naturräume in Bayern und Deutschland untersuchen

42 Deutschland zwischen Küste und Alpen
44 Die Nordseeküste – das Wasser kommt und geht
46 Deiche – Küstenschutz und Landgewinnung
48 Das Watt – einzigartiger Lebensraum
50 Ökosystem Wattenmeer
52 Wind und Wellen zerstören die Küste und bauen sie auf
54 Zwischen Rhön und Alpen – Landschaften in Bayern
56 **Geo-Methode:** Wir zeichnen eine Kartenskizze
58 Gesteine im Wandel – der Kreislauf der Gesteine
60 Wie kommen Meerestiere auf die Fränkische Alb?

An der Nordseeküste auf Sylt

62 Oberflächenformen der Fränkischen Alb
64 **Geo-Aktiv:** Wir planen eine Exkursion in die Fränkische Schweiz
66 Der Bayerische Wald – ein Mittelgebirge
68 Nationalpark Bayerischer Wald – Schutz der Natur
70 **Geo-Methode:** Wir zeichnen ein Profil
72 **Geo-Check: Naturräume in Bayern und Deutschland untersuchen**

INHALTSVERZEICHNIS

Blick auf Füssen mit Alpsee und Forggensee vor den Allgäuer Alpen

76 3 Die Alpen und ihr Vorland untersuchen

- 78 Die Alpen – ein Hochgebirge
- 80 Die Entstehung der Alpen
- 82 Die Alpen – ein attraktiver Erholungsraum
- 84 Tourismus in den Alpen – Chance oder Gefahr?
- 86 Schnelle Wege über die Alpen
- 88 Lawinen – wenn Schnee zur Gefahr wird
- 90 Das Alpenvorland – von Gletschern geformt
- 92 **Geo-Check: Die Alpen und ihr Vorland untersuchen**

Wandern in den Allgäuer Alpen

96 4 Ländliche Räume in Bayern und Deutschland beschreiben

- 98 Natürliche Grundlagen beeinflussen die Landwirtschaft
- 100 **Geo-Aktiv:** Wir messen Temperaturen und Niederschläge
- 102 Grünlandwirtschaft im Allgäu
- 104 **Geo-Methode:** Wir lesen eine Bodennutzungskarte
- 106 Der Gäuboden – Gunstraum der Landwirtschaft
- 108 **Geo-Aktiv:** Wir erkunden einen landwirtschaftlichen Betrieb
- 110 Gemüse aus dem Knoblauchsland
- 112 Wein – von der Rebe in die Flasche
- 114 **Geo-Aktiv:** Nahrungsmittel aus aller Welt

Ernte auf einem Biobauernhof

- 116 Ökologische Landwirtschaft
- 118 Ländlicher Raum im Wandel
- 120 **Geo-Check: Ländliche Räume in Bayern und Deutschland beschreiben**

Blick über München auf die Bayerischen Alpen

124 5 Städtische Räume in Bayern und Deutschland vergleichen

126 Politische Gliederung Deutschlands und Bayerns
128 Landeshauptstadt München
130 Eine Stadt hat viele Gesichter
132 Regensburg – eine Stadt mit Geschichte

Regensburg mit Steinerner Brücke und Dom

134 Stadt und Umland – eng verflochten
136 Das Umland verändert sich – Verdichtungsräume entstehen
138 **Geo-Methode:** Wir erkunden eine Stadt
140 Stadt der Zukunft – eine lebenswerte Stadt?
142 **Geo-Aktiv:** Spurensuche – unterschiedliche Kulturen in den Städten
144 **Geo-Aktiv:** In der Großstadt leben – oder aufs Land ziehen?
146 **Geo-Check:** Städtische Räume in Bayern und Deutschland vergleichen

148 Anhang

148 Aufgabenstellungen verstehen
150 Lösungstipps zu den Aufgaben
156 Arbeitstechniken
158 Lexikon
162 Bildquellen

163 Kartenanhang

163 Kartenweiser und Inhaltsverzeichnis
164 Bayern: Physische Übersicht
165 Bayern: Landwirtschaft
166 Bayern: Tourismus
167 Deutschland: Physische Karte
168 Deutschland: Landwirtschaft
169 Deutschland: Klima
170 Europa: Physische Karte
172 Erde: Politische Gliederung
174 Kartenregister

Geographie – ein neues Unterrichtsfach

M1 *Geographie – die Erde erkunden*

check-it
- geographische Fragestellungen erläutern
- Arbeitsmittel benennen
- Bilder beschreiben

Geographie – die Erde erkunden

In dem neuen Unterrichtsfach Geographie beschäftigst du dich mit der Erde, ihrem Aussehen, der Nutzung durch den Menschen und den Veränderungen aufgrund natürlicher Ereignisse oder menschlicher Eingriffe. Geographie begegnet dir auf Schritt und Tritt, ganz gleich ob du einen Stein aufhebst, in die Schule fährst oder eine Reise machst, etwas isst, in einem See schwimmst oder im Gebirge oder in Wäldern wanderst.

Geographen erkunden Räume, zum Beispiel eine Naturlandschaft, eine Stadt, einen Staat, Gebirge oder Meere und stellen ganz unterschiedliche Fragen an den jeweiligen Raum.

Im Geographieunterricht untersuchst du,
- **wie ein Raum beschaffen ist:** Ist die Landschaft eben oder gebirgig? Gibt es dort gute oder schlechte Böden? Regnet es viel oder wenig, ist es warm oder kalt?
- **wie man sich im Raum orientiert:** Wie heißt die Hauptstadt von Spanien? Wo liegen die Wüsten der Erde? Wie kannst du dich mithilfe eines Stadtplans in einer dir fremden Stadt zurechtfinden? Wie liest du Karten?
- **wie die Natur den Raum gestaltet:** Wie sind die Oberflächenformen der Erde entstanden? Welchen Einfluss hat das Klima? Wie verändern Erdbeben, Vulkanausbrüche, Überschwemmungen und andere Naturereignisse den Raum?
- **wie der Mensch den Raum nutzt und verändert:** Wo und wie leben die Menschen? Wie nutzen sie den Raum zum Beispiel für Landwirtschaft, Bergbau und Industrie oder die Anlage von Verkehrswegen? Wie verändert der Mensch dabei den Raum seinen Bedürfnissen entsprechend? Wo und weshalb wurden zum Beispiel aus einem Waldgebiet ein Flughafen, aus einer landwirtschaftlich genutzten Fläche ein Wohn- oder ein Industriegebiet, aus einem Fischerdorf ein Touristenzentrum?

Geographie
Der Begriff *Geographie* setzt sich zusammen aus den griechischen Wörtern *geo = Erde* und *graphie = Schrift*, was man mit *Erdbeschreibung* übersetzen könnte. Das Unterrichtsfach *Geographie* wird deshalb auch als Erdkunde bezeichnet und Wissenschaftler, die sich mit der Erkundung der Erde beschäftigen, bezeichnet man als *Geographen*.

M 2 *Begriffserklärung*

- **wie der Mensch verantwortungsvoll mit der Erde umgeht:** Wie wirkt sich das Verhalten auf die Umwelt aus? Welche Möglichkeiten gibt es, damit der Lebensraum auch für die nachfolgenden Generationen erhalten bleibt?

Das neue Unterrichtsfach will dir helfen, die Erde kennenzulernen und dich auf ihr zurechtzufinden. Dazu benötigst du Materialien wie Karten, Bilder, Modelle, Grafiken und Texte. Du führst geographische Versuche durch und manchmal ist es auch notwendig, die Schule zu verlassen und Erkundungen auf dem Land oder in der Stadt durchzuführen.

1 Beschreibe die Bilder und erläutere, womit sich Geographen beschäftigen (M 1, M 2).
2 Benenne Arbeitsmittel, die Geographen benötigen (M 3, M 4).

M 3 *Geographieunterricht mit dem Globus*

M 4 *Karte, Kompass, Modell, GPS – nur einige von vielen Arbeitsmitteln der Geographie*

 – dein Geographiebuch

Das klappt – eine **ausklappbare Kartenseite** zu Kapitelbeginn. Du klappst sie aus und kannst dich bei den einzelnen Themen des Geographiebuches jederzeit orientieren, wo Städte, Landschaften, Flüsse und Länder liegen.

Jedes Kapitel startet mit einem großen Bild, auf dem es viel zu entdecken gibt.

Mithilfe der differenzierten **Arbeitsaufträge** kannst du überprüfen, ob du die im „check-it"-Kasten genannten Kompetenzen beherrschst. Wenn du so 4 gekennzeichnete Aufgaben nicht sofort lösen kannst – kein Problem! Im Anhang erhältst du dazu Lösungstipps.

Geo-Methode
Hier kannst du Schritt für Schritt wichtige Methoden für das Fach Geographie lernen, zum Beispiel das Zeichnen eines Profils oder das Beschreiben von Bildern.

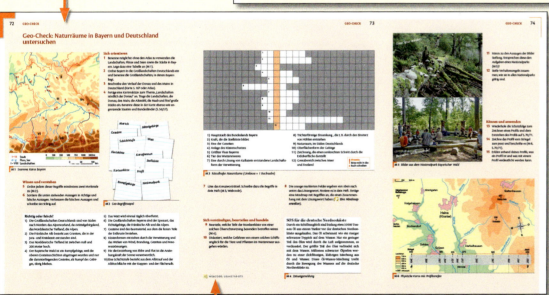

Geo-Aktiv
Hier findest du Anregungen, selbst aktiv zu werden, zum Beispiel beim Planen einer Exkursion, beim Durchführen von Versuchen oder beim Erkunden eines Bauernhofs.

Geo-Check
Am Ende jedes Kapitels kannst du dein Wissen und Können testen.

Über den **Webcode** kannst du uns im Internet unter *www.cornelsen.de/unsere-erde* besuchen. Auf dieser Website findest du ein Feld, in das du die Zahlenkombination eingibst, die du unter dem Webcode findest, zum Beispiel UE645718-073. Klicke dann auf „Los" und schon sind wir zum jeweiligen Thema miteinander verbunden.

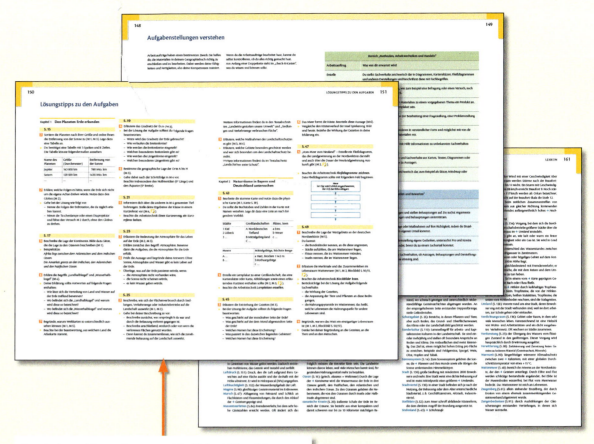

Der Anhang bietet dir unterschiedliche Hilfen: **Lösungstipps** zu den Aufgaben, die so 1 gekennzeichnet sind, das **Lexikon,** um Begriffe zu erklären, und **Erklärungen zu den Arbeitsaufträgen** der Aufgaben. Außerdem findest du Beschreibungen zu **Arbeitstechniken,** die dir vielleicht unbekannt und auf den Themenseiten mit einem ?-Symbol gekennzeichnet sind.

Im **Kartenanhang** findest du zu wichtigen Themen im Buch die passende Karte. Im **Kartenregister** erfährst du, auf welcher Karte sich dein gesuchter Ort befindet.

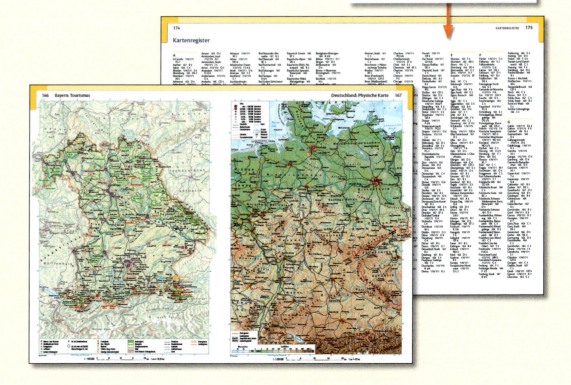

1 Den Planeten Erde erkunden

Erde physisch, Kontinente und Ozeane

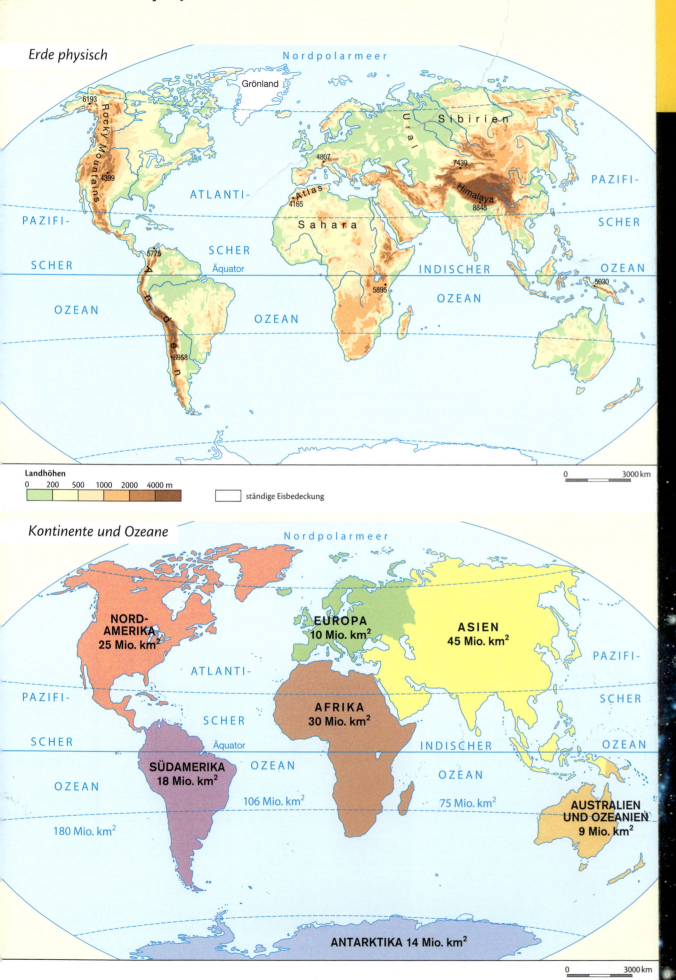

Unsere Erde – nur ein Planet?
Wenn wir in den klaren Nachthimmel schauen, können wir erahnen, wie riesig das Weltall ist. Mithilfe eines Fernrohrs können wir viele Sterne und Sternsysteme erkennen. Eines davon ist die Milchstraße, die als Zeichnung hier abgebildet ist. Sie ist so groß, dass das Licht 100 000 Jahre von einem zum anderen Ende braucht! Unser Sonnensystem ist ein winzig kleiner Teil der Milchstraße und in ihm findet man unsere Erde, die du erkunden wirst.

Hier ist unser Sonnensystem →

Unsere Erde – ein Planet im Sonnensystem

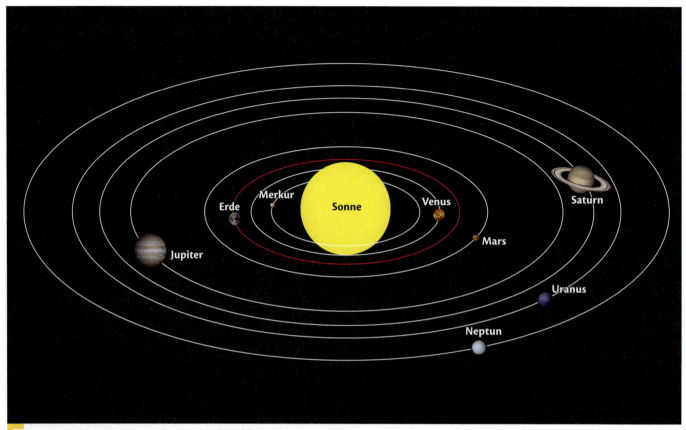

M 1 *Das Sonnensystem*

Unser Sonnensystem

Unsere Erde ist einer von vielen Himmelskörpern, die die Sonne umkreisen. Diese Himmelskörper nennen wir **Planeten.** Die acht Planeten erhalten ihr Licht von der Sonne und bilden zusammen mit ihr das **Sonnensystem.** Um sieben Planeten kreisen außerdem ein oder mehrere Monde. Über 7 Milliarden Menschen verdanken ihr Leben den einzigartigen Bedingungen, die auf dem Planeten Erde herrschen.

Glücksfall Erde

Im Gegensatz zu den anderen Planeten unseres Sonnensystems besitzt die Erde eine Lufthülle. Sie ermöglicht das Leben von Pflanzen, Tieren und Menschen. Gleichzeitig schützt die Lufthülle die Erde vor gefährlichen Sonnenstrahlen. Der Planet Erde verfügt über das lebensnotwendige Wasser. Durch den richtigen Abstand zur Sonne ist es weder zu heiß noch zu kalt auf der Erde.

Versuch

- Material: Taschenlampe, Globus (möglichst groß), verdunkeltes Klassenzimmer
- Durchführung: Stelle den Globus so auf, dass der Lichtkegel der Taschenlampe die Breite des Durchmessers vom Globus hat. Drehe den angestrahlten Globus langsam linksherum.

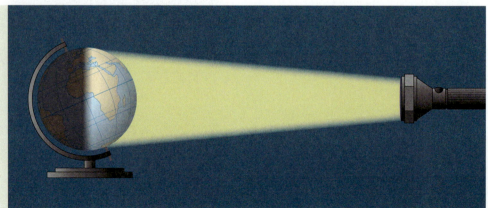

M 2 *Versuch: Entstehung von Tag und Nacht*

Die doppelte Bewegung der Erde

Früher dachten die Menschen, dass sich die Sonne um die Erde bewegt. Vor 500 Jahren aber verblüffte der Astronom Nikolaus Kopernikus mit der Erkenntnis: „Die Sonne hat ihren festen Platz im Weltraum. Die Erde dreht sich in 24 Stunden einmal um ihre eigene Achse." Diese Bewegung heißt **Erdrotation**. Sie ist für die Entstehung von Tag und Nacht verantwortlich. Da sich die Erde von Westen nach Osten um ihre eigene Achse dreht, geht die Sonne morgens im Osten auf und abends im Westen unter.

Die Erde bewegt sich auch um die Sonne. Dafür braucht sie 365 Tage und 6 Stunden. Das ist das Sonnenjahr. Wir rechnen aber im Kalenderjahr mit vollen Tagen und nicht mit Stunden. Deshalb werden alle 4 Jahre die zusätzlichen Stunden (4 × 6 Stunden = 24 Stunden = 1 Tag) im **Schaltjahr** untergebracht. Der Schalttag ist alle 4 Jahre der 29. Februar.

1. Beschreibe die Lage der Planeten zueinander. Beachte dabei die Reihenfolge. Beginne mit der Sonne (M 1).
2. Sortiere die Planeten nach ihrer Größe und ordne ihnen die Entfernung von der Sonne zu (M 1, M 3). Lege dazu eine Tabelle an.
3. Bilde einen Merksatz: Je größer die Entfernung der Planeten von der Sonne, desto … (M 3).
4. Erkläre, warum die Erde ein Sonderfall unter den Planeten ist.
5. Erkläre die Erdrotation und ihre Folgen (M 2).
6. Ermittle, wie viele Tage ein Schaltjahr hat.
7. Erkläre, welche Folgen es hätte, wenn die Erde sich nicht um die eigene Achse drehen würde. Nutze dazu den Globus (M 2).

	Entfernung zur Sonne (in Mio. km)	Umlaufzeit um die Sonne	Durchmesser (in km)
Neptun	4 500	164 Jahre 282 Tage	49 500
Uranus	2 870	84 Jahre 5 Tage	51 100
Saturn	1 430	29 Jahre 167 Tage	120 500
Jupiter	780	11 Jahre 314 Tage	143 000
Mars	230	1 Jahr 322 Tage	6 800
Erde	150	1 Jahr	12 800
Venus	108	225 Tage	12 100
Merkur	58	88 Tage	4 900

M 3 *Die Planeten unseres Sonnensystems*

Das Gesicht der Erde – Kontinente und Ozeane

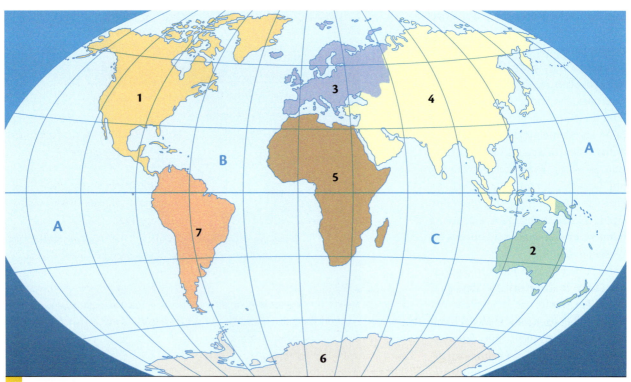

M 1 Kontinente und Ozeane

Die Gliederung der Erde

Der blaue Planet – spätestens seit Menschen die Erde aus dem All betrachten können, trägt die Erde diesen Beinamen. Nicht zu Unrecht: Immerhin bedecken **Ozeane** und Meere zwei Drittel der Erdoberfläche. Die Erde ist ein „Wasserplanet". Als Festländer oder **Kontinente** werden die großen zusammenhängenden Landmassen der Erde bezeichnet, die wie riesige Inseln aus den Weltmeeren herausragen. Jeder Kontinent hat seine unverwechselbaren Umrisse mit Buchten, Inseln und Halbinseln. Am Rand der Ozeane liegt eine Reihe von kleineren Meeren, die durch Halbinseln von den Ozeanen getrennt sind.

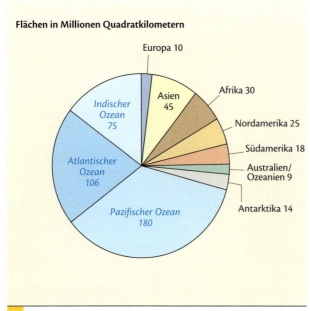

M 2 Verteilung von Wasser und Land auf der Erde

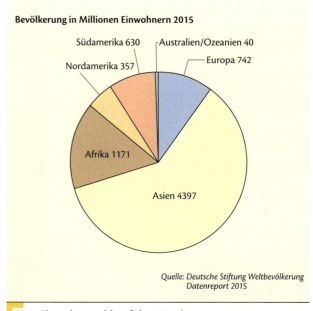

M 3 Einwohnerzahl auf den Kontinenten

DEN PLANETEN ERDE ERKUNDEN 17

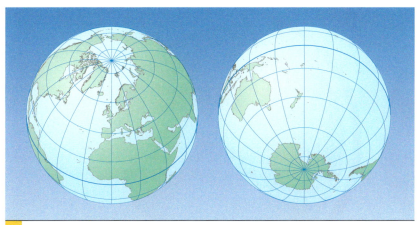

M 4 *Landhalbkugel und Wasserhalbkugel der Erde*

gebiete „Arktis" (= Nordpolargebiet). Antarktis sind die auf der anderen Seite (anti = gegen) der Arktis gelegenen Gebiete, also die Landmassen und Meere rund um den Südpol. Der Kontinent trägt den Namen Antarktika.

Wie kamen die Kontinente zu ihren Namen?

Die Griechen nannten das westlich von ihnen gelegene Land „Europa", was so viel wie „Land des Sonnenuntergangs" bedeutet. Das östlich gelegene „Land des Sonnenaufgangs" bezeichneten sie als „Asien".

Die Römer gaben dem südlichen Küstenland des Mittelmeeres den Namen Afrika, weil dort das Volk der Afri lebte. Der italienische Seefahrer Amerigo Vespucci wurde durch Zufall Namenspatron Amerikas. Er segelte mehrmals nach Südamerika. Deshalb wurde sein Name auf einer der ersten Weltkarten und einem Globus dort eingetragen, wo er gelandet war. Dieser Name breitete sich sehr schnell als Bezeichnung für den neuen Kontinent aus.

Australien ist der „Südkontinent", denn lateinisch australis bedeutet „südlich". Schon die Griechen nannten die im Norden gelegenen Land- und Meeres-

1 Benenne die Kontinente und Ozeane und vergleiche deren Größe (M 1, M 2).
2 „Die Erde ist ein Wasserplanet." Prüfe die Richtigkeit dieser Aussage und begründe (M 2).
3 Beschreibe die Lage der Kontinente. Bilde dazu Sätze, die die Lage zu den Ozeanen beschreiben (M 1).
4 Ordne die Kontinente nach ihrer Einwohnerzahl. Beginne mit dem einwohnerstärksten Kontinent (M 3).
5 Nenne auf jedem Kontinent drei Staaten. Ziehe eine Weltkarte hinzu (S. 172/173 oder Atlas).
6 Erkläre die Begriffe „Landhalbkugel" und „Wasserhalbkugel" (M 4).
7 Begründe, warum Weltkarten so unterschiedlich aussehen können (M 1, M 5).

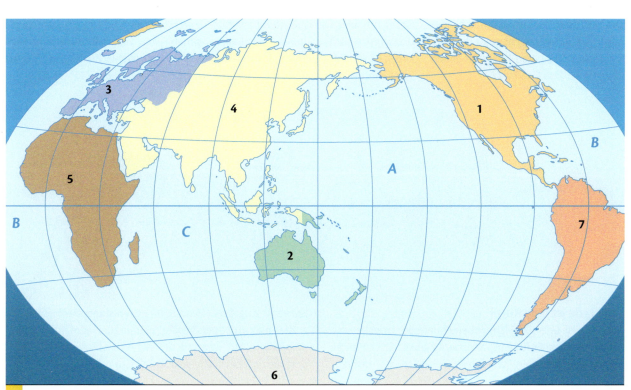

M 5 *Eine Karte aus einem australischen Atlas*

Der Globus – ein Modell der Erde

M 1 Unser Planet Erde aus dem All betrachtet und als Globus

Der Globus
Bereits Ende des 15. Jahrhunderts ließ Martin Behaim in Nürnberg den ersten Erdglobus anfertigen. Er zeigt die kugelförmige Gestalt der Erde. Der **Globus** gibt unsere Erde in einem verkleinerten Abbild wieder. Die Größenverhältnisse, die Formen der Kontinente und der Meere stimmen mit der Wirklichkeit überein. Damit man einen bestimmten Ort auf dem Globus (oder auf einer Karte) finden kann, hat man die Erde mit einem gedachten Netz von Linien überzogen, dem **Gradnetz**.

Das Gradnetz der Erde
Das Gradnetz besteht aus waagerechten und senkrechten Linien. Die senkrechten Linien, die die Erde umspannen, heißen **Längenkreise.** Ein halber Längenkreis, der vom **Nordpol** zum **Südpol** verläuft, wird **Meridian** genannt. Die waagerechten Linien heißen **Breitenkreise.** Um Breiten- und Längenkreise durchzuzählen, benutzt man eine Gradeinteilung. Der Null-Meridian teilt die Erde in eine West- und eine Osthalbkugel. Er verläuft durch die Sternwarte von Greenwich, einem Vorort von London. Von dort aus zählt man 180 Längengrade nach Osten und 180 Längengrade nach Westen. Auf der Erde verlaufen also insgesamt 360 Längengrade von Pol zu Pol.
Der Null-Breitenkreis ist der **Äquator.** Er ist der längste Breitenkreis: 40 076 Kilometer. Der Äquator teilt die Erde in eine Nord- und eine Südhalbkugel. Die geographische Lage eines Ortes wird durch Breiten- und Längengrade angegeben. Man sagt z. B.: Augsburg liegt 48 Grad nördlicher Breite und 11 Grad östlicher Länge (48° N/11° O).

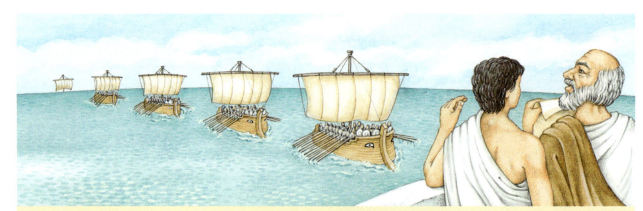

Die Erde ist eine Kugel
Bereits vor über 2200 Jahren berechnete der Grieche Eratosthenes den Erdumfang annähernd genau. Er war entgegen der allgemeinen Meinung davon überzeugt, dass die Erde eine Kugel sei. Wenn er im Hafen stand, beobachtete er die ankommenden Schiffe. Sie tauchten allmählich aus dem Wasser auf, wenn sie sich näherten. Daraus schloss er, dass die Erdoberfläche gekrümmt sein müsse.

M 2 Die Erde ist eine Kugel

DEN PLANETEN ERDE ERKUNDEN

Die Breitenkreise

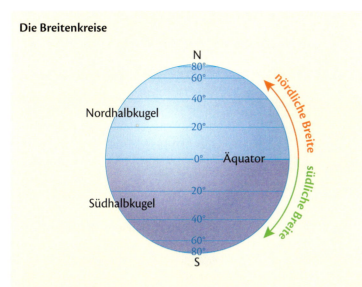

Die Längenkreise

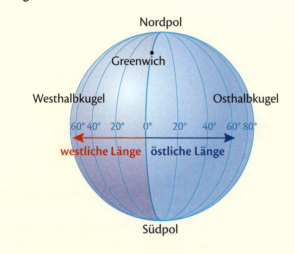

Das Gradnetz

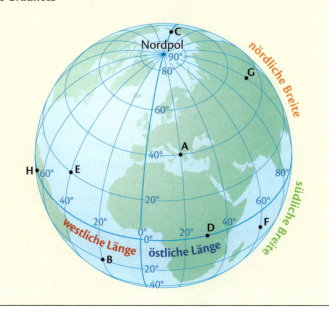

M 3 *Globus mit Gradnetz*

So bestimmst du die Lage eines Ortes im Gradnetz

1. Schritt: Die geographische Breite
- Ermittle, ob der Ort nördlich oder südlich des Äquators liegt (N oder S).
- Nenne die beiden Breitenkreise, zwischen denen sich der Ort befindet.
- Bestimme die geographische Breite in Grad. Zur Lageangabe benutzt du die niedrigere Gradzahl.

2. Schritt: Die geographische Länge
- Ermittle, ob der Ort westlich oder östlich des Null-Meridians liegt (W oder O).
- Nenne die beiden Längenkreise, zwischen denen sich der Ort befindet.
- Bestimme die geographische Länge in Grad. Zur Lageangabe benutzt du die niedrigere Gradzahl.

3. Schritt: Angabe der Lage im Gradnetz
- Gib zuerst die Breitenlage und dann die geographische Länge des Ortes an. In **M 3** hat z. B. der Ort D die Lage 0°/30° O.

M 4 *Lagebestimmung eines Ortes*

1. Zeige auf einem Globus Nordpol und Südpol, den Äquator, die Erdachse, Nord-, West-, Süd- und Osthalbkugel (**M 1**).
2. Ermittle mithilfe des Globus, an welcher Stelle du „auftauchen" würdest, wenn du von deinem Heimatort aus quer durch die Erde hindurch reisen könntest.
3. Stelle die Beobachtungen von Eratosthenes (**M 2**) nach. Nutze dazu einen Globus oder einen großen Ball.
4. Erläutere das Gradnetz der Erde (**M 3**).
5. Bestimme die geographische Lage der Orte A bis H (**M 3**).
6. Suche die Städte mit den folgenden Lageangaben (**M 4**, Karte S. 170/171 oder Atlas).
   a) 54° N/12° O   b) 52° N/0° W
   c) 50° N/14° O   d) 40° N/4° W

Die Erde – vom Kern zur Kruste

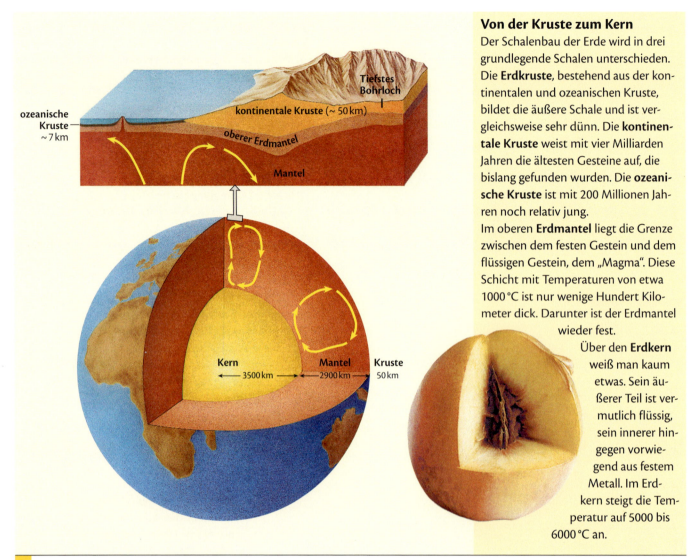

Von der Kruste zum Kern
Der Schalenbau der Erde wird in drei grundlegende Schalen unterschieden. Die **Erdkruste**, bestehend aus der kontinentalen und ozeanischen Kruste, bildet die äußere Schale und ist vergleichsweise sehr dünn. Die **kontinentale Kruste** weist mit vier Milliarden Jahren die ältesten Gesteine auf, die bislang gefunden wurden. Die **ozeanische Kruste** ist mit 200 Millionen Jahren noch relativ jung.
Im oberen **Erdmantel** liegt die Grenze zwischen dem festen Gestein und dem flüssigen Gestein, dem „Magma". Diese Schicht mit Temperaturen von etwa 1000 °C ist nur wenige Hundert Kilometer dick. Darunter ist der Erdmantel wieder fest.
Über den **Erdkern** weiß man kaum etwas. Sein äußerer Teil ist vermutlich flüssig, sein innerer hingegen vorwiegend aus festem Metall. Im Erdkern steigt die Temperatur auf 5000 bis 6000 °C an.

M 1 *Der Schalenbau der Erde*

Die Kontinentale Tiefbohrung (KTB) Windischeschenbach
1986 kündigte die Bundesregierung ein Projekt zur Erkundung des Erdinneren an. In Bayern, bei Windischeschenbach in der Oberpfalz, sollte durch eine Tiefbohrung das tiefste Loch der Welt entstehen. Geplant waren 12 000 Meter, die nur durch ein möglichst senkrechtes Bohrloch erreicht werden sollten. Den Geowissenschaftlern standen für das technisch aufwändige Vorhaben etwa 270 Millionen Euro zur Verfügung. Allein eine neue Bohrspitze, die nach nur hundert Stunden Einsatz abgearbeitet war und ersetzt werden musste, kostete etwa 13 000 Euro.

Im September 1987 wurde mit der Vorbohrung begonnen. 4000 Meter fraßen sich die Bohrmeißel in den Erdboden. Dabei stiegen die Temperaturen schneller als erwartet. 300 °C, die Hitzegrenze für das Bohrgerät, würde früher als erwartet erreicht werden. Im September 1990 startete die Hauptbohrung. Anfang 1994 erreichte die Bohrung eine Tiefe von 8600 Metern. Bei 9000 Metern war die Temperatur auf 270 °C angestiegen. Im Oktober 1994 wurde die Bohrung bei 9101 Metern abgebrochen. Die Auswertung der Daten und Gesteinsproben beschäftigte die Fachleute über viele Jahre, Langzeitbeobachtungen dauern bis heute an.

Heute befindet sich in Windischeschenbach die Umweltstation GEO-Zentrum an der KTB. Sie dient als Treffpunkt für Wissenschaft, Schule und Öffentlichkeit und hat das Ziel, den Planeten Erde als dynamisches System für die Gesellschaft begreifbar zu machen. Im Mittelpunkt stehen die kontinentale Tiefbohrung und weitere geowissenschaftliche Themen. Verschiedene Labore mit Unterrichtsräumen sowie Mikroskopierplätzen stehen Schülergruppen zur Verfügung.
Führungen, ein GEO-Kino und die Dauerausstellung System Erde ermöglichen somit einer breiten Öffentlichkeit Einblicke ins Innere der Erde.

DEN PLANETEN ERDE ERKUNDEN 21

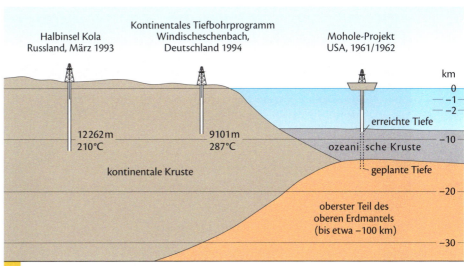

M 3 Schemazeichnung bedeutender Tiefbohrprojekte

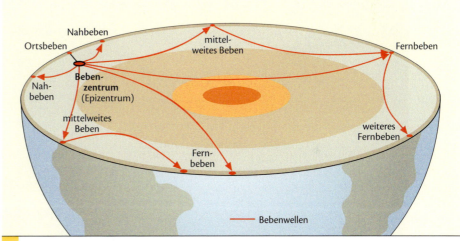

M 2 Der 83 Meter hohe Bohrturm in Windischeschenbach

M 4 Wege von Erdbebenwellen

Unsere Erde – in Schalen aufgebaut

Obwohl noch niemand im Erdinnern war, haben Geowissenschaftler eine Vorstellung davon, wie es dort aussieht. Tiefbohrungen können keine erschöpfende Auskunft über das Erdinnere geben, da sie trotz des technischen Aufwands nur winzige Nadelstiche in die Erdkruste sind.

Erdbeben bieten dagegen eine wirksamere Möglichkeit, das Erdinnere zu erforschen. Vor etwa einhundert Jahren waren **Geologen** dazu erstmals in der Lage. Der Göttinger Professor Emil Wiechert sagte damals: „Man kann jedes Erdbeben mit einer Laterne vergleichen, die für kurze Zeit angezündet wird und das Innere der Erde erleuchtet." Über die Ausbreitung von Erdbebenwellen lassen sich Rückschlüsse auf den Aufbau der Erde ziehen. Diese Wellen werden in bestimmten Tiefen wie an einem Hindernis abgelenkt oder ihre Ausbreitungsgeschwindigkeit ändert sich. Die Ursache dafür kann nur sein, dass die Erde in Schalen aus unterschiedlich dichtem Material aufgebaut ist.

1 Vergleiche den Aufbau des Pfirsichs mit dem Schalenbau der Erde (M 1).
2 Beschreibe den Aufbau der Erdkruste im Bereich der Kontinente und der Ozeane (M 1).
3 Berichte über die Tiefbohrung in Windischeschenbach. Beachte dabei den Aufbau der Erde (M 1 bis M 3).
4 Erläutere, wie Erdbeben zur Erkundung des Erdinneren genutzt werden (M 4).
5 Informiere dich über die anderen in M 3 genannten Tiefbohrungen. Stelle deine Ergebnisse der Klasse in einem Kurzreferat vor (M 3, 🔎).

DEN PLANETEN ERDE ERKUNDEN

Die Erde – unser Lebensraum

An der Oberfläche ist die Sonne etwa 6000 Grad Celsius heiß.
Bis zur Erde braucht ein Sonnenstrahl acht Minuten.
Die Sonne strahlt in einer halben Stunde so viel Energie ab, wie die Menschen auf der ganzen Welt in einem Jahr verbrauchen.

M1 *Feuerball Sonne*

Unsere Erde ist einzigartig, weil sie der einzige bisher bekannte Planet ist, der alle Bedingungen für das Leben der Menschen erfüllt.

Ohne Sonne kein Leben

Die Sonne sendet Licht- und Wärmestrahlen aus. Aber von ihrer Energie kommt nur ein winziger Teil auf der Erde an. Dies ist jedoch die richtige Menge, damit Menschen, Tiere und Pflanzen überhaupt leben können. Denn ohne Sonnenlicht wäre es dunkel und sehr kalt auf der Erde.

Die Lufthülle: Wärmekissen, Schutzschild und Luftspeicher

Unsere Erde wird von einer Lufthülle umgeben, der **Atmosphäre**. Ohne sie würde es kein Leben auf der Erde geben, denn wir Menschen, Tiere und Pflanzen brauchen Luft zum Atmen. Die Atmosphäre verhindert auch, dass die Wärme ungehindert in den Weltraum entweichen kann. Sie schirmt uns außerdem vor schädlichen Strahlen aus dem Weltraum ab.

Wasser: lebensnotwendig

Das Wasser ist für die Erde genau so wichtig wie das Sonnenlicht und die Luft. Ohne Wasser würde es kein Leben auf der Erde geben. Zum Überleben

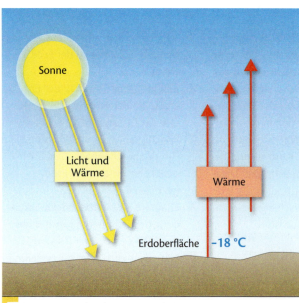

M2 *Unsere Erde ohne Atmosphäre*

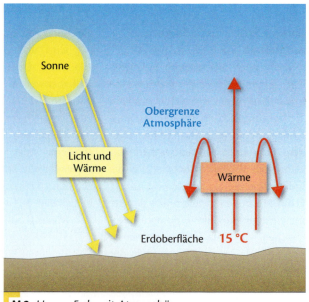

M3 *Unsere Erde mit Atmosphäre*

DEN PLANETEN ERDE ERKUNDEN

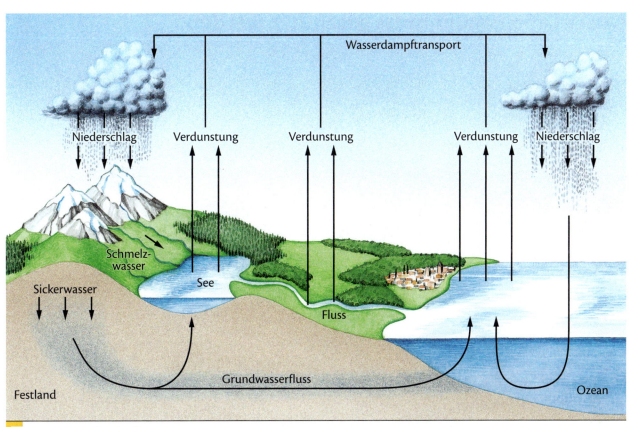

M 4 Der Wasserkreislauf

braucht ein gesunder Mensch täglich zwei bis drei Liter Wasser. Länger als vier Tage könnte er ohne Wasser nicht auskommen.

Wasser gibt es scheinbar im Überfluss. Aber das meiste Wasser können Menschen, Tiere und auch viele Pflanzen gar nicht direkt nutzen.

Fast das gesamte Wasser der Erde befindet sich in einem Kreislauf. Die Sonnenstrahlen erwärmen das Land, die Ozeane, die Flüsse und Seen an der Oberfläche. Wasser steigt als Wasserdampf in der Luft auf. Dieser Vorgang heißt **Verdunstung**. Wenn der Wasserdampf, also die feuchte Luft, aufsteigt, kühlt sie sich in der Höhe ab. Dabei entstehen kleine Wasserteilchen und es bilden sich Wolken. Dieser Vorgang heißt **Kondensation**. Aus vielen Wasserteilchen zusammen entstehen Wassertropfen. Sie fallen als Niederschlag auf die Erde. Große Wassertropfen fallen als Regen. Ist die Luft sehr kalt, fällt Schnee oder Hagel.

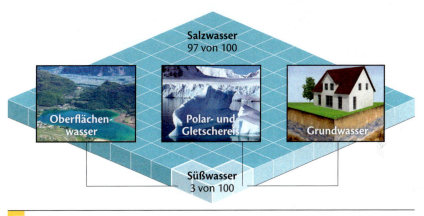

M 5 Wassermengen auf der Erde

Stelle dir einen 10-Liter-Eimer voll Wasser vor. Es soll der gesamten Wassermenge auf der Erde entsprechen. Fast die gesamte Wassermenge wäre Salzwasser und nur eine einzige Tasse voll Süßwasser.
In dieser Tasse entsprechen drei Teelöffel dem Süßwasser im Grundwasser und nur ein Teelöffel dem Süßwasser in Seen und Flüssen.
Das restliche Wasser in der Tasse ist gefroren und entspricht dem Eis an den Polen und den Gletschern.

M 6 Wassermengen im Vergleich

1 Erkläre die Bedeutung der Sonne für unsere Erde (M 1).
2 Erläutere die Bedeutung der Atmosphäre für das Leben auf der Erde (M 2, M 3).
3 Vergleiche die Wassermengen von Süß- und Salzwasser auf der Erde (M 5).
4 Entwickle eine Skizze, die die Anteile von Salz- und Süßwasser anschaulich darstellt (M 6).
5 Beschreibe den Wasserkreislauf und erkläre, warum es sich um einen Kreislauf handelt (M 4, M 5).
6 Prüfe die Aussage und begründe deine Antwort: Ohne Sonne, Atmosphäre und Wasser gibt es kein Leben auf der Erde.

Unser Lebensraum muss geschützt werden

M 1 *Früher Felder und Wiesen – heute Flughafen München*

Landwirte gestalten unsere Umwelt

Die Landwirte pflügen und bestellen Felder, mähen Wiesen und bewirtschaften den Wald. Oft wurden die Felder zusammengelegt und damit vergrößert, denn große Flächen sind günstiger zu bearbeiten. Statt vieler unterschiedlicher Nutzpflanzen werden oft wenige neue Züchtungen angebaut, die schneller wachsen und höhere Ernteerträge bringen. So gestalten die Landwirte durch ihre Arbeit seit Jahrhunderten unsere natürliche Umwelt und verändern sie. Die Tier- und Pflanzenwelt hat sich zum Teil an die veränderten Bedingungen angepasst. Es gibt aber auch viele Pflanzen und Tiere, die durch die intensive Nutzung bedroht sind.

Siedlungen und Verkehrswege verbrauchen Fläche

Dort wo neue Straßen, Wohn- und Industriegebiete, Sportplätze und Einkaufszentren gebaut werden, fällt die Veränderung der natürlichen Umwelt besonders auf. Sie alle benötigen Platz und verbrauchen damit Fläche. Das Bild der Landschaft verändert sich. Lebensräume von Tieren und Pflanzen oberhalb und unterhalb der Bodenoberfläche werden zerstört. Auch die Entsorgung von Müll und Abwasser belasten die Natur. Unsere natürliche Umwelt kann sich nicht allein schützen und von Schäden oft nicht selbst erholen. Deshalb sind Maßnahmen zum Schutz unseres Lebensraumes so notwendig.

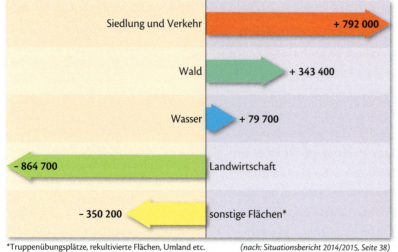

Flächenveränderungen in Hektar, Deutschland 1992–2012

Siedlung und Verkehr	+ 792 000
Wald	+ 343 400
Wasser	+ 79 700
Landwirtschaft	− 864 700
sonstige Flächen*	− 350 200

*Truppenübungsplätze, rekultivierte Flächen, Umland etc. (nach: Situationsbericht 2014/2015, Seite 38)

M 2 *Flächenverluste der Landwirtschaft*

Landschaften unter Schutz

Damit der Lebensraum für eine Vielzahl von Pflanzen und Tieren erhalten werden kann, muss die Landschaft naturverträglich genutzt und bewirtschaftet werden. Dazu leisten zum Beispiel die **ökologische Landwirtschaft**, aber auch verschiedene Formen naturgerechter Forst- und Fischereiwirtschaft sowie der Erhalt traditioneller Nutzungsformen wie Streuobstanbau oder auch die Weideschafhaltung einen Beitrag.

Darüber hinaus gibt es überall in Deutschland Landschaften, in denen besondere Arten und Lebensräume anzutreffen sind. Diese sollen auch für zukünftige Generationen erhalten werden. Deshalb gibt es in Deutschland eine Vielzahl von **Schutzgebieten**. In diesen sollen neben der Pflanzen- und Tierwelt zum Beispiel auch der Boden, das Grund- und Oberflächenwasser, das Klima oder das Landschaftsbild geschützt werden. Auch Landschaften, die eine besondere Bedeutung für die Erholung haben, können als Schutzgebiet ausgewiesen werden.

M 4 *Naturpark Augsburg – Westliche Wälder*

1. Nenne Gründe, wodurch der Landwirtschaft immer mehr Flächen verloren gehen (M 1, M 2).
2. Beschreibe, wie sich der Flächenverbrauch durch Siedlungen, Verkehrswege oder Industriebetriebe auf die Landschaft auswirkt (M 1, M 2).
3. Erläutere, welche Maßnahmen des Landschaftsschutzes es gibt (M 3, M 4).
4. Vergleiche die Schutzgebiete und benenne jeweils zwei Beispiele in Bayern und Deutschland (M 3, M 4, *Eine Internetrecherche durchführen*).
5. Diskutiert in der Klasse die Notwendigkeit des Schutzes unseres Lebensraums und sammelt Beispiele, wie dies geschehen könnte (M 1 bis M 4).

Naturschutzgebiete dienen dem besonderen Schutz von Natur und Landschaft. Pflanzen und wild lebende Tiere bleiben sich selbst überlassen.

Landschaftsschutzgebiete Hier werden Tiere und Pflanzen geschützt, aber auch der Boden und Wasserflächen. Der Mensch darf keine Veränderungen vornehmen.

Nationalparks sind großräumige Naturschutzgebiete. Hier sollen sich Pflanzen und Tiere ungestört entwickeln. Deshalb dürfen einige Gebiete nicht betreten werden.

Naturparks zeichnen sich durch eine schöne Landschaft aus. Deshalb steht hier auch die Erholung im Vordergrund. Der jetzige Zustand soll erhalten bleiben.

M 3 *Überblick über ausgewählte Arten von Schutzgebiete*

Wir orientieren uns nach Himmelsrichtungen

M 1 *Zugvögel finden ihren Weg*

Wo liegt die Lösung dieses Rätsels?
Zugvögel – über Tausende von Kilometern sind sie unterwegs und finden ihren Weg sogar im Dunkeln. Auch Brieftauben finden stets zurück. Was hilft ihnen, sich zu orientieren? Haben sie einen inneren Kompass?

Magnet Erde
Unsere Erde wirkt wie ein großer Magnet. Um sich herum hat sie ein unsichtbares Feld magnetischer Linien, das von Norden nach Süden ausgerichtet ist und das einige Hunderttausend Kilometer ins All hinausragt. Natürlich ist die Magnetkraft der Erde viel größer als die von jedem kleinen Metallmagneten.
Das wohl bekannteste Beispiel für die Auswirkungen der Magnetkraft ist der **Kompass.** Seit Jahrhunderten ist er eine unersetzbare Hilfe für die Orientierung auf der Erde. Mit ihm können wir überall die Himmelsrichtungen bestimmen: auf dem Land, in der Luft, auf dem Meer und sogar unter Wasser. Das Magnetfeld der Erde erklärt auch, warum Zugvögel und Brieftauben ihren Weg so sicher finden: Sie spüren das Magnetfeld und richten ihren Flug danach.

Wie funktioniert ein Kompass?
Der Kompass besteht aus einer Windrose und einer magnetischen Nadel, die sich frei auf einem Stift dreht. Die frei schwingende Kompassnadel richtet sich in Nord-Süd-Richtung aus. Eine Spitze der Nadel wird von einem Pol der Erde angezogen, die andere Spitze der Nadel von dem anderen Pol.

So stellst du die Nordrichtung fest
– Halte den Kompass waagerecht.
– Drehe den Stellring mit der Windrose so weit, dass das N auf der Windrose und das Dreieck auf dem Gehäuse übereinstimmen.
– Drehe dich mit dem Kompass, bis die gefärbte Spitze der Magnetnadel auf N zeigt.
– Lies die Nordrichtung und die anderen Himmelsrichtungen von der Windrose ab.

1 Nenne Begriffe, in denen eine Himmelsrichtung vorkommt, zum Beispiel „Ostsee".
2 Beschreibe verschiedene Möglichkeiten, Himmelsrichtungen ohne einen Kompass zu bestimmen (M 5 bis M 7).
3 Gehe auf den Schulhof und bestimme die Nordrichtung mithilfe des Kompasses und der Armbanduhr (M 3, M 6).
4 Bestimmt in Gruppen die Lage verschiedener markanter Punkte auf dem Schulhof. Überprüft, ob ihr bei einem Punkt mit verschiedenen Methoden zum selben Ergebnis kommt (M 3, M 5 bis M 7).

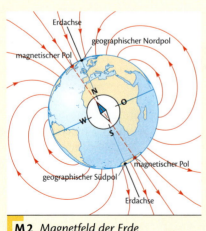

M 2 *Magnetfeld der Erde*

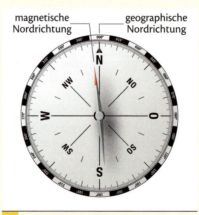

M 3 *Kompass*

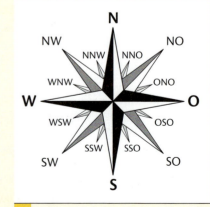

M 4 *Windrose*

Suche am Nachthimmel das auffällige Sternbild des Großen Wagens. Verbinde in Gedanken die beiden hinteren Sterne (hinter der Achse) des Großen Wagens. Verlängere diese gedachte Linie. Dann stößt du auf den hellen Polarstern. Er zeigt dir, wo Norden ist.

Hinweis: Im Allgemeinen sind Karten eingenordet, das heißt oben ist Norden, unten Süden, links Westen und rechts Osten.

M 5 *Bestimmen der Himmelsrichtungen nach dem Polarstern*

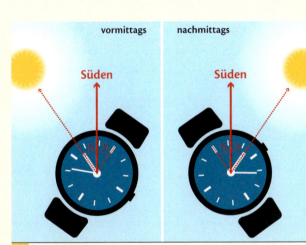

Gehe so vor: Halte die Uhr waagerecht. Richte den kleinen Zeiger auf die Sonne. Süden liegt nun genau in der Mitte zwischen dem kleinen Zeiger und der 12 auf dem Zifferblatt. Beachte: Vormittags liegt Süden links von der 12, nachmittags rechts von der 12. (Während der Sommerzeit ist von 13 Uhr auszugehen, also der 1 auf dem Zifferblatt.)

M 6 *Bestimmen der Himmelsrichtungen mit der Armbanduhr*

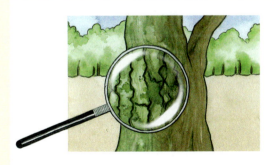

- Frei stehende Bäume haben durch die häufigen Nordwestwinde einen nach Südosten weisenden Kronenwuchs.
- Die Jahresringe von Baumstümpfen liegen gewöhnlich auf der Nordwestseite am dichtesten.
- Die grünere und feuchtere Seite von Bäumen zeigt häufig die Westrichtung an, weil von dieser Seite die regenreichen Westwinde kommen.

- Alte Kirchen stehen in den meisten Fällen mit dem Turm nach Westen und mit dem Chor nach Osten.
- Ameisenhaufen liegen meist südlich von Bäumen und Sträuchern. Die Südseite der Ameisenhaufen fällt sanft, die Nordseite steiler ab.
- An frei stehenden Sträuchern und Bäumen reifen die Beeren und Früchte an der Südseite zuerst.
- Der Schnee taut an der Südseite von Dächern und Hängen zuerst.

M 7 *Bestimmen der Himmelsrichtungen mithilfe von Geländemerkmalen*

Wir erkunden unsere Schule mit digitalen Karten und Luftbildern

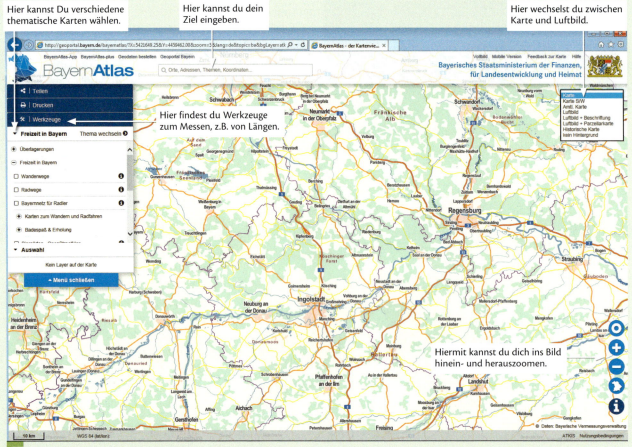

M 1 *Die Startseite des BayernAtlas*

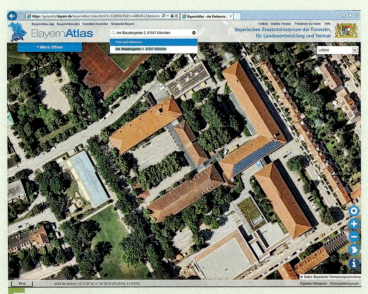

M 2 *Senkrechtluftbild vom Theodolinden-Gymnasium in München*

Luftbilder und digitale Karten
Um die Erde kreisen viele Satelliten, die stetig von der Erde Fotos machen. Fotos von der Erdoberfläche in Bayern kannst du dir mit dem BayernAtlas ansehen und direkt mit dem Kartenausschnitt vergleichen. In der Regel handelt es sich aber nicht um aktuelle Aufnahmen.

Arbeit mit dem BayernAtlas
1. Öffne die digitalen Karten und Luftbilder des BayernAtlas im Internet, indem du die Internetadresse in das Adressfeld des Internetbrowsers eingibst: http://www.bayernatlas.de.
2. Gib die Zieladresse in das Suchfeld ein.
3. Zoome in den richtigen Ausschnitt.
4. Oben rechts auf der Internetseite kannst du für deinen Ausschnitt zwischen verschiedenen Karten und Luftbildern wählen.
5. Oben links auf der Internetseite findest du im Menü Werkzeuge, z. B. um Entfernungen zu messen. Dort gibt es aber auch verschiedene Themen von Karten, z. B. zum Wandern oder Radfahren.

GEO-METHODE 29

M 3 Senkrechtluftbild von München

Vom Weltraum zur Schule
Unsere Reise geht zum Theodolinden-Gymnasium in München. Wir beginnen auf der Startseite des BayernAtlas (**M 1**). Zuerst tippen wir unser Ziel, die Adresse des Theodolinden-Gymnasiums (Am Staudengarten 2, 81542 München), in das Suchfeld ein. Der BayernAtlas springt auf der Karte direkt zum Ziel und zeigt das Schulgelände formatfüllend. Oben rechts auf der Internetseite befindet sich ein Feld, in dem „Karte" steht. Dieses Feld anklicken und „Luftbild" wählen. Die Schule, die im Kartenausschnitt dargestellt ist, erscheint nun als Luftbild (**M 2**).
Luftbilder sind Aufnahmen, die „von oben" fotografiert wurden. Bei Bildern, die eine ganze Stadt oder Landschaft abbilden, fotografiert meist ein Satellit das Luftbild. Luftbilder, die das Ziel näher dran zeigen, wie zum Beispiel die Schule, werden von Flugzeugen aufgenommen.
Am unteren linken Rand der Aufnahme oder auch der Karte, findest du die Angaben zum Gradnetz und die Maßstabsleiste. Bei **M 2** und **M 3** handelt es sich um Senkrechtluftbilder. Diese wurden genau senkrecht von oben fotografiert. Sie unterscheiden sich nur im Maßstab voneinander. Luftbilder stellen eine Momentaufnahme dar. So erkennst du Autos, die gerade im Augenblick der Aufnahme auf der Straße fahren. Auch Schatten sind sichtbar.

Der BayernAtlas kann mehr
Bei dem BayernAtlas hast du noch viele weitere interessante Möglichkeiten. Du kannst zum Beispiel:
– neben der Streckenmessung auch die Größe des Schulgebäudes oder des Schulhofes messen,
– das Luftbild mit Straßennamen oder auch mit den Grundstücksgrenzen anzeigen lassen,
– historische Karten mit heutigen Karten und Luftbildern vergleichen,
– unter dem Menüpunkt „Freizeit in Bayern" dir verschiedenen Themen anzeigen lassen, zum Beispiel Wander- und Radwege, aber auch Badeanstalten, Freizeitparks, Tiergärten und vieles mehr,
– das „Thema wechseln". Beim Thema „Umwelt" den „Lärm an Hauptverkehrsstraßen" betrachten oder beim Thema „Naturgefahren" unter dem Punkt „Hochwasser" Überschwemmungsgebiete untersuchen.

1. Erkläre den Unterschied zwischen einer Karte und einem Luftbild (**M 1, M 2**).
2. Beschreibe mithilfe des BayernAtlas die Lage sowie das Aussehen deiner Schule. Miss auch die Größe der Gebäude sowie des Schulhofes.

Wir arbeiten mit dem Stadtplan und dem Maßstab

M 1 Stadtplan von Würzburg (Ausschnitt)

Der neue Schulweg

„Wo sind wir denn jetzt? Ich glaube, wir haben uns verlaufen", sagt Niklas. Gemeinsam mit Anna will er vom Hauptbahnhof zur neuen Schule laufen. Anna schaut nach den Straßenschildern und liest: „Kaiserplatz", „Bahnhofstraße". „Das Siebold-Gymnasium ist aber im Rennweger Ring 11", sagt Niklas. „Zum Glück habe ich einen Stadtplan mitgenommen."

Checkliste zur Arbeit mit dem Stadtplan

- **1. Schritt:** Nenne die Stadt, die im Plan abgebildet ist.
- **2. Schritt:** Informiere dich in der Legende über die Farben, Symbole und den Maßstab des Planes.
- **3. Schritt:** Überprüfe, ob ein Pfeil für die Nordrichtung eingetragen ist. Wenn nicht, kannst du davon ausgehen, dass oben auf dem Plan Norden ist.
- **4. Schritt:** Suche wichtige Gebäude, große Straßen und Plätze und gib deren Lage durch die Buchstaben und Ziffern der Planquadrate an.
- **5. Schritt:** Nutze den Stadtplan auch für die Wegbeschreibungen zwischen zwei Zielen.

GEO-METHODE

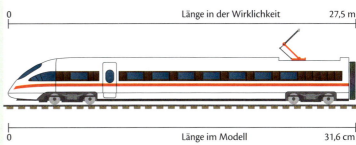

M 3 Länge eines ICE in der Wirklichkeit und im Modell

Was Maßstabszahlen bedeuten:

	1 cm auf der Karte entspricht
1 : 5000	5000 cm = 50 m in der Wirklichkeit
1 : 25 000	25 000 cm = 250 m in der Wirklichkeit
1 : 100 000	100 000 cm = 1000 m = 1 km in der Wirklichkeit

Kartenmaßstab

1 : 5 000	großer Maßstab
1 : 25 000	
1 : 100 000	mittlerer Maßstab
1 : 500 000	kleiner Maßstab
1 : 10 000 000	

M 4 Maßstabszahlen

M 2 Ein ICE in der Wirklichkeit und im Modell

Der Maßstab

Karten sind verkleinerte Abbildungen der Wirklichkeit. Über das Maß der Verkleinerung gibt uns der **Maßstab** Auskunft. Er ist auf jeder Karte angegeben, entweder als Maßstabszahl oder als Maßstabsleiste.

Checkliste zur Bestimmung der Entfernung mit der Maßstabszahl
- **1. Schritt:** Wähle dir zwei Punkte auf der Karte.
- **2. Schritt:** Miss die Entfernung mit deinem Lineal.
- **3. Schritt:** Rechne die Entfernung mithilfe des Maßstabs in die Länge um, die sie in Wirklichkeit beträgt.

Beispiel für das Rechnen mit einem Maßstab
- **1. Schritt:** Wir benutzen dazu den Stadtplan **M 1**. Es ist die Entfernung (Luftlinie) zwischen dem Hauptbahnhof (B1) und der Kirche St. Stephan (B3) zu bestimmen.
- **2. Schritt:** Mit dem Lineal messen wir 13 cm.
- **3. Schritt:** Der Maßstab ist 1 : 10 000. Somit beträgt die Entfernung 10 000 mal 13 cm = 130 000 cm = 1300 m = 1,3 km.

Beispiel für das Arbeiten mit dem Stadtplan
- **1. Schritt:** Der Stadtplan zeigt Würzburg.
- **2. Schritt:** Straßen sind in weißer oder gelber Farbe eingezeichnet. Bebautes Gelände ist in hellrot, Parks und Grünanlagen sind in grüner Farbe gekennzeichnet. Wasserflächen haben blaue Farbe.

Der Maßstab beträgt 1 : 10 000, also entspricht 1 cm auf der Karte 100 m in der Wirklichkeit.
- **3. Schritt:** Es ist kein Pfeil für die Nordrichtung eingezeichnet, sodass oben auf dem Stadtplan Norden ist.
- **4. Schritt:** Zu sehen sind das Rathaus (B2), der Berliner Platz (C2), der Hauptbahnhof (B1). Auffallend ist auch die Festung Marienberg (A3).
- **5. Schritt:** Vom Hauptbahnhof (B1) zur Schule, die am Rennweger Ring (C2) liegt, geht es zunächst nach Osten, den Haugerring entlang. Dann gehen die Kinder rechts herum um den Berliner Platz. Sie müssen die dritte Straße nach rechts in den Rennweger Ring abbiegen und erreichen nach ungefähr 200 Metern das Siebold-Gymnasium auf der rechten Straßenseite.

1 Arbeite mit dem Stadtplan von Würzburg (**M 1**). Gib die Planquadrate an, in denen die Julius-Maximilians-Universität, die Residenz mit dem Hofgarten und das Congress-Centrum liegen.

2 Gib an, welche Signaturen (Zeichen) die Kliniken, die Parkhäuser und die Fußgängerzone in **M 1** haben.

3 Bestimme die tatsächliche Entfernung (Luftlinie) zwischen dem Hauptbahnhof und dem Rathaus sowie der Festung Marienberg und dem Berliner Platz.

4 Du möchtest dich mit deinen Freunden, die noch am Dom stehen (**B 2**), am Kulturspeicher (**A 1**) treffen. Gib ihnen eine Wegbeschreibung, wie sie dich dort am schnellsten treffen können.

GEO-METHODE

Der Atlas – gewusst wo, gewusst wie!

check-it
- Bestandteile des Atlas benennen
- Kartenweiser, Inhaltsverzeichnis und Namensverzeichnis nutzen
- Orte, Gewässer, Gebirge u. a. im Atlas finden

Was ist ein Atlas?
Der Atlas ist ein Kartenbuch. In ihm sind **physische Karten** (zum Beispiel auf Seite 164) und **thematische Karten** (zum Beispiel auf Seite 168) zusammengefasst. Die Karten zeigen verschiedene Gebiete der Erde in unterschiedlichen Maßstäben.

Wie ist der Atlas aufgebaut?
Der Atlas besteht meist aus drei großen Teilen: Kartenweiser und Inhaltsverzeichnis, Kartenteil, Namensverzeichnis (Register).

Der **Kartenweiser (die Kartenübersicht)** zeigt, welche Kartenblätter im Atlas vorhanden sind. Er erleichtert damit die Orientierung über den Inhalt des Atlas. Um eine Atlaskarte im Kartenweiser zu suchen, muss man ungefähr wissen, wo sich das gesuchte Gebiet befindet.

Im **Inhaltsverzeichnis** sind alle Kartentitel mit Seitenangaben aufgeführt. Die Karten werden in allen Atlanten nach Kontinenten geordnet.

Das **Namensverzeichnis (Register)** befindet sich hinter dem Kartenteil im Atlas. Hier sind die Namen aller in die Atlaskarten eingetragenen Orte, Staaten, Gebirge, Flüsse, Seen, Landschaften, Inseln, Halbinseln und Meere in alphabetischer Reihenfolge aufgeführt. Zum gesuchten Namen werden die Kartenseite und die Lage im **Gradnetzfeld** angegeben.

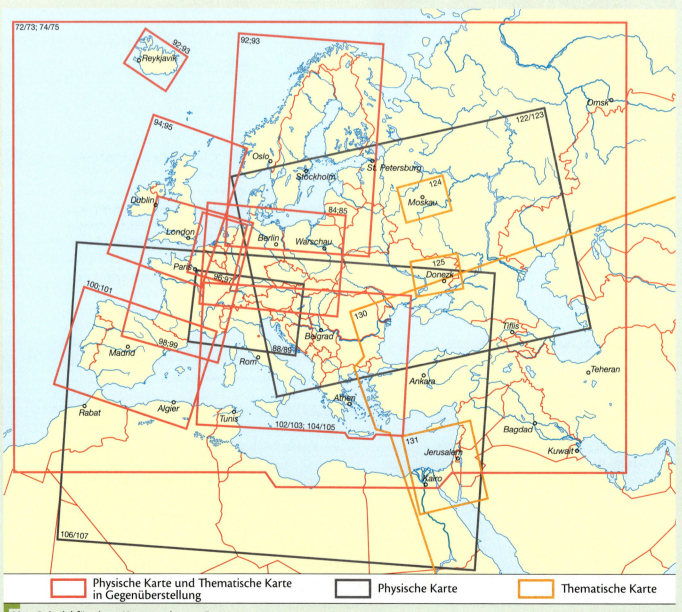

- Physische Karte und Thematische Karte in Gegenüberstellung
- Physische Karte
- Thematische Karte

M1 *Beispiel für einen Kartenweiser zu Europa*

GEO-METHODE 33

Checkliste zur Arbeit mit dem Atlas
Wie findest du die geeignete Atlaskarte?
- Orientiere dich im Kartenweiser und/oder im Inhaltsverzeichnis über das Angebot an Karten.
- Wähle eine geeignete Atlaskarte aus.
- Prüfe anhand des Kartenthemas, des Kartenausschnittes, des Maßstabes und der Zeichenerklärung (Legende), ob die Karte wirklich geeignet ist.

Beispiel: Suche eine geeignete Atlaskarte zum Thema: Wirtschaft in Italien
Der Kartenweiser (**M 1**) zum Thema Italien zeigt, dass Italien beziehungsweise Teile Italiens auf mehreren Karten zu finden sind, zum Beispiel auf den Karten Seiten 106/107 und 102/103. Wenn du in einem Atlas nachschlagen würdest, könntest du feststellen, dass die Karte 102/103 aufgrund ihres Maßstabs und ihres Themas besser geeignet ist.

Wie findest du einen Namen im Register?
- Suche den Namen im alphabetisch geordneten Register.
- Stelle fest, ob es sich um einen Fluss, einen Ort, einen Staat oder einen anderen Sachverhalt handelt.
- Entnimm die Angaben zur Kartenseite und zum Gradnetzfeld.
- Schlage die angegebene Karte auf und suche das Objekt im Gradnetzfeld.

Aufgabe: Suche Luxemburg
- Das Register (hier im Buch ab S. 174) zeigt: Luxemburg, Staat, also das Land Luxemburg und Luxemburg, Stadt, das heißt die Hauptstadt von Luxemburg.
- Luxemburg, Staat 170/171 JK 6
- Luxemburg, Stadt 167 AB 4
- Luxemburg ist ein kleines Land, das von Frankreich, Deutschland und Belgien begrenzt wird.

M 2 Deutschlandkarte mit Gradnetzfeldern

1. Suche im Kartenweiser (**M 1**) geeignete Karten zu folgenden Räumen und Staaten: Mittelmeer, Großbritannien, Spanien, Island.
2. Nenne die Städte, auf die in der Karte **M 2** die folgenden Angaben zutreffen: D 2, BC 2, A 4, D 1, B 4.
3. Suche im Register des Atlas einen Namen. Lasse einen Mitschüler diesen Namen im Register mit den dazugehörenden Angaben aufsuchen und anschließend auf der Atlaskarte zeigen. Tauscht danach die Rollen beim Suchen und Finden.
4. Weise mit Beispielen aus dem Atlas nach, dass folgende Aussage richtig ist: Der Atlas enthält Karten unterschiedlicher Maßstäbe zu verschiedenen Themen und Räumen.

Was ist ein Gradnetzfeld?
Das Gradnetz teilt eine Karte ein und wird wie die Planquadrate eines Stadtplans genutzt. Die einzelnen Abschnitte bezeichnen die Lage eines Objekts im Gradnetzfeld (zum Beispiel liegt Augsburg in **M 2** im Gradnetzfeld C 4).

Wir lesen physische Karten

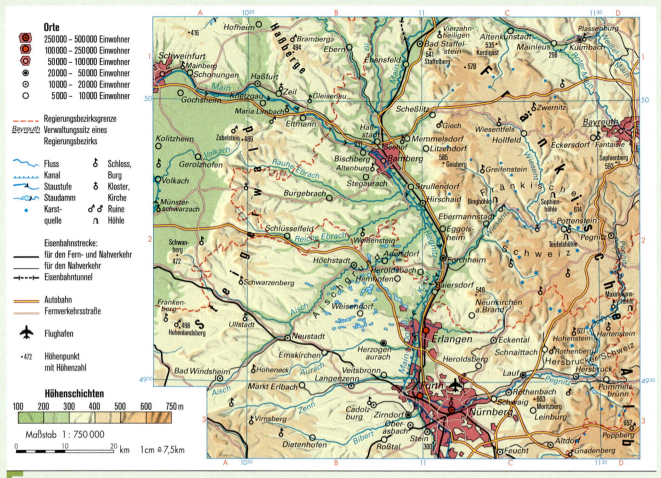

M1 *Physische Karte Bayern (nördlicher Teil)*

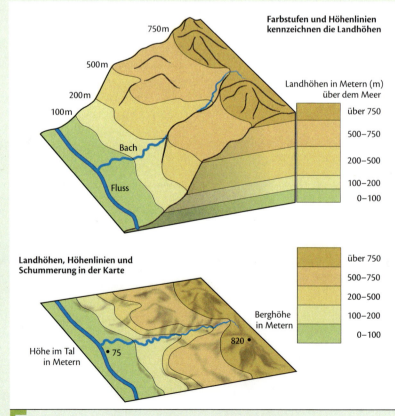

Höhenpunkte: Geländepunkte auf Karten, die mit einer Höhenangabe versehen sind. Alle Höhenangaben beziehen sich auf den **Meeresspiegel**. Dieser ist gleich Normalnull (NN).

Höhenlinien: Linien, die Punkte gleicher Höhe auf Karten miteinander verbinden. Wenn die Höhenlinien weit auseinanderliegen, ist das Gelände flach, wenn sie dicht beieinanderliegen, ist das Gelände steil.

Höhenschichten liegen zwischen zwei Höhenlinien und kennzeichnen eine Höhenlage. Unterschiedliche Höhenlagen werden durch verschiedene Farben sichtbar gemacht. Im Blockbild wird dies anschaulich dargestellt.

Schummerung: Grauer Schatten, der über die Höhenlinien gedruckt wird, damit Berge, Berghänge und andere Geländeformen plastisch erscheinen und dadurch leichter vorstellbar sind.

M2 *Höhendarstellung im Blockbild und auf der Karte*

Die **physische Karte** zeigt, wo Orte, Gebirge und andere Landschaften liegen. Sie gibt aber auch Auskunft über den Verlauf von Grenzen, Flüssen, großen Straßen und Eisenbahnlinien. Die physische Karte wird oft genutzt, um sich zu orientieren.
Durch **Höhenpunkte, Höhenlinien** und **Höhenschichten** kann man feststellen, in welcher Höhenlage ein Ort oder eine Landschaft liegt.
In der physischen Karte wird die Wirklichkeit durch Linien, **Signaturen** (Zeichen) und Farben dargestellt. Diese Kartensprache wird in der **Legende** erklärt.

Checkliste zum Lesen einer physischen Karte
1. Schritt: Gewinne einen Überblick über den Karteninhalt.
Lies den Kartentitel und suche die Legende.
2. Schritt: Lies die Legende.
Ermittle den Maßstab der Karte.
Informiere dich über die Bedeutung der Signaturen, Linien und Farben.
3. Schritt: Beschreibe den Karteninhalt.
Du kannst zum Beispiel die Lage von Landschaften und Orten, die Fließrichtung von Flüssen, den Verlauf von Verkehrswegen und Grenzen beschreiben sowie die Höhenlage von Städten, Landschaften und Bergen ermitteln.

Beispiel für das Lesen einer physischen Karte (M1)
1. Schritt: Orientieren über den Karteninhalt.
Die Karte stellt den nördlichen Teil Bayerns dar. Die Legende befindet sich am linken Kartenrand.
2. Schritt: Lesen der Legende.
Die Karte hat den Maßstab 1 : 750 000, das heißt, 1 cm auf der Karte entspricht 7,5 km in der Wirklichkeit.
Die Orte sind als kreisförmige oder quadratische Signaturen abgebildet, Flüsse sind blaue Linien, Grenzen rote Linien mit einem Grenzband, Eisenbahnen schwarze Linien, Straßen gelbe oder weiße Linien mit rotem Rand.
Die Höhenlage wird durch farbige Höhenschichten dargestellt, Höhenpunkte sind schwarze Punkte.
3. Schritt: Beschreiben des Karteninhalts an Beispielen.
– Städte über 250 000 Einwohner: Nürnberg
– Städte über 100 000 Einwohner: Fürth, Erlangen
– Städte über 50 000 Einwohner: Bamberg, Bayreuth, Schweinfurt
– Flüsse: Regnitz, Main, Itz, Roter Main, Weißer Main, Wiesent, Pegnitz, Bibert, Zenn, Aurach, Aisch u. a.
– Landschaften: Fränkische Alb, Steigerwald, Haßberge, Aischgrund, Fränkische Schweiz u. a.
– Eisenbahnverbindungen (für den Fernverkehr, in Auswahl): Nürnberg–Bamberg–Ebensfeld weiter nach Nordost, Nürnberg–Fürth weiter nach Nordwest u. a.
– Berge: Staffelberg 541 Meter, Geisberg 585 Meter, Sophienberg 593 Meter, Moritzberg 603 Meter, Hohenlandsberg 498 Meter u. a.

– Lage von Orten: Erlangen und Bamberg liegen an der Regnitz und dem Main-Donau-Kanal, durch Schweinfurt fließt der Main, in Nürnberg kreuzen sich viele Verkehrswege.
– Fließrichtung von Flüssen: Die Regnitz fließt nach Norden und mündet in den von Norden kommenden Main. Der Main fließt weiter nach Westen.

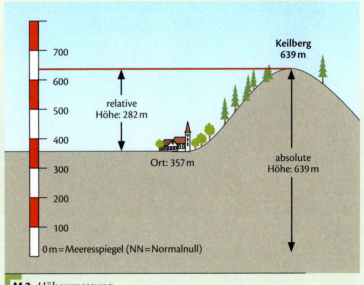

M 3 *Höhenmessung*

1 Erläutere, welche Möglichkeiten es gibt, Höhen auf Karten darzustellen (**M 1** und **M 2**).
2 Nenne das Hilfsmittel, um Oberflächenformen auf Karten leichter vorstellbar zu machen (**M 2**)?
3 Nenne die Höhe der Quelle des Baches und die Höhe seiner Mündung in den Fluss (**M 2**).
Begründe, warum du keine exakten Höhen angeben kannst.
4 Beschreibe Möglichkeiten der Höhenmessung (**M 3**).
5 Welche Informationen kannst du aus der physischen Karte entnehmen? Stelle eine Liste zusammen (**M 1**).
6 Ermittle die Aussagen der Karte (**M 1**) zu Eltmann (nordwestlich von Bamberg).
7 Ordne den Kartenausschnitt (**M 1**) in die physische Karte Deutschlands (Karte Seite 39) ein. Was fällt dir dabei auf?

Geo-Check: Den Planeten Erde erkunden

Sich orientieren

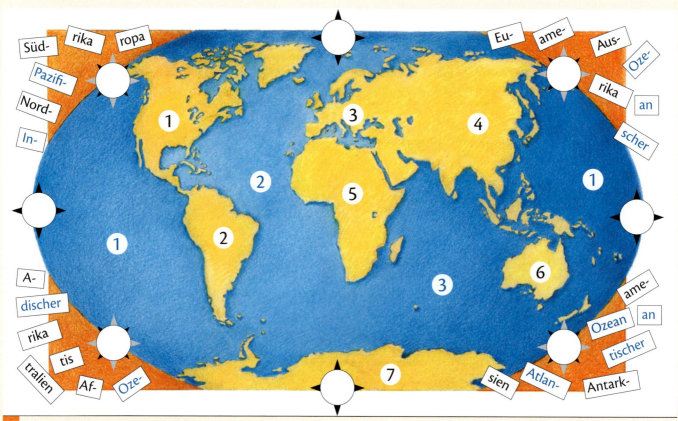

M 1 *Kontinente und Ozeane*

1. Ordne den Ziffern die Kontinente und Ozeane mithilfe der Puzzleteile zu (M 1).
2. Schreibe im Uhrzeigersinn die in der Karte eingezeichneten Himmelsrichtungen in dein Heft auf. Beginne auf der Weltkarte am oberen Rand.
3. Vervollständige mit den richtigen Himmelsrichtungen.
   – Europa liegt … von Afrika.
   – Afrika liegt … von Australien.
   – Asien liegt … von Europa.
   – Afrika liegt … von Südamerika.
   – Nordamerika liegt … von der Antarktis.
4. Ordne den Buchstaben die genannten Begriffe zu:
   Westhalbkugel – Osthalbkugel – Null-Meridian – westliche Länge – östliche Länge – Längenhalbkreis (Meridian) (M 2).
5. Ordne den Buchstaben die genannten Begriffe zu:
   Nordhalbkugel – Südhalbkugel – Äquator – nördliche Breite – südliche Breite – Breitenkreis (M 3).
6. Bestimme die Lage der Punkte A bis K im Gradnetz (M 4).

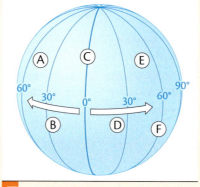

M 2 *Längenkreise*

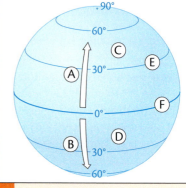

M 3 *Breitenkreise*

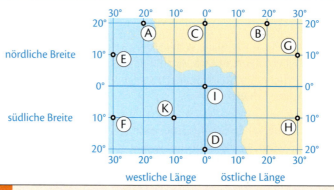

M 4 *Gradnetz*

Wissen und verstehen

7 Ordne jedem dieser Begriffe mindestens zwei Merkmale zu, die ihn erklären oder beschreiben.

M 5 *Geo-Begriffestapel*

8 Welcher Begriff passt nicht zu den anderen? Notiere den richtigen Buchstaben. In der Reihenfolge der Aufgaben ergibt sich ein Lösungswort, das alle Schülerinnen und Schüler mögen.

1) K Östliche Länge
    F Westliche Länge
    H Hosenlänge
    S Längengrad
2) E Weltumseglung
    I Urlaubsreisen
    A Entdeckungsreisen
    U Satelliten
3) S Atlantischer Ozean
    R Pazifischer Ozean
    M Indischer Ozean
    T Chinesischer Ozean
4) Z Höhenangst
    K Höhenlinie
    M Höhenschicht
    N Schummerung
5) A Merkur
    I Venus
    O Erde
    E Mond
6) G Äquator
    R Südpol
    L Nordpol
    F Polen
7) S Erdaltertum
    R Erdapfel
    T Erdkern
    B Erdkruste
8) A Globus
    M Karte
    L Atlas
    E Kartenspiel
9) N Afrika
    M Asien
    I USA
    T Nordamerika

M 6 *1 aus 4*

9 Sortiere die Aussagen in richtige und falsche Aussagen. Verbessere die falschen Aussagen und schreibe diese richtig auf.

Richtig oder falsch?
1) Asien ist der flächengrößte Kontinent der Erde.
2) Der Pazifische Ozean ist der kleinste Ozean der Erde.
3) Die Erde dreht sich einmal am Tag von Osten nach Westen um ihre eigene Achse.
4) Die Erde ist in Schalen aufgebaut, im Inneren der Kern, der Mantel und außen die Kruste.
5) Die Meridiane sind die Breitenkreise.
6) Der Maßstab auf einer Karte gibt Auskunft über das Maß der Verkleinerung gegenüber der Wirklichkeit.
7) Der Null-Längenkreis ist der Äquator.
8) Erdbeben können Zerstörung bringen, sind aber auch eine Möglichkeit, um das Erdinnere zu erforschen.
9) Der Atlas besteht meist aus drei großen Teilen: Kartenweiser und Inhaltsverzeichnis, Kartenteil, Namensverzeichnis (Register).
10) Der Kontinent Europa ist größer als der Kontinent Afrika.
11) Die physische Karte gibt Auskunft über den Boden und die Produkte, die darauf angebaut werden.

Sich verständigen, beurteilen und handeln

10 Auf dem 10. Breitengrad und dem 40. Längenkreis liegt ein Ort. Begründe, ob diese Angaben zur Bestimmung des Ortes ausreichen.

11 Nur eine der folgenden Aussagen ist richtig. Begründe deine Entscheidung.
– Die Erde dreht sich von West nach Ost um ihre eigene Achse.
– Die Erde dreht sich von Ost nach West um ihre eigene Achse.
– Die Sonne dreht sich um die Erde von West nach Ost.
– Die Sonne dreht sich um die Erde von Ost nach West.

Können und anwenden

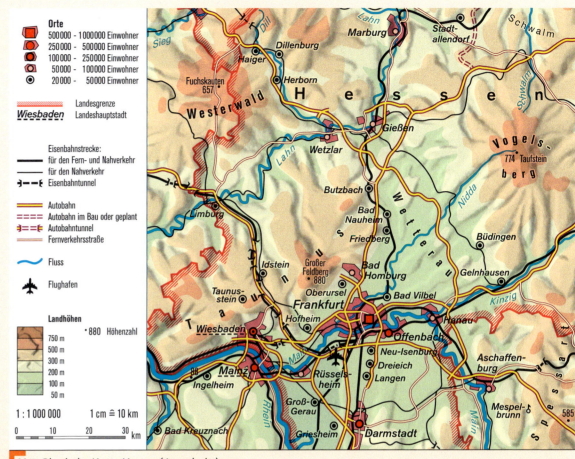

M 7 *Physische Karte Hessen (Ausschnitt)*

12 Ermittle den Maßstab der Physischen Karte (M 7) und gib an, wie viele Kilometer in der Wirklichkeit einem Zentimeter auf der Karte entsprechen.

13 Übertrage die Tabelle in dein Heft und vervollständige sie mithilfe der Physischen Karte (M 7).

von–nach	Zentimeter auf der Karte	Kilometer in der Wirklichkeit
Mainz–Hanau	…	…
Offenbach–Marburg	…	…
Wetzlar–Aschaffenburg	…	…
Darmstadt–Büdingen	…	…

14 Übertrage die unten stehende Tabelle mit zusätzlichen Zeilen in dein Heft. Suche folgende Objekte im Namensverzeichnis (Register) des Atlas und trage das Suchergebnis in die Tabelle ein.
Objekte: Karlsruhe, Ungarn, Odenwald, Elbe, Harz, Rhein, Bodensee, Regen, Hannover, Rügen

Name des Ortes	Seite im Atlas	Angaben zum Gradnetzfeld

15 Benenne die drei großen Teile, aus denen der Atlas besteht.

16 Erkläre, wobei dir der Kartenweiser hilft.

WEBCODE: UE645718-038

Physische Karte Deutschlands

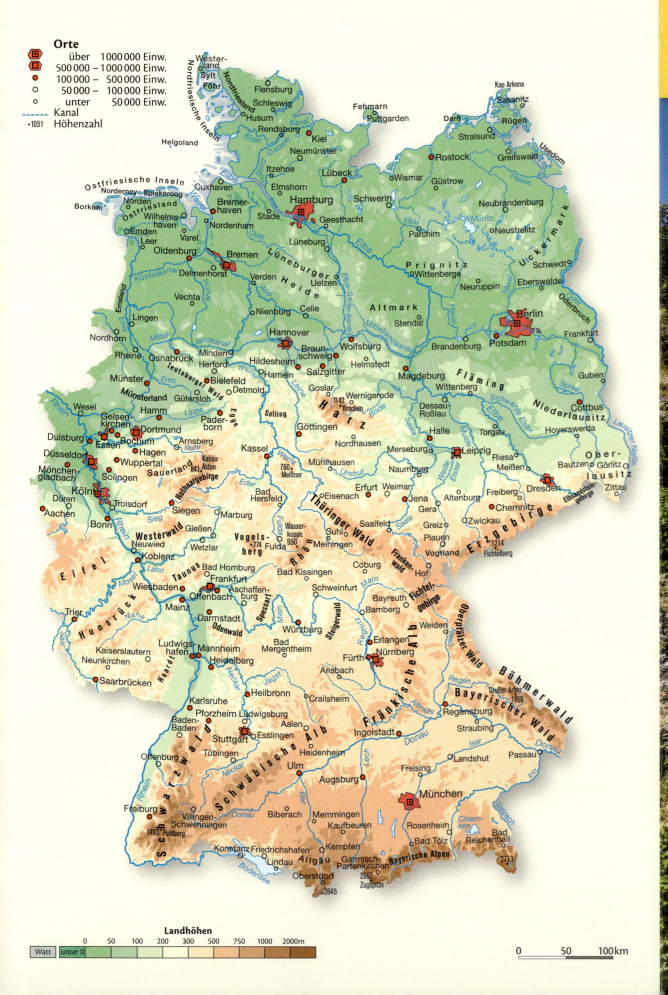

2 Naturräume in Bayern und Deutschland untersuchen

Eine „Schweiz" in Deutschland, in Bayern?
Ja, denn der Name Fränkische Schweiz weist darauf hin,
dass dieser Naturraum etwas Besonderes und Einzigartiges ist.
Wie sehen die anderen Naturräume in Deutschland aus?
Gibt es noch andere Naturräume, die den Namen „Schweiz" tragen?

*Fränkische Schweiz –
Blick von der Ehrenbürg
(Walberla) ins Wiesenttal auf
den Ort Kirchehrenbach*

Deutschland zwischen Küste und Alpen

1–24 Stadt
A–B Meer
a–m Fluss, See
A–D Großlandschaft
a–m Mittelgebirge
•1493 Höchster Berg

M 1 *Stumme Karte: Deutschland*

NATURRÄUME IN BAYERN UND DEUTSCHLAND UNTERSUCHEN

Zwischen Küste und Alpen
Wenn du mit dem Zug oder dem Auto von Norden nach Süden durch Deutschland fährst, siehst du viele unterschiedliche Landschaften. Bei einem Flug von der Küste bis zu den Alpen gewinnst du viel schneller einen Überblick über die deutschen Großlandschaften.

Norddeutsches Tiefland
In einem etwa 200 Kilometer breiten Streifen erstreckt sich das **Tiefland** im Norden Deutschlands von der Nord- und Ostsee bis etwa zur Linie Köln-Hannover-Halle-Dresden. Ausgedehnte Niederungen wechseln mit flach welligen Hügelländern, die bis zu 200 Meter hoch sind.

Mittelgebirgsland
Das Mittelgebirgsland nimmt den größten Teil Deutschlands ein. Bewaldete **Mittelgebirge** mit abgerundeten Bergen, sanft gewellten Hochflächen und oft tief eingeschnittenen Tälern bestimmen das Landschaftsbild. Große Flusstäler, wie die des Rheins und des Mains, zerschneiden das Mittelgebirgsland. In diesen Tälern liegen Städte und Industriebetriebe. Zum deutschen Mittelgebirgsland gehören auch die **Stufenländer** der Schwäbischen und Fränkischen Alb. Die größten Höhen erreicht das Mittelgebirgsland im Schwarzwald und im Bayerischen Wald mit etwa 1500 Metern.

Alpenvorland und die Alpen
Südlich der Donau beginnt das Alpenvorland und erstreckt sich bis zum Rand der Alpen, die sich im äußersten Süden Deutschlands erheben. Die weite Fläche des Alpenvorlandes erreicht Höhen zwischen 500 und 1000 Metern. Die Alpen sind ein **Hochgebirge** mit schroffen und steilen Oberflächenformen. Der höchste Berg der deutschen Alpen ist die Zugspitze mit 2962 Metern.

M 2 *Vom Meer zu den Alpen*

1 Bearbeite die stumme Karte und nutze dazu die physische Karte (M 1, Karte S. 39).

2 Beschreibe die Bilder und ordne sie den Großlandschaften zu (M 2, M 3).

3 Bildet vier Gruppen und beschreibt je eine Großlandschaft Deutschlands nach folgenden Merkmalen:

- ✓ Grenzen
- ✓ Höhenlage
- ✓ Oberflächenformen
- ✓ Gewässer
- ✓ Städte
- ✓ Landschaften

Nutzt dazu auch das Lexikon.

4 Erstelle ein Lernplakat zu einer Großlandschaft, das eine Kartenskizze oder Karte, Abbildungen sowie einen erläuternden Kurztext enthalten sollte (M 2, M 3, 🗺).

M 3 *Großlandschaften Deutschlands*

Die Nordseeküste – das Wasser kommt und geht

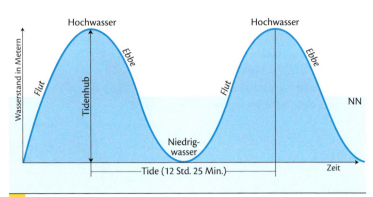

M2 *Ebbe und Flut*

M1 *Der Hafen von Husum*

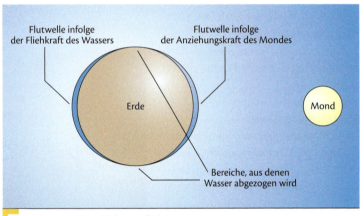

M3 *So entstehen Ebbe und Flut*

Die Nordseeküste – eine Gezeitenküste

So mancher Urlauber an der Nordseeküste hat sich schon erstaunt die Augen gerieben: Dort, wo er am Morgen noch im Meer gebadet hatte, erstreckt sich nun eine weite Fläche von Sand und Schlick. Nur in der Ferne ist das Wasser noch zu sehen.

An der Nordseeküste ändert der Wasserstand regelmäßig seine Höhe. Zweimal am Tag steigt das Wasser langsam an bis zum Hochwasser. Diesen Vorgang nennt man **Flut**. Nach dem Hochwasser geht das Wasser regelmäßig zurück, es ist **Ebbe**. Ebbe und Flut werden als **Gezeiten** bezeichnet. Den Unterschied zwischen Hoch- und Niedrigwasser nennt man **Tidenhub** (Tide = Zeit).

Ebbe und Flut

Die Ursache für die Entstehung der Gezeiten ist die Anziehungskraft des Mondes. Auf der mondnahen Seite der Erde wirkt die Anziehungskraft des Mondes. Dadurch wird hier das Meerwasser zum Mond hingezogen, es entsteht Flut. Auf der vom Mond abgekehrten Seite der Erde bewirkt eine Ausgleichskraft, dass sich der Meeresspiegel hier auch anhebt – das Wasser bewegt sich hier also vom Mond weg. Deshalb entsteht auch hier ein zweiter Wasserberg – ebenfalls die Flut. Aus den dazwischen liegenden Gebieten fließt das Wasser wie bei einer gewaltigen Wellenbewegung ab. Dort herrscht Ebbe. Der Wechsel von einem Niedrigwasser zum nächsten dauert etwa 12 Stunden und 25 Minuten. Aus diesem Grund treten Ebbe und Flut täglich um etwa 50 Minuten später ein. Die Zeitverschiebung entspricht der täglichen Verschiebung des Mondaufgangs.

Im Gezeitenkalender stehen die Zeiten für den Wechsel der Gezeiten für viele Küstenorte für ein Jahr im Voraus, damit die Menschen wissen, wann Hochwasser und wann Niedrigwasser ist. Er ist für die Schifffahrt, aber auch für die Touristen eine wichtige Orientierungshilfe.

Das Meer formt die Küste

Ebbe und Flut sind mitverantwortlich für ständige Strömungen, denen die Meere und Küsten ausgesetzt sind. Meeresströmungen und Winde transportieren im Laufe der Zeit viel Material. An den Ostfriesischen Inseln, zu denen Spiekeroog (M6) gehört, kann man beobachten, dass sich die Inseln allmählich von Westen nach Osten verlagern. Grund hierfür ist, dass dort häufig Winde aus Westen wehen.

NATURRÄUME IN BAYERN UND DEUTSCHLAND UNTERSUCHEN 45

Tag	Hoch-wasser	Niedrig-wasser	Hoch-wasser	Niedrig-wasser
13.08.	01:12 Uhr	07:35 Uhr	13:23 Uhr	19:58 Uhr
14.08	01:48 Uhr	08:10 Uhr	13:55 Uhr	20:30 Uhr
15.08.	02:18 Uhr	08:39 Uhr	14:25 Uhr	20:58 Uhr
16.08.	02:48 Uhr	09:05 Uhr	14:56 Uhr	21:26 Uhr
17.08.	03:22 Uhr	09:34 Uhr	15:29 Uhr	21:56 Uhr
18.08.	03:58 Uhr	10:06 Uhr	16:04 Uhr	22:27 Uhr
19.08.	04:34 Uhr	10:39 Uhr	16:39 Uhr	22:57 Uhr
20.08.	05:08 Uhr	11:13 Uhr	17:16 Uhr	23:29 Uhr

M 4 *Beispiel für einen Gezeitenkalender für Spiekeroog*

M 5 *Fahrrinne bei Ebbe*

1 Beschreibe die Bilder und erläutere, wie sich Ebbe und Flut an der Nordseeküste auswirken (M 1).
2 Beschreibe den Ablauf der Gezeiten (M 2).
3 Erläutere die Entstehung der Gezeiten (M 3).
4 Erkläre, warum Ebbe und Flut jeden Tag zu anderen Uhrzeiten zu beobachten sind (M 2, M 4).
5 Beschreibe die Bedeutung der Gezeiten für
 – die Schifffahrt an der Küste,
 – Badegäste und Touristen. Beachte dabei, dass man nur von zwei Stunden vor Hochwasser bis zwei Stunden nach Hochwasser baden darf (M 1, M 4 und M 5).
6 Das Meer formt die Küste. Beurteile diese Aussage (M 6).
7 Plane einen Urlaubstag an der Nordsee. Du möchtest baden und mit dem Schiff fahren (M 4).

M 6 *Nordseeinsel Spiekeroog*

Küstenverlauf 1650

Deiche – Küstenschutz und Landgewinnung

M 1 *Sturmflut an der Nordseeküste*

Deiche schützen die Küste

Früher lebten die Menschen auf Hügeln (Warften), die allerdings nur wenig vor dem **Hochwasser** schützten. Seit rund 900 Jahren errichten sie Erddämme, sogenannte **Deiche**.

Deiche bestehen aus einer Kombination von Sand und Klei (wasserundurchlässiger Boden). Der Sand wird von Saugbaggern vor dem Strand vom Meeresboden ab- und in das Deichbett hineingepumpt. Abgedeckt wird dieser Sandkern durch eine verfestigte Kleischicht. Sie verhindert, dass der Deich durch Regen- oder Meerwasser aufgelöst werden kann.

Neues Land wird gewonnen

An der Nordsee nutzt man die Gezeiten, um neues Land zu gewinnen. Landgewinnung ist heute nur eine Maßnahme des Küstenschutzes, da neues Ackerland nicht mehr benötigt wird. Bei jeder Flut bringen die Wellen Sand sowie kleine Tier- und Pflanzenteilchen mit. Diese lagern sich ständig ab und bilden Schlick. Der Mensch nutzte diese „Anlieferung des Meeres" und schuf künstlich einen bis zu 25 Kilometer breiten Streifen entlang der Meeresküste. Dieser Bereich wird als **Marsch** bezeichnet.

Sturmfluten – eine ständige Gefahr

Weht an der deutschen Nordseeküste längere Zeit ein starker Nordweststurm, können **Sturmfluten** entstehen. Das geschieht oft im Frühjahr, Herbst und Winter. Dann treibt der **Sturm** die Wassermassen gegen die Küste und in die Flussmündungen hinein. Bei einer Sturmflut ist der Wasserstand wesentlich höher als bei einer normalen Flut. Das Meer wird zu einer Bedrohung für Menschen und Tiere und es zerstört Weide- und Ackerflächen sowie Siedlungen und Verkehrswege.

In früheren Jahrhunderten versanken infolge von Sturmfluten ganze Küstenstreifen und Inseln im Meer.

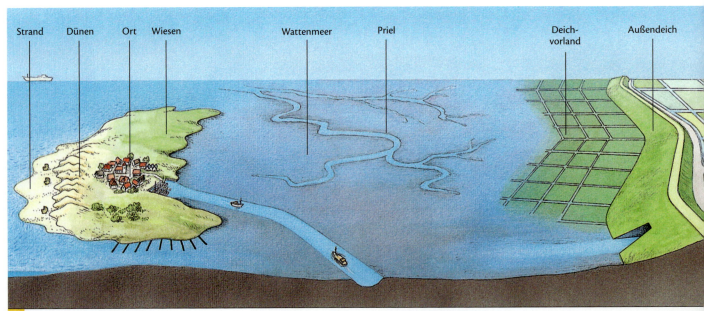

M 2 *Blockbild der Nordseeküste vom Meer zum Festland*

Zur Beschleunigung der Ablagerung von Schlick aus der Nordsee (Aufschlickung) werden Lahnungsfelder angelegt. Hierbei handelt es sich um doppelte Reihen von Holzpfählen, die in den Wattboden gerammt werden. Zwischen diese Pfähle werden Zweige und Reisigbündel gepackt. Mithilfe der Lahnungsfelder kommt das auflaufende Wasser schneller zur Ruhe und Sand sowie Schlick lagern sich ab. Dadurch wächst der Meeresboden allmählich in die Höhe, pro Jahr ungefähr um drei bis fünf Zentimeter.

Erste Pflanzen besiedeln das Deichvorland

Als erste Pflanze siedelt sich auf den neuen Böden der Queller an. Er „liebt" salzhaltigen Boden und hält ihn mit seinen Wurzeln fest. Allmählich wachsen auf dem Vorland kurze, harte Gräser. Aus ihnen entstehen Salzwiesen, die als Schafweiden genutzt werden können. Regenfälle vermindern mit der Zeit den Salzgehalt der Böden. Nach 30 bis 40 Jahren liegt das Land etwa einen halben Meter über dem mittleren Hochwasser. Dann kann es eingedeicht werden. Diese junge Marsch wird für die Landwirtschaft genutzt, vorwiegend als Weideland.

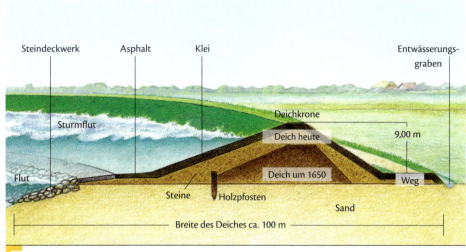

M 3 Querschnitt durch einen Deich früher und heute

M 4 Bau von Lahnungen

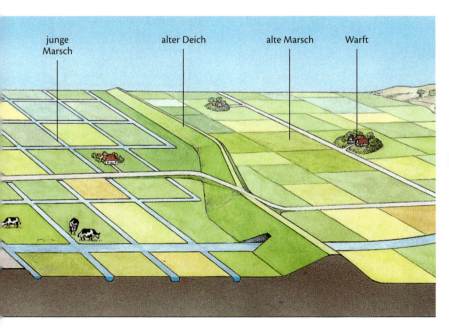

1. Nenne die Auswirkungen von Sturmfluten an der deutschen Nordseeküste (**M 1**).
2. Beschreibe, wie die Küste geschützt wird (**M 3**, **M 4**).
3. Vergleiche einen alten und einen neuen Deich und benenne die Unterschiede (**M 3**).
4. „Vom Meer zum Neuland" – Erstelle ein Fließdiagramm, das die Landgewinnung an der Nordseeküste darstellt und auch über die Dauer der Neulandgewinnung Auskunft gibt (**M 2**,).
5. „Wer nicht deichen will, muss weichen." – Erkläre dieses Sprichwort.
6. Erkläre, warum die Landgewinnung dem Küstenschutz dient (**M 2** bis **M 4**).

NATURRÄUME IN BAYERN UND DEUTSCHLAND UNTERSUCHEN

Das Watt – einzigartiger Lebensraum

M1 *Im Watt – Wanderung und Seehunde auf einer Sandbank*

Das Wattenmeer

Als **Wattenmeer** bezeichnet man den flachen Teil des Meeres im Küstenbereich, der zweimal täglich bei Ebbe trockenfällt bzw. bei Flut von Wasser bedeckt ist. Das Watt bildete sich bereits vor vielen Jahrtausenden an der deutschen Nordseeküste und umfasst sowohl die Festlandsküste als auch die Inseln mit ihren Sandbänken. Es besteht aus zehn bis zwanzig Meter dicken Ablagerungen aus Sand und Schlamm. Diese Ablagerungen werden auch als „Schlick" bezeichnet. Als Grenze des Wattenmeeres zur offenen Nordsee ist die 10-Meter-Tiefenlinie festgelegt worden. Die äußeren Bereiche einschließlich der tiefen **Priele** (Rinnen im Watt) sind ständig von Wasser bedeckt.

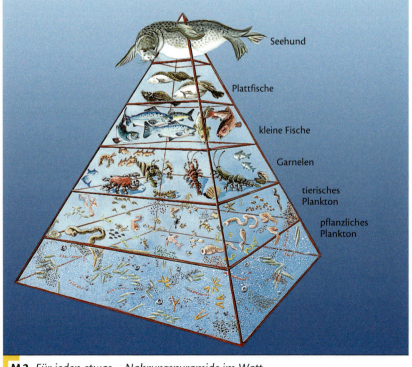

M2 *Für jeden etwas – Nahrungspyramide im Watt*

M3 *Warnschild*

Bei Flut strömt das Wasser zuerst in den Prielen aufs Watt. Diese sind zum Teil einige Meter tief und haben eine starke Strömung, sodass sie für Wattwanderer gefährlich werden können.

Nationalpark Wattenmeer
Weil das Wattenmeer einer der wenigen noch natürlichen Lebensräume in Deutschland ist, wurde es dem besonderen Schutz dreier Nationalparks unterstellt: Schleswig-Holsteinisches Wattenmeer, Hamburgisches Wattenmeer, Niedersächsisches Wattenmeer. Die Fläche der **Nationalparks** ist in drei Schutzzonen unterteilt:
In der Zone 1 gelten die strengsten Regeln. Hier sollen die Rast- und Brutplätze für Seevögel sowie die Seehundbänke geschützt werden.
In Zone 2 ist ein Betreten erlaubt, jedoch nicht während der Brutzeit (zwischen dem 1. April und dem 31. Juli).
In der Zone 3 befinden sich Badestrände, Kur- und Erholungseinrichtungen, aber keine Wohnhäuser.

M 4 Richtiges Verhalten im Nationalpark Wattenmeer

1 Beschreibe die Lage der Wattgebiete an der deutschen Nordseeküste (**M 5**).
2 Erläutere die Merkmale und das Zusammenleben im Lebensraum Wattenmeer (**M 1**, **M 2**, Blockbild S. 50/51,).
3 Erläutere, wie sich der Seehund seinem Lebensraum Wattenmeer angepasst hat (**M 1**, **M 2**, Blockbild S. 50/51).
4 Begründe, warum das Watt unter besonderem Schutz stehen sollte (**M 1**, **M 2**, Blockbild S. 50/51).
5 Lege eine Tabelle an, in die du einträgst, wie man sich im Nationalpark Wattenmeer richtig verhält (**M 4**, **M 5**).
6 Werte das Blockbild S. 46 **M 2** aus: Berichte in einem kurzen Vortrag über Aussehen und Nutzung der Nordseeküste vom offenen Meer bis zum Festland (**Blockbilder lesen**).

M 5 Nationalpark Wattenmeer

Wind und Wellen zerstören die Küste und bauen sie auf

Die Rügener Rundschau berichtet:
Die Ostsee ist unerbittlich. Vor allem wenn sie im Winter von Stürmen aufgepeitscht wird, prallt sie mit voller Wucht gegen die Küste. Jahr für Jahr reißen Wind und Wellen über eine Million Kubikmeter Sand mit sich fort. Strand, Dünen, Steilküste – nichts ist vor ihnen sicher. Für die Männer vom Küstenschutz beginnt dann die härteste Zeit des Jahres.

M 1 *Zeitungsbericht*

Küsten entstehen und vergehen

Die Küste ist der Grenzbereich zwischen dem Meer und dem Festland. **Steilküste** und **Flachküste** sind Küstenformen. Diese Küstenformen entstehen durch das Wirken von Regen, Wind, Gezeiten und Meeresströmungen. Diese Kräfte zerstören die Küste und bauen sie wieder auf. Auch der Verlauf der Küste und die Gesteine aus denen die Küste besteht, haben Einfluss auf das Aussehen und die Veränderung der Küste.

Urlaub am Meer – wer wünscht sich da nicht einen breiten Sandstrand? Doch nicht überall an der Nord- und Ostseeküste sind Sandstrände zu finden. Die Steilküsten mit großen Steinen an den Stränden laden nicht gerade zum Baden ein.

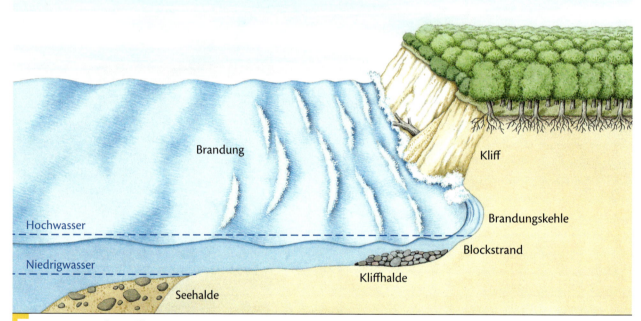

M 2 *Zerstörung der Steilküste*

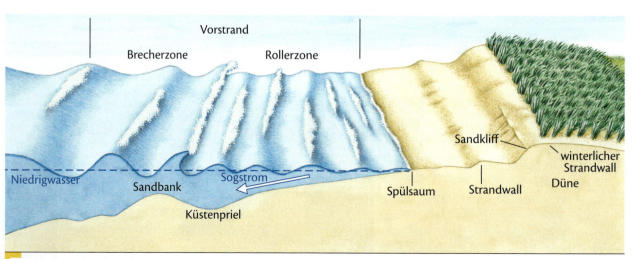

M 3 *Aufbau der Flachküste*

Zerstörung der Steilküste

Wenn eine Welle überkippt, entsteht die Brandung. Trifft die Brandung mit voller Wucht und großer Kraft auf hohe Küstenvorsprünge, unterhöhlt sie diese, zerstört das Gestein und trägt es ab. Es entstehen Steilküsten, wie zum Beispiel auf den Inseln Helgoland, Sylt, Usedom und Rügen. Besonders bei Sturm und hohen Wellen arbeitet die Brandung am steil zum Meer hin abfallenden Hang, dem **Kliff**. Aber auch Regen und Frost greifen das Kliff an. Durch Frostsprengung wird das Gestein des Kliffs gelockert und stürzt auf den Strand oder ins Meer.

Die Brandung zerkleinert die Gesteinsblöcke und Steine weiter, Kies und Sand entstehen. Die Meeresströmungen sowie der Gezeitenstrom transportieren das feine Material ab. Auch der Wind kann feinen Sand ausblasen und transportieren. Die Steilküste wird zwar nicht vollständig zerstört, aber das Kliff wandert immer weiter landeinwärts. Ein aus Kalkstein bestehendes Kliff kann in 10 Jahren bis zu 20 Metern zurückweichen.

Aufbau der Flachküste

Wind, Meeresströmungen und Gezeiten arbeiten auch an der Formung der allmählich zum Meer hin abfallenden Flachküsten.

Flachküsten entstehen dort, wo das feine von der Steilküste abgetragene und durch Wind und Meer transportierte Material abgelagert wird. Das geschieht an flachen Küstenabschnitten oder in Form von Sandhaken, die völlig neu aufgebaut werden. Auch die Wattenküste an der Nordsee zählt zu den Flachküsten.

An der Flachküste laufen die Wellen flach auf und brechen sich schon weiter draußen auf dem Meer. Als flache Wellenroller erreichen sie die Küste, laufen am Strand aus und schütten dabei Sand und Kies, Tang und Muscheln im Strandwall auf. Das zurückfließende Wasser lagert einen Teil des Materials 50 bis 100 Meter vor der Küste ab.

Während der nahe am Meere liegende Sand des Strandes immer feucht ist und deshalb liegen bleibt, trocknet der weiter vom Meer entfernt liegende Sand mit der Zeit aus. Dieser trockene Sand wird vom Wind zu Dünen aufgeweht und mit Strandhafer befestigt. Bei Sturmfluten schützen die Dünen das flache Hinterland vor Überflutungen.

M 4 *Steilküste auf der Insel Rügen*

M 5 *Flachküste östlich von Rostock in Markgrafenheide*

1 Beschreibe Steil- und Flachküste mithilfe der Fachbegriffe (**M 2** bis **M 5**).

2 Lokalisiere die Bilder von Steil- und Flachküste in einer Karte (**M 4**, **M 5**, Karte S. 167 oder Atlas).

3 Erläutere die Zerstörung der Steilküste (**M 2**, **M 4**).

4 Äußere Vermutungen, wo das Kliff der Steilküste vor 5000 Jahren gelegen hat. Begründe deine Meinung (**M 2**, **M 4**).

5 Die Flachküste ist eine aufgebaute Küste: Gestalte zu diesem Thema einen kurzen Schülervortrag. Nutze dazu **M 3** und **M 5**.

6 Erkläre den Zusammenhang zwischen der Zerstörung der Steilküste und dem Aufbau der Flachküste (**M 2** bis **M 5**).

Zwischen Rhön und Alpen – Landschaften in Bayern

M 1 *Landschaften in Bayern*

Das Schwäbisch-Fränkische Stufenland
Zum Schwäbisch-Fränkischen Stufenland gehören das Fränkische Gäuland, die Fränkische Landstufe mit dem Steigerwald, das Albvorland und die Fränkische Alb. Das leicht hügelige, weite Gäuland rund um Würzburg wird vom Main durchflossen, die Böden sind sehr fruchtbar und werden für den Ackerbau genutzt. An den Talhängen und an der Fränkischen Landstufe wird Weinbau betrieben.
Die weißen Kalksteine der Fränkischen Alb bilden eine Gesteinsstufe, die aus dem Albvorland steil aufragt. Auf der Albhochfläche werden Ackerbau, Viehhaltung und Forstwirtschaft betrieben.

Das Alpenvorland
Das Bayerische Alpenvorland erstreckt sich zwischen Bodensee, Donau und Salzach bis zum Alpenrand. Hügel, Berge, Täler, Seen und Moore bestimmen das Landschaftsbild des Alpenvorlandes. Von der Donau bis zum Alpenrand steigt das Alpenvorland von 300 auf 800 Meter an. Ausgedehnte Acker-, Weide- und Waldflächen, große Seen, aber auch viele Städte und Dörfer sind Kennzeichen des Alpenvorlandes. Der Chiemsee ist mit 80 Quadratkilometern der größte See in Bayern.

Die Alpen
Hinter den bewaldeten Vorbergen ragen die Gebirgsketten der hellen Kalkalpen auf. Sie bilden oft steile Wände, schroffe Felsspitzen, Zacken und schmale Grate. Nur ein kleiner Teil der Nördlichen Kalkalpen liegt in Deutschland auf bayerischem Gebiet: die Allgäuer Alpen, die Bayerischen Alpen und die Berchtesgadener Alpen. Die Alpen sind ein beliebtes Ziel für Urlauber und Wochenendausflügler, denn sie sind gut erreichbar und bieten viele Möglichkeiten für die Urlaubs- und Freizeitgestaltung.

Landschaftliche Vielfalt
Die Landschaften in Bayern sind vielfältig und abwechslungsreich. Ebenen und Flusstäler wechseln mit Landstufen, Hügelländern und waldreichen Gebirgen, die zum Teil fast 1500 Meter hoch sind. Ganz im Süden Bayerns erheben sich die schroffen Felsgipfel der Alpen mit dem höchsten Berg Deutschlands, der 2964 Meter hohen Zugspitze. Um die landschaftliche Vielfalt zu ordnen, gliedert man Bayern in vier Großlandschaften: die Mittelgebirge, das Schwäbisch-Fränkische Stufenland, das Alpenvorland und die Alpen.

Die Mittelgebirge
Spessart, Rhön, Frankenwald, Fichtelgebirge, Oberpfälzer Wald und der Bayerische Wald sind Mittelgebirge. Sie bestehen aus verschiedenen Gesteinen, aus denen unterschiedliche Oberflächenformen durch Regen, Wind, Frost und Wind geformt worden sind. An der Rhön haben neben Bayern auch Hessen und Thüringen Anteil. Die höher gelegenen Gebiete der Rhön sind nicht bewaldet. Die Hochflächen werden von abgerundeten Bergkuppen aus Basalt überragt. Bewaldete Höhenrücken und Täler kennzeichnen den Spessart. Die Mittelgebirge im Osten Bayerns bestehen aus sehr alten Gesteinen. Der Wechsel von abgerundeten Bergen, tief eingeschnittenen Tälern und welligen Hochflächen führt zu abwechslungsreichen Gebirgslandschaften. Der höchste Berg der Mittelgebirge ist der Große Arber im Bayerischen Wald mit 1457 Metern. Wälder aus Fichten, Tannen und Buchen sind typisch für die ostbayerischen Mittelgebirge.

NATURRÄUME IN BAYERN UND DEUTSCHLAND UNTERSUCHEN

M 2 Blick vom Kreuzberg bei Bischofsheim an der Rhön

M 3 Tegernsee – Blick nach Norden

M 4 Königssee und Watzmann südlich von Berchtesgaden

M 5 Volkach am Main

M 6 Ehrenbürg bei Forchheim

M 7 Blick auf den Großen Arber bei Zwiesel

1. Beschreibe die Abfolge der Großlandschaften Bayerns von Norden nach Süden (M 1).
2. Lokalisiere die Landschaften M 2 bis M 7 (Karte S. 164 oder Atlas).
3. Überprüfe die Aussage: Die Landschaften in Bayern sind vielfältig, zwei Großlandschaften liegen nördlich der Donau, zwei Großlandschaften südlich der Donau (M 2 bis M 7).
4. Lege eine Tabelle mit zwei Spalten an. Trage die Großlandschaften untereinander in die linke Spalte ein. Ordne jeder Großlandschaft wichtige Merkmale, sowie Städte, Flüsse und kleinere Landschaften zu (M 2 bis M 7, Karte S. 164 oder Atlas).
5. Ordne die Landschaften Bayerns den Großlandschaften Deutschlands zu (M 1, Karte S. 43 M 3).
6. Zeichne eine Kartenskizze, Thema: „Landschaften in Bayern" (M 1).
7. Wähle eine der Großlandschaften oder eine kleinere Landschaft aus und stelle sie in einem Kurzvortrag der Klasse vor (M 1 bis M 7, 🔎).

GEO-METHODE

Wir zeichnen eine Kartenskizze

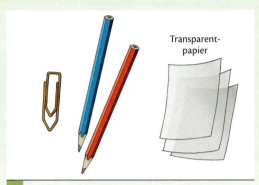

M 1 Das brauchst du für eine Kartenskizze

Die Kartenskizze

Eine Karte enthält eine große Vielzahl von Orten, Flüssen, Seen, Meeren, Landschaften und Verkehrswegen. Oft sind aber nur einige ausgewählte Informationen über die Lage wichtiger Städte, Flüsse und Landschaften notwendig.
Es ist deshalb sinnvoll, selbst eine Kartenskizze zu zeichnen, die diese Informationen übersichtlich darstellt. Du wirst sehen, dass diese Kartenskizze dir hilft, das Wichtigste im Gedächtnis zu verankern.
Ein Kartenskizze ist also eine Zeichnung, in der du mit wenigen Strichen und Farben die wichtigsten Dinge eines Raumes darstellen kannst.

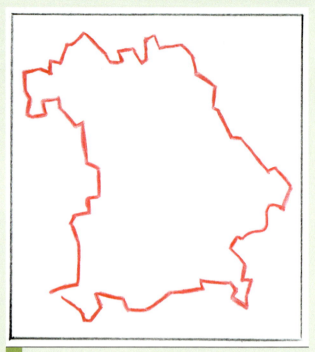

M 3

Checkliste zum Zeichnen einer Kartenskizze

1. Schritt: Wähle als Grundlage für die Kartenskizze eine geeignete Karte aus.
2. Schritt: Lege ein Transparentpapier auf die Karte, das du mit Büroklammern befestigst, oder zeichne die Skizze freihändig. Arbeite mit Bleistift und Buntstiften.
3. Schritt: Zeichne zunächst einen Rahmen für die Kartenskizze. Beachte dabei die Größe der Skizze.
4. Schritt: Zeichne nun der Reihe nach die Objekte in die Kartenskizze ein, die wichtig sind. Achte auf einfache und klare Linien und Flächen, schreibe und zeichne sauber.
5. Schritt: Beginne mit einfachen Elementen der Kartenskizze und vervollständige deine Skizze schrittweise:
- Verlauf der Grenzen (**M 3**)
- Verlauf wichtiger Flüsse (**M 4**)
- Lage wichtiger Landschaften (**M 4**)
- Lage großer Städte (**M 4**)

6. Schritt: Beschrifte die eingetragenen Objekte in der Kartenskizze und gib der Karte eine Überschrift (**M 5**).

Tipp: Einprägen einer Kartenskizze

Versuche, dir die Lagemerkmale von Städten, Flüssen und Landschaften zu merken. Zum Beispiel: Die Alpen begrenzen Bayern im Süden. Dort, wo der Inn die Alpen verlässt, liegt Rosenheim. München liegt in der Mitte zwischen Donau und Alpen. Regensburg liegt an der Donau zwischen Fränkischer Alb und Bayerischem Wald.

M 2 Eine Kartenskizze auf Transparentpapier zeichnen

GEO-METHODE 57

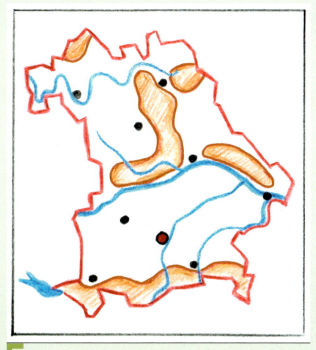

M 4

M 5

Tipp: Zeichnen einer Kartenskizze für die Tafel oder für ein Plakat
Lege eine Overheadfolie auf die Atlaskarte. Zeichne die gewünschte Kartenskizze mit einem Folienstift. Projiziere nun die Folie auf die Wandtafel oder einen angehefteten großen Papierbogen. Mit Kreide oder Stiften kannst du nun die Objekte nachzeichnen. Auf diese Weise erhältst du eine vergrößerte Kartenskizze.

1 Präge dir die Kartenskizze von Bayern (M 5) ein. Schließe dann das Schulbuch und zeichne eine Kartenskizze zu Bayern ohne Vorlage aus dem Gedächtnis. Vergleiche deine Kartenskizze mit der Kartenskizze im Schulbuch und berichtige deine Skizze.
2 Fertige eine Kartenskizze zu einem Thema deiner Wahl an. Zum Beispiel zu den Themen: „Zwischen Spessart und Bayerischer Wald", „Mein Landkreis".
3 Du kannst auch eine Kartenskizze zu Deutschland zeichnen, in die du im Laufe des Schuljahres Namen von wichtigen Städten, Landschaften, Gewässern u. a. einträgst. Die Kartenskizze und dein Wissen wachsen dann gleichzeitig.

M 6 *Kartenskizze für ein Wandplakat*

Gesteine im Wandel – der Kreislauf der Gesteine

Auf der Erde geht nichts verloren

Gesteine sind das Baumaterial, aus dem die festen Teile der Erdkruste bestehen. Jedes Gestein ist Veränderungen ausgesetzt. Die Entstehung und Zerstörung der Gesteine bildet dabei einen ständigen Kreislauf. Vulkanausbrüche oder die Gebirgsbildung lassen Gesteine entstehen, die sofort wieder umgewandelt werden.

Dieser Kreislauf bewirkt, dass es viele verschiedene Gesteine auf der Erde gibt. Kein Gestein und kein noch so kleiner Gesteinsbestandteil gehen dabei verloren.

Gestein ist nicht gleich Gestein

Nach ihrer Entstehung unterscheidet man drei große Gesteinsgruppen:
- magmatische Gesteine, auch Erstarrungsgesteine genannt,
- Sedimentgesteine, auch Ablagerungsgesteine genannt,
- metamorphe Gesteine, auch Umwandlungsgesteine genannt.

Magmatische Gesteine

entstehen durch Aufsteigen, Abkühlen und Erstarren einer 900 bis 1000 °C heißen Gesteinsschmelze, dem Magma. Wenn das Magma die Erdoberfläche nicht erreicht, erstarrt es in der Tiefe. Da die Abkühlung unter der Erdoberfläche meist langsam erfolgt, bilden sich große Kristalle wie beim Granit. Gelangt das Magma schnell an die Erdoberfläche, erkaltet und erstarrt die Gesteinsschmelze schnell. Deshalb bilden sich keine oder nur kleine Kristalle.

Sedimentgesteine

Die natürliche Zersetzung, **Verwitterung** genannt, sorgt dafür, dass die magmatischen Gesteine an der Erdoberfläche zerkleinert werden, bis hin zu ganz kleinen Materialien wie Sand und Ton. Durch Wasser, Wind und Eis werden diese abgetragen, transportiert und abgelagert. Die Ablagerung erfolgt sowohl im Meer als auch auf dem Land. Es entstehen zum Teil mehrere tausend Meter mächtige Schichten aus lockeren Sedimenten. Durch den gewaltigen Druck dieser Sedimentschichten verfestigt sich das tiefer liegende Material während eines langen Zeitraumes zu Sedimentgestein.

Metamorphe Gesteine

Wenn die Sedimentgesteine in größere Tiefen gelangen, können sie durch sehr hohen Druck- und Temperaturanstieg in metamorphe Gesteine umgewandelt werden. Dabei verändert sich auch das Aussehen des Gesteins. Es wird dichter, sodass die einzelnen Bestandteile kaum noch zu erkennen sind. Häufig kann man die Schichten der Sedimentgesteine noch als Bänder in den Umwandlungsgesteinen erkennen, aber zum Beispiel nicht mehr das Sandkorn im Gestein. Bei etwa 900 °C werden metamorphe Gesteine zu Magma aufgeschmolzen. Der Kreislauf hat sich damit geschlossen.

1 Beschreibe das Aussehen der abgebildeten Gesteine (**M 2**).
2 Nenne die drei großen Gesteinsgruppen und ordne diesen die Gesteinsbilder zu (**M 2**).
3 Erläutere den Zusammenhang zwischen Entstehung, Verwitterung und Abtragung von Gesteinen (**M 1**).
4 Auf der Erde geht nichts verloren, es wird nur umgewandelt. Überprüfe die Richtigkeit dieser Aussage (**M 2**).

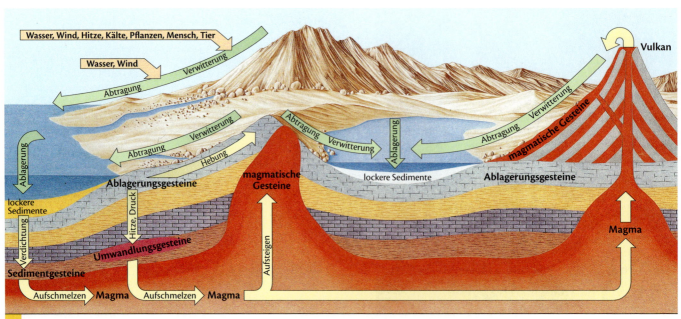

M 1 *Gesteine im Wandel: Entstehung, Verwitterung, Abtragung*

M 2 Der Kreislauf der Gesteine

Wie kommen Meerestiere auf die Fränkische Alb?

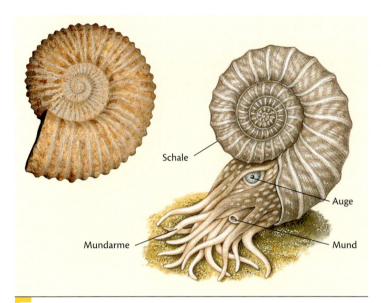

M 1 Ammoniten: So sahen sie aus

M 2 Ammonit als Versteinerung heute

Tintenfische auf der Alb
Im Gebiet der Fränkischen Alb kann man im Gestein unterschiedliche Fossilien finden, zum Beispiel Ammoniten. Diese sind mit dem Tintenfisch verwandte Meerestiere aus dem Erdmittelalter.

Aus dem Meer entstanden
Die Fränkische Alb begrenzt die Schwäbisch-Fränkische Schichtstufenlandschaft nach Osten hin. In diesem großen Gebiet erstreckte sich vor etwa 150 Millionen Jahren in der Jura- und Kreidezeit ein Meer. Die mächtigen Ablagerungen aus dieser Zeit verraten, dass das Wasser zunächst trüb und sauerstoffarm war. Im Schwarzjura und im Braunjura wurden dunkle Sande, Kalke, Tone und andere Materialien abgelagert. Später muss hier ein Meer mit hellen Sandstränden gewesen sein. Deshalb wurden helle, fast weiße Schichten abgelagert. In diesem kalten Meer lebten Ammoniten (Kopffüßer). Abgestorben sanken sie auf den Meeresboden und sind heute als Abdrücke im Gestein zu finden. Die mächtigen Ablagerungen wurden zu harten und weichen Gesteinsschichten umgewandelt.

Vom Flachland zur Schichtstufenlandschaft
Am Ende des Erdmittelalters (nach der Kreidezeit) begannen die Kräfte im Erdinnern die mächtigen Gesteinsschichten anzuheben. Das Meer zog sich für immer zurück.
Im Zusammenhang mit der Entstehung der Alpen wurden die mächtigen Gesteinsschichten schräg gestellt. Die höher aufragenden Schichten wurden schneller abgetragen als die unteren. Und die weichen Gesteinsschichten wurden schneller abgetragen als die härteren. Diese harten und widerstandsfähigen Gesteinsschichten bilden die Stufe, die weichen Schichten

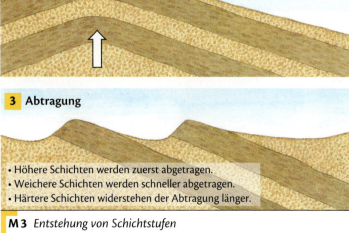

M 3 Entstehung von Schichtstufen

M 4 Schichtstufe der Fränkischen Alb im Wiesenttal mit vorgelagertem Zeugenberg (Ehrenbürg)

bilden den Sockel einer **Schichtstufe**. Die Schichtstufen sind durchschnittlich circa 400 Meter hoch. An einigen Stellen können sie auch auf über 600 Meter ansteigen. Der steile Anstieg der Schichtstufe aus dem Albvorland heißt Albtrauf. Auf der Fränkischen Alb wechseln sich die Kuppenalb und die Flächenalb ab.

Die einzeln stehenden Berge vor dem Albtrauf werden **Zeugenberge** genannt. Sie widerstanden der Abtragung und sind Zeugen, dass die Schichtstufen einst viel weiter reichten.

Die heutige Südwestdeutsche Schichtstufenlandschaft ist das Ergebnis von Zerstörung und Abtragung seit Millionen von Jahren. Die dabei wirksamen Kräfte sind vor allem Frost, Regen und Wind.

1 Beschreibe die geographische Lage der Fränkischen Alb (Karten S. 39 und S. 164 oder Atlas).
2 Fertige eine Skizze der Alb mit dem Albvorland an. Beschrifte diese mit den Namen der Oberflächenformen (M 4, M 5).
3 Erkläre die Entstehung von Schichtstufen (M 3 und M 5).
4 Prüfe die Richtigkeit der Aussage: „Die hellen Kalksteine des Weißjura sind die härtesten Gesteinsschichten der Fränkischen Alb." Begründe deine Meinung (M 3, M 5).
5 Zeichne ein Fließdiagramm zur Frage „Wie kommt der Tintenfisch auf die Fränkische Alb?"

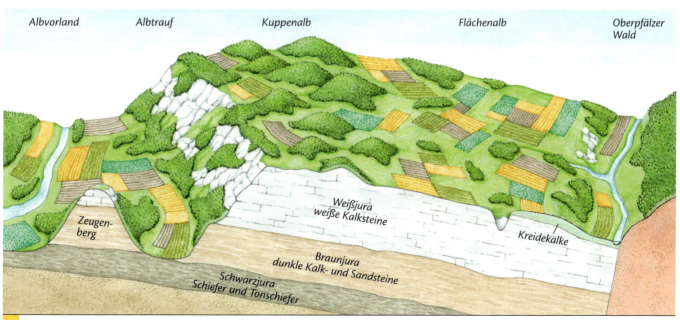

M 5 Blockbild einer Schichtstufe

Oberflächenformen der Fränkischen Alb

Regenwasser löst Kalkstein

Im Bereich der Fränkischen Alb gibt es mehr als 3600 **Höhlen**. Dazu zählen sowohl kleinste Felslöcher, die den Namen „Höhle" kaum verdienen, aber auch kilometerlange Gänge. Kalkstein kann durch Regenwasser gelöst werden. Regenwasser dringt durch Risse und Spalten in das Kalkgestein ein. Beim Versickern löst das Regenwasser den Kalkstein auf und fließt unterirdisch durch große Spalten und Risse im Gestein als Höhlenfluss ab. So entstehen Hohlräume, die mit der Zeit immer größer werden. Eine wasserundurchlässige Lehmschicht verhindert, dass das Höhlenwasser noch tiefer in das Gestein sickert. Die Lehmschicht ist auch dafür verantwortlich, dass das unterirdisch fließende Wasser als Schichtquelle wieder zu Tage kommt.

Auch an der Erdoberfläche gibt es Hohlformen. Diese trichterförmigen Einsenkungen, die einen Durchmesser von 10 bis 100 Metern erreichen können, werden **Dolinen** genannt. Sie können zum Beispiel durch den Einsturz von Höhlen entstehen.

Die vielen **Trockentäler** auf der Fränkischen Alb wurden vor Jahrtausenden am Ende der Eiszeit von Schmelzwasserflüssen geschaffen. Das Schmelzwasser konnte zu dieser Zeit nicht im Kalkstein versickern, da der Untergrund tief gefroren war. Die vielen Trockentäler sind also ehemalige Flusstäler.

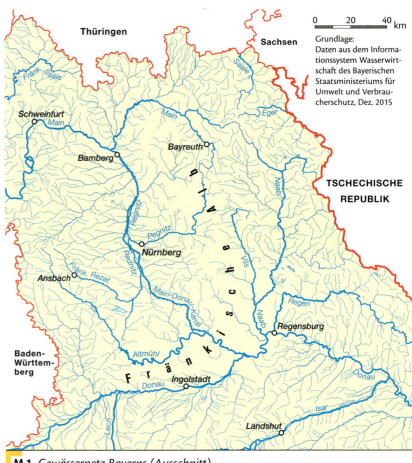

M 1 *Gewässernetz Bayerns (Ausschnitt)*

Tropfsteine durch Kalkablagerung

In den Karsthöhlen tropfen von der Höhlendecke Wassertropfen, in denen gelöster Kalk enthalten ist. Ähnlich wie an Wasserhähnen setzt sich der Kalk an der Höhlendecke ab, wenn das Wasser verdunstet. So entstehen von der Höhlendecke herabhängende **Tropfsteine**, die Stalaktiten. Auch wenn Wassertropfen auf den Höhlenboden fallen und das Wasser dort verdunstet, bilden sich Tropfsteine, die Stalagmiten. Wenn Stalaktiten und Stalagmiten zusammenwachsen, entstehen Tropfsteinsäulen. Tropfsteine wachsen sehr langsam, oft nur einen Millimeter im Jahr.

Karst

Alle durch Kalklösungen und Kalkablagerungen entstandenen Formen werden unter dem Begriff **Karstformen** zusammengefasst. Dieser Name stammt ursprünglich aus Slowenien und be-

Versuch

Fragestellung: Was passiert, wenn Kalkstein in Flüssigkeiten mit unterschiedlichen Säuren gelegt wird?
1. Lege kleine Stücke Kalkstein etwa eine Stunde in jeweils ein Glas Wasser, Zitronensaft und Essig.
2. Kratze anschließend mit einem Messer an dem Kalkstein.

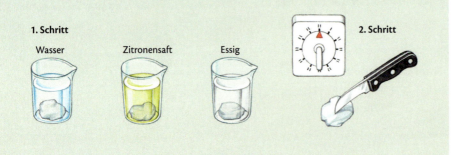

M 2 *Versuch: Was passiert, wenn Säure auf Kalk trifft?*

Naturräume in Bayern und Deutschland untersuchen

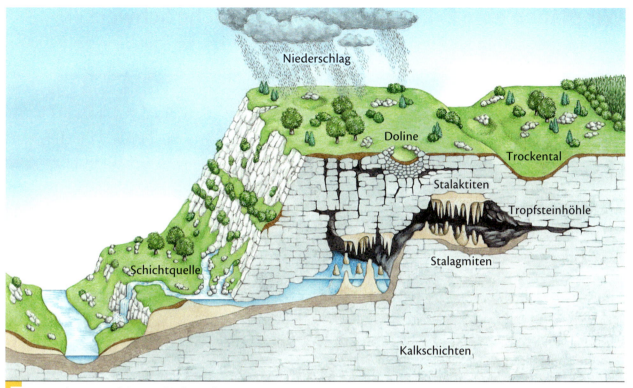

M 3 Karstformen auf der Fränkischen Alb

M 4 Trockental

M 5 Doline

deutet steiniger und unfruchtbarer Boden. Deshalb kann auf der Fränkischen Alb und in anderen Karstgebieten kaum Ackerbau betrieben werden. Außerdem fehlt das Wasser an der Oberfläche, da das Wasser im Kalkstein versickert.

1 Beschreibe den Verlauf der Flüsse im nördlichen Teil Bayerns (M 1, Karten S. 39 und S. 164 oder Atlas).
2 Führe den Versuch durch. Beschreibe deine Beobachtungen (M 2).
3 Fertige eine Mindmap zum Thema „Die Karstformen" an (M 3 bis M 6,).
4 Erkläre das Entstehen der verschiedenen Karstformen (M 3 bis M 6).
5 „Trotz relativ hoher Niederschläge ist die Fränkische Alb eine wasserarme Landschaft." Prüfe die Richtigkeit dieser Aussage und begründe deine Antwort (M 1 bis M 5).
6 Recherchiere eine Höhle, die deiner Schule am nächsten ist und plane einen Ausflug dorthin (*Eine Internetrecherche durchführen*).

M 6 Die Teufelshöhle bei Pottenstein

Wir planen eine Exkursion in die Fränkische Schweiz

M 1 Felsendorf Tüchersfeld mit dem Fränkische-Schweiz-Museum

M 2 Erkundung des Geländes

Vielfalt der Fränkischen Schweiz

Die Fränkische Schweiz ist jener Teil der nördlichen Fränkischen Alb, der sich im Einzugsbereich der Flüsse Wiesent und Püttlach befindet. Den Namen „Schweiz" erhielt das Gebiet, weil die abwechslungsreiche Landschaft mit Felstürmen, Bergen und Tälern an die Schweiz erinnert. Auf den Hochflächen sind Karstformen wie Trockentäler und Dolinen zu entdecken und im Inneren der Fränkischen Schweiz die Tropfsteinhöhlen. In den zahlreichen Kalksteinbrüchen können Fossilien (z. B. Ammoniten) gefunden werden. Es gibt viel zu entdecken – warum nicht bei einer Exkursion?

Planung der Exkursion

Ihr könnt euch ein Programm für die Exkursion zusammenstellen, das Themen aus dem bisherigen Geographieunterricht enthält, oder auf der Exkursion Unbekanntes erkunden. Eure Planung sollte Folgendes berücksichtigen:
- die Ziele der Exkursion,
- die Form des Lernens für die einzelnen Exkursionsziele,
- einen Arbeitsplan mit Zeitangaben, denkt dabei auch an Pausen und Zeit zum Essen,
- Möglichkeiten der Anreise vom Schulort in die Fränkische Schweiz.

Stadt-/Höhlenführung	Museumsrallye	Forschungen im Gelände	Erkundung	Spurensuche
Vermittlung von Fachwissen durch einen Experten	Bearbeitung eines Fragebogens mithilfe von Informationsmaterialien (z. B. Infotafeln, Broschüren)	Anwendung von geographischen Arbeitsweisen (z. B. messen, kartieren, skizzieren, zählen)	Bearbeitung einer Aufgabenstellung mithilfe von Experten, Materialien usw.	selbstständige Bearbeitung einer Aufgabe zur Erforschung eines eng begrenzten Raumes

M 3 Beispiele für verschiedene Formen des außerschulischen Lernens auf einer Exkursion

M 4 Blick vom Aussichtsturm der Hohenmirsberger Platte mit Steinbruch im Jurakalk

Durchführung der Exkursion

Nachdem ihr das Exkursionsprogramm zusammengestellt habt, kann es mit den Erkundungen vor Ort in der Fränkischen Schweiz losgehen.
Führt die von euch zu den einzelnen Programmpunkten festgelegten Arbeitsaufgaben (z. B. beobachten, fragen, zuhören, einzelne Sachverhalte notieren, protokollieren, skizzieren, fotografieren) gewissenhaft durch.
Achtet auf die Bearbeitung eures Arbeitsplanes.

Auswertung der Exkursion

Wertet alle eure Aufzeichnungen und Materialien von der Exkursion nach Themenschwerpunkten in Kleingruppen aus.
Stellt Überlegungen zum Ablauf der Exkursion an:
- Was hat besonders gut funktioniert? / Was hat nicht so gut funktioniert?
- Welche ursprünglich gestellten Fragen sind unbeantwortet geblieben?
- Welche Fragen sollten noch nachträglich geklärt werden?
- Welche Fragen haben sich überhaupt erst im Verlauf der Exkursion ergeben?

Fertigt eine Dokumentation (Powerpoint-Präsentation, Vortrag, Wandzeitung, Plakat) an, aus der eure Fragestellungen und die Ergebnisse eurer Arbeit vor Ort ersichtlich werden.
Präsentiert eure Gruppenergebnisse in der Klasse.
Überlegt, ob ihr eure Exkursion einem größeren Interessentenkreis vorstellen wollt (z. B. Elternabend, Schulfest).

Lokalität	Informationen zur Geoaktivität
Geotop Tongrube Mistelgau (90 Minuten)	Eine der bedeutendsten Fossilienfundstellen Europas für die Entwicklung des Lebens. Bis 2005 diente die Tongrube dem Abbau von Rohmaterial für die Ziegelherstellung. Betreten nur im Rahmen von Führungen. Auskunft: Gemeinde Mistelgau.
Geozentrum Hohenmirsberger Platte	a) Aussichtsturm (30 Minuten) Rundumblick vom „Dach der Fränkischen Alb" (614 m) u. a. zum Fichtelgebirge, zum Frankenwald und zum Oberpfälzer Wald.
	b) Geologie-Informationspavillon (30 Minuten) Informationstafeln zu den Gesteinsschichten und zu Versteinerungen.
	c) Geologischer Lehrpfad (90 Minuten) Rundweg zu markanten Punkten um Hohenmirsberg mit fünf weiteren Schautafeln (u. a. zum Thema „Jurakalk – Verarbeitung und Veredlung").
	d) Fossilklopfplatz (60 Minuten) Gefahrlose Bergung und Präparierung von Fossilien. Hammerverleih und Werkzeuge vor Ort. Auskunft: Touristinformation Pottenstein.
Tüchersfeld – Fränkische-Schweiz-Museum (70 Minuten)	Gelungener Überblick über Geologie, Geschichte und Kultur. Darstellung der Zeit des Jurameeres bis hin zu Epochen der Neuzeit. Unterlagen für Museumsrallye vorhanden. Ortsbild: Fachwerkhäuser mit markanten Felsgebilden.
Pottenstein – Teufelshöhle (60 Minuten)	Größte Tropfsteinhöhle der Fränkischen Schweiz. In ihr befindet sich ein reicher Tropfsteinschmuck mit Stalagmiten und Stalagtiten. Gesamtlänge: ca. 1700 m.
Sommerrodelbahn Pottenstein (60 Minuten)	1180 m lange Anlage mit zwei Bahnen in einer großartigen Kulisse der Jura-Landschaft. Mögliche Aktivitäten am Parkplatz: Erfassung des Einzugsbereichs der Besucher durch Kfz-Kennzeichen und/oder Befragungen.

M 5 Auswahl möglicher Exkursionsziele in der Fränkischen Schweiz (in Klammern die ungefähre Zeit, die für eine Aktivität notwendig ist)

Der Bayerische Wald – ein Mittelgebirge

M 1 *Blick vom Großen Arber*

Das Gebiet des heutigen Bayerischen Waldes war vor mehr als 400 Millionen Jahren Teil eines Gebirges, das sich über große Teile Europas ausdehnte und aus mehreren Tausend Meter mächtigen Gesteinsschichten aufgebaut war. Die oberen Gesteinsschichten, die die Gesteine aus der Tiefe bedeckten, wurden im Laufe von Millionen Jahren Erdgeschichte abgetragen. Es blieb nur noch ein Teil, der Rumpf des Gebirges, übrig. Deshalb bezeichnen wir den Bayerischen Wald auch als **Rumpfgebirge**.

Was ist ein Mittelgebirge?

Ein **Mittelgebirge** ist etwa 500 bis 1500 Meter hoch. Typische Oberflächenformen sind abgerundete Berge, Hochflächen und unterschiedlich geformte Täler. Die Mittelgebirge sind meist waldreich. Mit zunehmender Höhe nehmen der Ackerbau ab und die Grünlandwirtschaft zu. Durch hohe Niederschläge und niedrige Temperaturen kann in den Höhenlagen der Mittelgebirge schließlich nur noch Forstwirtschaft betrieben werden.

Bayerischer Wald – Teil eines alten Gebirges

Von der Donauniederung kommend erhebt sich der Bayerische Wald wie ein langgestreckter bewaldeter Wall. Der Höhenunterschied zwischen der Donau und dem höchsten Berg des Bayerischen Waldes, dem Großen Arber, beträgt über 1100 Meter. Die höchsten Berge befinden sich im östlichen Teil in der Nähe zu Tschechien. Gesteine wie Granit, Gneis und Glimmerschiefer treten heute an der Erdoberfläche offen zutage, obgleich sie eigentlich in mehreren Kilometern Tiefe entstanden sind.

Blick in die Erdgeschichte

Wenn man auf den höchsten Bergen des Bayerischen Waldes wandert, so steht man auf Gesteinen aus dem Erdaltertum. Diese sind zum Teil über 500 Millionen Jahre alt. Dazu gehören besonders die Gneise des Großen Arbers und des Großen Rachels. Gneise sind ähnlich wie der Granit ein hartes und widerstandsfähiges Gestein. Sie sind im Erdinneren unter hohen Temperaturen und starkem Druck entstanden. An der Erdoberfläche treten diese Gesteine nur dann auf, wenn das darüber liegende Material abgetragen wurde. Die heutigen Oberflächenformen des Bayerischen Waldes sind also das Ergebnis von mehreren Hundert Millionen Jahren Erdentwicklung.

M 2 *Blick vom Großen Arbersee zum Großen Arber*

NATURRÄUME IN BAYERN UND DEUTSCHLAND UNTERSUCHEN 67

1. Beschreibe die geographische Lage des Bayerischen Waldes (Karte S. 164 oder Atlas).
2. Lege auf die Karte des Bayerischen Waldes ein Transparentpapier und fertige eine Kartenskizze mit Verkehrswegen und größeren Orten an. Verwende dabei Linien und Kreise (M 3).
3. Benenne Merkmale eines Mittelgebirges am Beispiel des Bayerischen Waldes (M 1 bis M 3).
4. Beschreibe die Entstehung des Bayerischen Waldes und erkläre, warum er ein Rumpfgebirge ist (M 1).
5. Wo findest du die alten und sehr harten Gesteine im Bayerischen Wald (M 4)?
6. Ordne den Gneis und den Granit den Gesteinsgruppen im Kreislauf der Gesteine zu und erläutere deren Entstehung (M 4, S. 58/59).
7. Informiere dich über den Dreisesselberg (M 3, *Eine Internetrecherche durchführen*).

M 4 *Gneis (oben) und Granit (unten) – Hauptgesteine des Bayerischen Waldes*

M 3 *Karte des Bayerischen Waldes*

Nationalpark Bayerischer Wald – Schutz der Natur

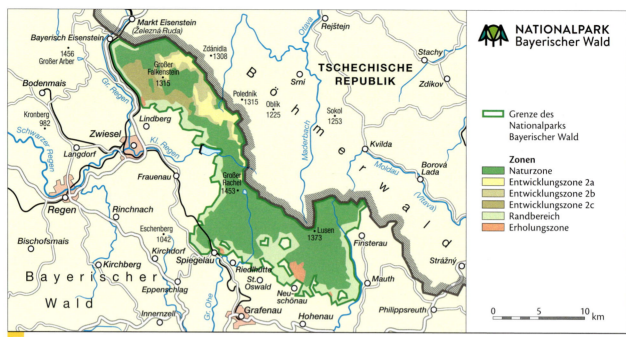

M 1 Nationalpark Bayerischer Wald – Strukturplan

Ältester deutscher Nationalpark

Der Nationalpark Bayerischer Wald wurde am 7. Oktober 1970 als erster Nationalpark Deutschlands gegründet. Seit der Erweiterung 1997 umfasst die Parkfläche 243 Quadratkilometer. Der Nationalpark Bayerischer Wald und der angrenzende tschechische Nationalpark Sumava bilden zusammen das größte Waldschutzgebiet Mitteleuropas.

Ziele und Aufgaben des Nationalparks

„Natur Natur sein lassen" lautet das oberste Ziel eines Nationalparks. Nirgendwo in Europa können sich die Wälder mit ihren Mooren, Bergbächen und Seen so ungestört und natürlich wieder zu echten Naturwäldern entwickeln wie im Nationalpark Bayerischer Wald. Der Mensch greift dabei nur wenig oder gar nicht ein. Der Schutz der Natur und deren Erhaltung für künftige Generationen stehen im Vordergrund. Eine weitere Aufgabe des Nationalparks ist die Information der Besucher über die Ziele und Maßnahmen des Umwelt- und Naturschutzes. Deshalb gibt es Nationalparkzentren mit interessanten Ausstellungen, geführten Wanderungen und andere Angebote.

Forstwirtschaft im Nationalpark

Bei seiner Gründung übernahm der Nationalpark 120 Quadratkilometer wüchsiger Bergwälder aus der Nutzung der staatlichen Forstämter. Doch schon in den 1970er-Jahren lösten Schadstoffe in der Luft ein Waldsterben aus. Da aber die Natur in einem Nationalpark sich selbst überlassen wird, griff der Mensch nicht ein, auch nicht beim großflächigen Borkenkäferbefall in den 1990er-Jahren. Das Belassen der toten Fichten in der Naturzone führte dazu, dass sich der Wald erfolgreich selbst verjüngen konnte. Ohne Zutun des Menschen und unter weitgehend naturnahen Bedingungen entsteht derzeit ein Wald aus eigener Kraft. Schrittweise wird in den nächsten Jahrzehnten ein Natur-Urwald entstehen.

Tourismus und Umweltbildung

Fast eine Million Besucher pro Jahr kommen in den Nationalpark Bayeri-

Naturzone	Entwicklungszone	Randbereich	Erholungszone
- Ablauf natürlicher Prozesse hat Vorrang	- untergliedert in drei Teilgebiete (2 a, 2 b, 2 c)	- dauerhaft wirksame Waldschutzmaßnahmen zum Schutz angrenzender Wälder	- Funktion der Besuchereinrichtungen sicherstellen
- grundsätzlich keine menschlichen Maßnahmen vorgesehen	- Wälder sollen schrittweise der natürlichen Entwicklung überlassen werden		- Verkehrssicherung
- 58,6 % der Gesamtfläche	- 17,6 % der Gesamtfläche	- 22,1 % der Gesamtfläche	- 1,7 % der Gesamtfläche

M 2 Steckbrief der Zonen des Nationalparks

NATURRÄUME IN BAYERN UND DEUTSCHLAND UNTERSUCHEN

M 3 *Baumturm bei Neuschönau*

M 4 *Meinungen zur Naherholung im Nationalpark Bayerischer Wald*

scher Wald. Nur kleine Teile des Nationalparks können mit strengen Vorschriften touristisch genutzt werden. Anlaufpunkte für die Besucher sind das Besucherzentrum mit dem Hans-Eisenmann-Haus und dem Tier- und Pflanzen-Freigelände und das „Haus zur Wildnis" in Ludwigsthal. Auch das Jugendwaldheim bei Schönbrunn, das Wildniscamp am Falkenstein und das Waldspielgelände bei Spiegelau wollen Interesse für den Naturschutz wecken und zum Handeln anregen. Eine der größten Attraktionen sind der Baumturm und der Baumwipfelpfad bei Neuschönau.

M 5 *Kahl gefressene Flächen im Nationalpark Bayerischer Wald*

Das Einhalten dieser Regeln bietet den besten Schutz für die Natur nach dem Motto „Natur Natur sein lassen". Nur so könnt ihr in weiten Teilen des Nationalparks unberührte Natur erleben, euch erholen oder zusätzlich noch etwas dazulernen.

M 6 *Gebote und Verbote in einem Nationalpark*

1. Beschreibe die geographische Lage des Nationalparks innerhalb des Bayerischen Waldes (M 1, Karte S. 164 oder Atlas).
2. Benenne die Aufgaben und Ziele eines Nationalparks (M 3, M 6).
3. Erläutere die Nutzung der unterschiedlichen Zonen des Nationalparks (M 1, M 2).
4. Erstelle eine Mindmap zu touristischen Angeboten im Nationalpark Bayerischer Wald (M 3 bis M 6, 🔍).
5. Beurteile, ob die touristischen Angebote mit den Zielen und Aufgaben der Nationalparks übereinstimmen (M 1 bis M 6).
6. Bildet Gruppen und informiert euch über den Nationalpark Berchtesgaden. Präsentiert eure Ergebnisse in der Klasse (🔍).

Wir zeichnen ein Profil

M 1 *Schüler beim Zeichnen eines Profils*

Was ist ein Profil?
Ein Profil ist ein senkrechter Schnitt durch die Erdoberfläche. Solch einen Schnitt erhält man auch, wenn man ein Brot durchschneidet.
Das Profil, das wir zeichnen, ist ein Höhenprofil. Auf der senkrechten Achse werden die Höhenmeter abgetragen. Die waagerechte Achse verdeutlicht die Länge des Profils. Ein Profil stellt die Höhenunterschiede und die Oberflächenformen, aber auch die Lage von Gewässern und anderes in einfacher Weise dar.

Die topographische Karte
In der topographischen Karte werden Oberflächenformen, Gewässer, Siedlungen mit Kirchen, Burgen und anderen Einzelheiten, Verkehrswege, die Pflanzenbedeckung und vieles mehr durch Signaturen und Farben dargestellt. Für die Darstellung der Höhen verwendet man Höhenlinien, die alle Punkte gleicher Höhe miteinander verbinden.
Topographische Karten haben einen relativ großen Maßstab, zum Beispiel 1:25 000, 1:35 000 oder 1:50 000. Sie bieten deshalb eine gute Grundlage für die Orientierung und für das Zeichnen eines Profils.

Schrittfolge zum Zeichnen eines Profils
1. Wähle auf der Karte eine Strecke aus, für die du ein Profil zeichnen möchtest. Zeichne mit dem Lineal eine Profillinie ein. Markiere Anfangs- und Endpunkt dieser Linie, zum Beispiel mit A und B.
2. Schneide einen Streifen Papier ab und lege ihn an die Profillinie an.
3. Markiere auf dem Papierstreifen die Schnittpunkte mit den Höhenschichten und notiere die Höhenangaben.
4. Zeichne auf ein Blatt Papier eine waagerechte und eine senkrechte Linie.
5. Lege dann den Papierstreifen mit den Eintragungen unter die waagerechte Linie.
6. Übertrage nun die auf dem Papierstreifen markierten Höhenmeter auf die waagerechte Linie.
7. Trage auf der linken senkrechten Linie Höhenmeter ein.
8. Kennzeichne danach mit einem Punkt oder Kreuz die jeweilige Höhenangabe mithilfe der senkrechten Linie mit eingetragenen Höhenmetern.
9. Verbinde die Punkte zu einer Linie. So erhältst du die Profillinie des Geländes.
10. In dem Profil kannst du nun auch zusätzliche Eintragungen vornehmen, zum Beispiel Beschriftungen für Gewässer, Verkehrswege, Siedlungen, Bodenbedeckung.

1 Verfolge mithilfe der obigen Schrittfolge, wie das Profil von A nach B, das heißt von der Höhe 1555 m zur Höhe 764 m entstanden ist.
2 Zeichne nun unter Zuhilfenahme der obigen Schrittfolge das Profil von C nach D, das heißt von der Höhe 1234 m zur Höhe 681 m. Nutze dazu die physische Karte in M 3.

M 2 *Lenggries-Wegscheid und der Brauneck (1565 m)*

GEO-METHODE 71

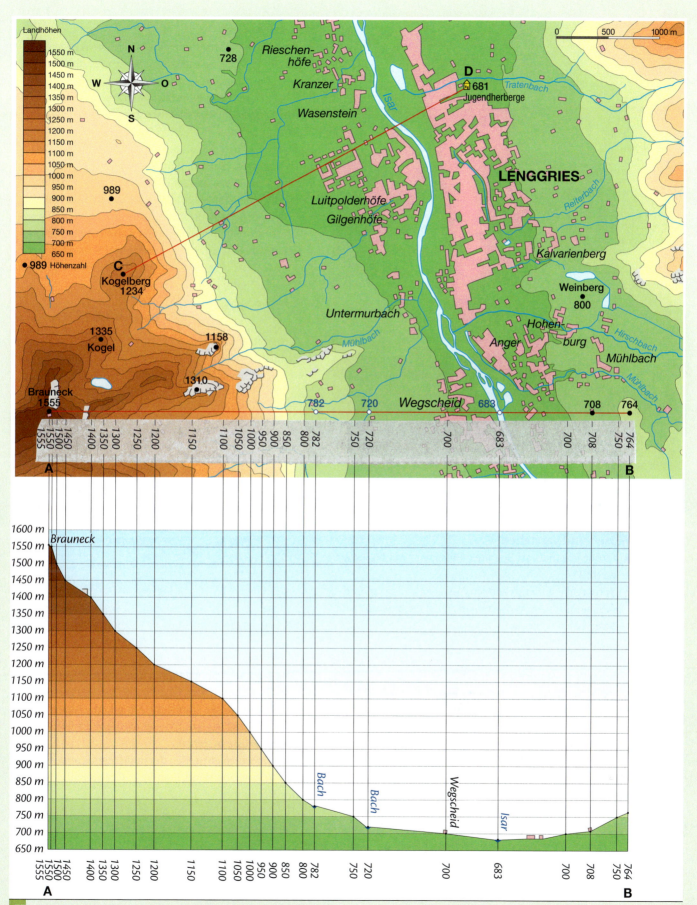

M 3 Physische Karte 1 : 35 000 mit Profilstreifen und Höhenprofil

Geo-Check: Naturräume in Bayern und Deutschland untersuchen

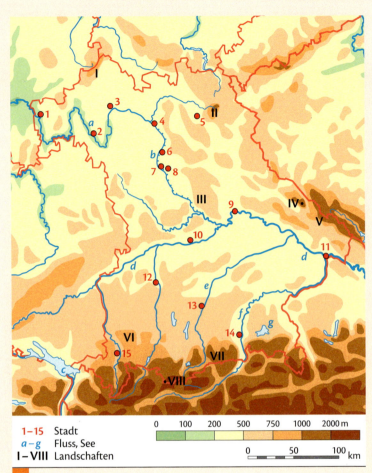

1–15 Stadt
a–g Fluss, See
I–VIII Landschaften

M 1 Stumme Karte Bayern

Sich orientieren

1. Benenne möglichst ohne den Atlas zu verwenden die Landschaften, Flüsse und Seen sowie die Städte in Bayern. Lege dazu eine Tabelle an (**M 1**).
2. Ordne Bayern in die Großlandschaften Deutschlands ein und benenne die Großlandschaften, in denen Bayern liegt.
3. Beschreibe den Verlauf der Donau und des Mains in Deutschland (Karte S. 167 oder Atlas).
4. Fertige eine Kartenskizze zum Thema „Landschaften nördlich der Donau" an. Trage die Landschaften, die Donau, den Main, die Altmühl, die Naab und fünf große Städte ein. Benenne diese in der Karte ebenso wie angrenzende Staaten und Bundesländer (S. 56/57).

M 2 Geo-Begriffestapel

Wissen und verstehen

5. Ordne jedem dieser Begriffe mindestens zwei Merkmale zu (**M 2**).
6. Sortiere die unten stehenden Aussagen in richtige und falsche Aussagen. Verbessere die falschen Aussagen und schreibe sie richtig auf.

Richtig oder falsch?

1) Die Großlandschaften Deutschlands sind von Süden nach Norden: das Alpenvorland, das Mittelgebirgsland, das Norddeutsche Tiefland, die Alpen.
2) Die Fränkische Alb besteht aus Graniten, die in der Jura- und Kreidezeit entstanden sind.
3) Das Norddeutsche Tiefland ist zwischen null und 200 Meter hoch.
4) Der Bayerische Wald ist ein Rumpfgebirge, weil die oberen Gesteinsschichten abgetragen wurden und nur die darunterliegenden Gesteine, als Rumpf des Gebirges, übrig blieben.
5) Das Watt wird einmal täglich überflutet.
6) Die Großlandschaften Bayerns sind der Spessart, das Fichtelgebirge, die Fränkische Alb und die Alpen.
7) Gesteine sind das Baumaterial, aus dem die festen Teile der Erdkruste bestehen.
8) Küstenformen entstehen durch die Verwitterung und das Wirken von Wind, Brandung, Gezeiten und Meeresströmungen.
9) Für die Entstehung von Ebbe und Flut ist die Anziehungskraft der Sonne verantwortlich.
10) Eine Schichtstufe besteht aus dem Albtrauf und der Albhochfläche mit der Kuppen- und der Flächenalb.

GEO-CHECK

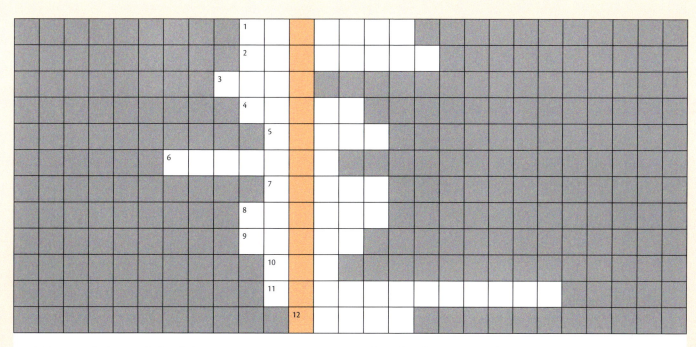

1) Hauptstadt des Bundeslands Bayern
2) Kraft, die die Steilküste bildet
3) Eine der Gezeiten
4) Anlage des Küstenschutzes
5) Größter Fluss Bayerns
6) Tier des Wattenmeeres
7) Eine durch Lösung von Kalkstein entstandene Landschaftsform der Verwitterung
8) Trichterförmige Einsenkung, die z. B. durch den Einsturz von Höhlen entstehen
9) Naturraum, im Süden Deutschlands
10) Oberflächenform der Gebirge
11) Zeichnung, die einen senkrechten Schnitt durch die Erdoberfläche darstellt
12) Grenzbereich zwischen Meer und Festland

 Hinweis: Bitte nicht in das Buch schreiben

M 3 *Rätselhafte Naturräume (Umlaute = 1 Buchstabe)*

7 Löse das Kreuzworträtsel. Schreibe dazu die Begriffe in dein Heft (M 3, Webcode).

8 Die orange markierten Felder ergeben von oben nach unten das Lösungswort. Notiere es in dein Heft. Fertige eine Mindmap mit Begriffen an, die einen Zusammenhang mit dem Lösungswort haben (*Eine Mindmap erstellen*).

Sich verständigen, beurteilen und handeln

9 Beurteile, welche Teile der Nordseeküste von einer solchen Ölverschmutzung besonders betroffen wären (M 4).

10 Diskutiert, welche Gefahren von einem solchen Schiffsunglück für die Tiere und Pflanzen im Wattenmeer ausgehen würden.

SOS für die deutsche Nordseeküste

Durch ein Schiffsunglück sind bislang etwa 10 000 Tonnen Öl aus einem Tanker vor der deutschen Nordseeküste ausgelaufen. Das Öl schwimmt wie ein riesiger schwarzer Teppich auf dem Wasser. Nur ein geringer Teil des Öles wird durch die Luft aufgenommen, es verdunstet. Der größte Teil des Öles verbindet sich mit dem Wasser. Millionen schwarzer Ölperlen werden zu einer dickflüssigen, klebrigen Mischung aus Öl und Wasser. Diese Öl-Wasser-Mischung treibt durch die Bewegung des Wassers auf die deutsche Nordseeküste zu.

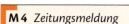 WEBCODE: UE645718-073

M 4 *Zeitungsmeldung*

M 5 *Bilder aus dem Nationalpark Bayerischer Wald*

11 Nimm zu den Aussagen der Bilder Stellung. Entsprechen diese den Aufgaben eines Nationalparks (M 5)?

12 Stelle Verhaltensregeln zusammen, wie sie in allen Nationalparks gültig sind.

Können und anwenden

13 Wiederhole die Schrittfolge zum Zeichnen eines Profils und dem Entstehen des Profils auf S. 70/71.

14 Zeichne das Profil vom Striegel zum Jeust und beschrifte es (M 6, S. 70/71).

15 Erkläre anhand deines Profils, was ein Profil ist und was mit einem Profil verdeutlicht werden kann.

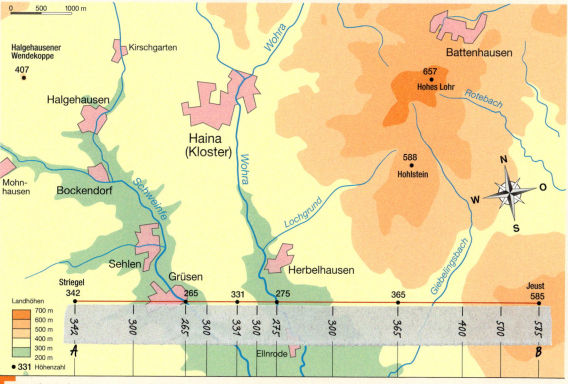

M 6 *Physische Karte mit Profilstreifen*

75 DIE ALPEN UND IHR VORLAND UNTERSUCHEN

Die Alpen

Alpen: Physische Karte

Urlaubsregion Alpen

3 Die Alpen und ihr Vorland untersuchen

Steile Berge und enge Täler
Während die Hochgebirgslandschaft der Alpen bei Touristen sowohl im Sommer als auch im Winter beliebt ist, ist für die Landwirte das Leben und Arbeiten im Gebirge eher mühsam. Viele arbeiten deshalb auch im Tourismus. Doch verträgt das Hochgebirge die vielen Menschen und den Verkehr?

Am Laufbacher Eck mit Blick auf den Seealpsee in den Allgäuer Alpen

Die Alpen – ein Hochgebirge

M 1 Der Montblanc – höchster Berg der Alpen

M 2 Oberflächenformen im Hochgebirge

Das Hochgebirge

Im **Hochgebirge** sind die Höhenunterschiede auf engem Raum sehr groß. Deshalb prägen steile Hänge und tiefe Schluchten, scharfe Grate und senkrechte Felswände das Landschaftsbild. Die Berge erreichen eine Höhe von über 1500 Metern.

Die Gesamtlänge der Alpen von Westen nach Osten beträgt etwa 1200 Kilometer, die Nord-Süd-Ausdehnung im Westen 150 bis 200 Kilometer, im Osten bis 300 Kilometer. Eine Furche, die vom Bodensee durch das Rheintal zum Comer See führt, markiert die Grenze zwischen den West- und Ostalpen. Der höchste Berg der Alpen ist der Montblanc (4810 m) in den Westalpen. In den Ostalpen werden solche Höhen nicht erreicht.

Höhenstufen der Pflanzenwelt

Mit der Höhe nimmt die Temperatur im Gebirge ab. Deshalb werden, je höher man kommt, die Monate, in denen Pflanzen wachsen können, immer weniger. In den höchsten Lagen können nur noch besonders widerstandsfähige Pflanzen überleben, denn sie müssen neben langen Wintern auch hohe Wind-

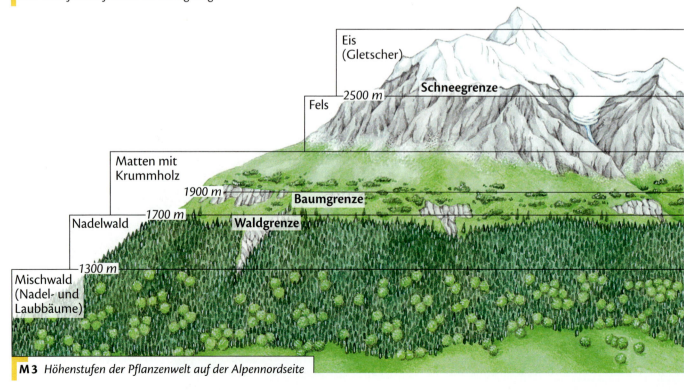

M 3 Höhenstufen der Pflanzenwelt auf der Alpennordseite

Mitte Oktober – Anfang Juni
Auf dem Talhof: Versorgen des Viehs in den Ställen (füttern, melken, Stall säubern).
Arbeiten im Wald (Holz fällen u. a.). Im Frühjahr Ausbringen von Dünger, Reparaturarbeiten auf den Almen.

Anfang Juni – Mitte Juli
Im Tal: 1. Heuernte.
Auf der Voralm: Weiden des Milchviehs und des Jungviehs, Melken des Milchviehs.
Heuernte. Milchtransport zum Talhof.

Mitte Juli – Mitte September
Im Tal: 2. Heuernte.
Auf der Voralm: Weiden und Melken des Milchviehs, Verarbeitung der Milch zu Käse.
Auf der Hochalm: Weiden des Jungviehs.

Mitte September – Mitte Oktober
Zurücktreiben des Jungviehs von der Hochalm zur Voralm, anschließend Zurücktreiben des gesamten Viehs zum Talhof (Almabtrieb).

M 4 *Das Arbeitsjahr eines Bergbauern*

geschwindigkeiten überstehen. Außerdem steht ihnen nur eine dünne Bodenschicht zur Verfügung. Die Pflanzen benötigen daher eine besonders lange Zeit, um wieder nachzuwachsen. Viele Alpenpflanzen stehen deshalb unter Naturschutz.

Nutzung durch Bergbauern

Da Ackerbau in den Alpen nur im Tal möglich ist, werden die höheren Gebiete in den Sommermonaten als Weiden für das Vieh genutzt.
Auf den meisten **Almen** werden Kälber aufgezogen oder die Bergbauern betreiben Milchwirtschaft.
Milchalmen bestehen aus einem Almgebäude und dem Stall für das Melken der Kühe. Außerdem gibt es eine Milchkammer mit einer Einrichtung zur Milchkühlung.
Almen, die so weit abgelegen sind, dass die Frischmilch nicht täglich zur Molkerei transportiert werden kann, haben sich auf die Herstellung von Käse spezialisiert. Die Milch wird dort zu Hartkäse verarbeitet, der lange reift und gelagert werden kann.
Bergbauernhöfe sind nicht sehr groß. Das Gras auf den Almen wächst nur wenige Monate im Jahr und ernährt deshalb keine großen Herden. Die Bergbauern haben meist acht bis zehn Milchkühe und einige Kälber. Das bringt nicht sehr viel ein, sodass immer mehr Bergbauern ihre Höfe aufgeben oder sich ein zusätzliches Einkommen suchen. Dieses finden sie zum Beispiel im Tourismus. Viele Almen sind heute bewirtschaftet und bieten Wanderern einfache Speisen und Getränke sowie teilweise auch Übernachtungsmöglichkeiten an.

1. Beschreibe die geographische Lage der Alpen und benenne die Staaten, die Anteil an den Alpen haben (Karten S. 75, Atlas).
2. Der höchste Berg der Alpen ist der Montblanc. Formuliere eine entsprechende Aussage für die deutschen Alpen. Beschreibe die geographische Lage beider Berge (**M 1**, Karte S. 75 oben, Atlas).
3. Benenne die Merkmale eines Hochgebirges (**M 1**, **M 2** und **M 5**).
4. Wandere in Gedanken vom Tal zum Gipfel. Beschreibe die Höhenstufen der Pflanzendecke, die du durchquerst (**M 3**).
5. Erläutere, auf welcher Höhenstufe sich die Almen befinden (**M 3** bis **M 5**).
6. Gestalte ein Lernplakat, auf dem du das Arbeitsjahr eines Bergbauern darstellst. Beachte dabei auch, wann sich der Bauer und sein Vieh auf welcher Höhenstufe der Pflanzenwelt aufhalten (**M 3** bis **M 5**, *Lernplakate erstellen*).
7. Erkläre, warum viele Bergbauern vor allem im Winter einer zusätzlichen Arbeit nachgehen.

M 5 *Bergbauernhof in der Schweiz*

Die Entstehung der Alpen

M 1 Berggipfel in den Bayerischen Alpen (hier der Heimgarten bei Mittenwald)

Immer wieder finden Bergsteiger auf ihren Touren in den Alpen solche Abdrücke von Muscheln oder anderen Meerestieren auf Steinen oder in Felswänden. Doch wie kommen diese dorthin – weit weg von jedem Meer?

M 3 Muscheln in den Alpen

Schichten lagern sich ab

Zwischen Europa im Norden und Afrika im Süden lag vor mehr als 180 Millionen Jahren im Erdmittelalter ein Meer, das viel größer war als das heutige Mittelmeer. Der Untergrund dieses Urmittelmeeres bestand aus alten Gesteinen wie Granit und Gneis. Darauf lagerten sich sowohl abgestorbene Pflanzen und Tiere als auch die Materialien ab, die die Flüsse in dieses Meer transportierten.

Die Alpen wurden gefaltet und stiegen auf

Unter dem zunehmenden Gewicht der Ablagerungen senkte sich der Meeresboden. Außerdem schob sich der afrikanische Kontinent langsam nach Norden und presste dabei das Meer und die darin abgelagerten Schichten immer mehr zusammen. Das **Faltengebirge** entstand.

Im am höchsten herausgehobenen Teil der Alpen, den Zentralalpen, erreichen die Gipfel Höhen von über 4000 Metern. In den Nördlichen und Südlichen Kalkalpen waren Hebung und Abtragung weniger stark. In dem weicheren Kalkgestein entstanden bei der Faltung steile Wände, Felsspitzen und Zacken. Eindrucksvolle Beispiele sind das Wettersteingebirge mit der Zugspitze sowie die italienischen Dolomiten.

Versuch: Faltung von Gesteinsschichten

Benötigtes Material:
- Feste Unterlage: Tisch oder Brett
- Verschiedenfarbige Tücher (Haushaltstücher, Handtücher, Filzplatten) gleicher Größe

Versuchsbeschreibung:
- Lege die Tücher abwechselnd übereinander, sodass ein „Stoffpaket" entsteht.
- Ein Schüler hält das „Stoffpaket" auf einer Seite fest.
- Ein anderer Schüler übt an der anderen Seite dieses „Stoffpakets" einen Druck aus, indem er die Stofflagen langsam zusammenschiebt.
- Das „Stoffpaket" kann auch von beiden Seiten langsam zusammengeschoben werden.
- Erläutert eure Beobachtungen.

M 2 Versuch: Faltung von Gesteinsschichten

1 Führe den Versuch durch und erläutere deine Beobachtungen (**M 2**).

2 Erkläre die Entstehung der Alpen anhand eines Fließdiagramms. Beziehe deine Beobachtungen aus dem Versuch mit in deine Erklärung ein (**M 2**, **M 4**, *Fließdiagramme zeichnen*).

Auf dem Grund des Ur-Mittelmeeres lagerten sich nicht nur Sand, Schlamm und Kies von Flüssen ab, sondern auch Kalkschalen abgestorbener Meerestiere, wie zum Beispiel Muscheln und Korallen. Diese erreichten in dem Meerestrog eine Mächtigkeit von mehreren tausend Metern.

Die Ablagerungen zusammengepresst und unter hohem Druck und großer Hitze in der Tiefe teilweise aufgeschmolzen und gefaltet.

Am Ende des Erdmittelalters war der Druck so groß, dass sich die verformten und gefalteten Gesteinsschichten schräg stellten. Als riesige Gesteinspakete wurden sie wie „Gesteinsdecken" sogar übereinander geschoben.

Sobald Teile des Faltengebirges aus dem Meer ragten, begannen die erdäußeren Kräfte ihr Werk der Zerstörung. In den Zentralalpen wurden die Gesteinsdecken aus Kalk weitgehend abgetragen. Nördlich und südlich davon wurde das Gebirge nicht so hoch herausgehoben und weniger stark abgetragen. Deshalb findet man dort Schichten aus Kalkstein mit Versteinerungen von Meereslebewesen.

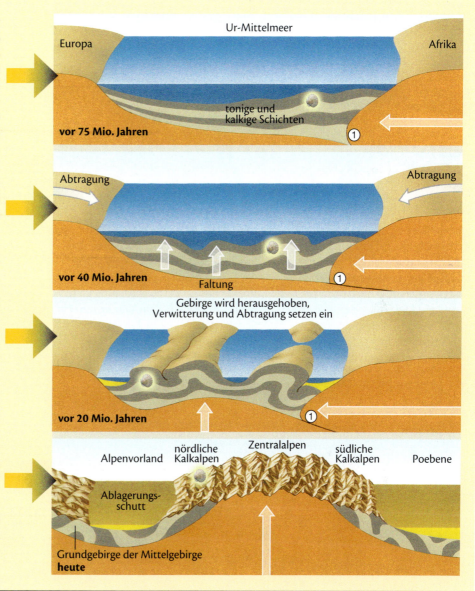

M 4 *Entstehung eines Faltengebirges*

3 Erkläre, was an der mit ① markierten Stelle und mit der Muschel passiert (**M 3** und **M 4**).

4 Erläutere anhand der Gliederung der Alpen, welches Gestein jeweils an der Oberfläche liegt (**M 4** und **M 5**).

5 Vergleiche die Entstehung der Alpen mit der Entstehung der Fränkischen Alb (**M 4**, S. 58/59).

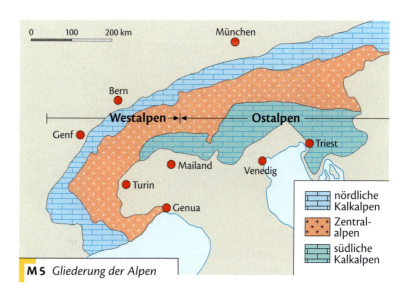

M 5 *Gliederung der Alpen*

Die Alpen – ein attraktiver Erholungsraum

Lieber Peter,
hier in Oberstdorf ist es ganz toll – gestern sind wir mit der Sommerrodelbahn gefahren. An einem Seil sind wir mit dem Schlitten nach oben gezogen worden und dann ging es bergab! Bei den Kurven, Wellen und Sprüngen muss man mächtig aufpassen. Wir sind auch schon zum Freibergsee gewandert. Obwohl er fast 1000 m hoch liegt, kann man dort baden und mit dem Boot fahren. Morgen wollen wir eine Fahrradtour machen.
Weil es hier so viel zu entdecken gibt, wollen wir auch mal im Winter zum Skifahren nach Oberstdorf fahren.
Viele Grüße
Dein Freund Jonas

M 1 *Urlaubsgrüße aus Oberstdorf mit der Sommerrodelbahn*

Urlaub in den Alpen

Oberstdorf liegt in den Allgäuer Alpen und ist die flächenmäßig drittgrößte Gemeinde Bayerns sowie einer der bedeutendsten Tourismusorte Deutschlands. Schon seit langer Zeit kommen Menschen zur Erholung nach Oberstdorf, denn die frische und saubere Bergluft wirkt sich positiv auf die Gesundheit aus. Der **Tourismus** ist für die 9738 Einwohner (2016) von Oberstdorf die wichtigste Einnahmequelle. In der Hauptreisezeit im Sommer und der im Winter, übernachten pro Tag etwa 16 000 Touristen in Oberstdorf. Da das Allgäu von großen Städten wie Augsburg, München, Ulm und Stuttgart, aber auch aus Österreich und der Schweiz schnell erreicht werden kann, kommen besonders an den Wochenenden zu den Übernachtungsgästen noch eine Vielzahl an Tagestouristen hinzu. Besonders viele Besucher kom-

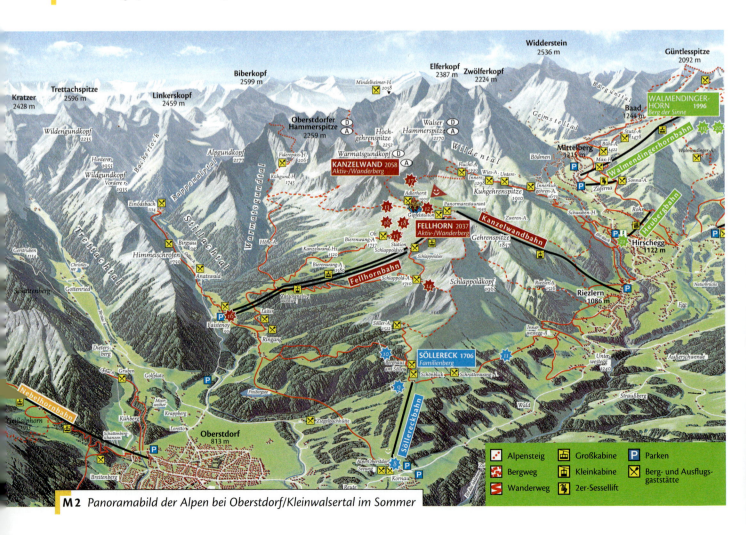

M 2 *Panoramabild der Alpen bei Oberstdorf/Kleinwalsertal im Sommer*

DIE ALPEN UND IHR VORLAND UNTERSUCHEN 83

men zu den nationalen und internationalen Wintersportereignissen im Skispringen, der Nordischen Kombination oder dem Langlauf nach Oberstdorf. Da große Teile von Oberstdorf autofrei sind, stehen für die Touristen Parkplätze am Ortsrand sowie ein gut ausgebautes Busnetz zur Verfügung. Oberstdorf ist sowohl in der Sommer- als auch in der Wintersaison für alle Altersgruppen ein attraktiver Urlaubsort, da Angebote für alle Zielgruppen vorhanden sind. So können zum Beispiel im Sommer neben Spazier- und Wanderwegen, diversen Bademöglichkeiten und Fahrradstrecken auch Einrichtungen wie die Skisprungarena oder das Eissportzentrum besucht werden.

Auswirkungen des Tourismus

In den letzten Jahrzehnten hat sich in Oberstdorf, das aus mehreren kleinen dörflichen Ortsteilen besteht, ein Zentrum entwickelt mit vielen Geschäften, Hotels und Restaurants. Neben traditionellen Bergbauernhöfen und Gebäuden im alpenländischen Stil sind moderne Hotelbauten und Sporteinrichtungen gebaut worden.
Die ehemaligen Bergbauern arbeiten heute meistens im Tourismus oder im Baugewerbe, denn es entstehen noch immer neue Gebäude, aber auch Straßen, Parkplätze, Bergbahnen und andere touristische Einrichtungen.

	2006	2008	2010	2012	2014	2016
Übernachtungen pro Jahr	2 266 763	2 328 032	2 315 436	2 437 310	2 412 930	2 624 948
durchschnittliche Aufenthaltsdauer	6,7 Tage	6,5 Tage	6,2 Tage	6,0 Tage	5,9 Tage	5,6 Tage

Quelle: Kurbetriebe Oberstdorf 2017

M 4 Entwicklung der Übernachtungszahlen und der Aufenthaltsdauer in Oberstdorf

1 Beschreibe die geographische Lage von Oberstdorf sowie die der Allgäuer Alpen und benenne die drei höchsten Berge, die du im Sommer-Panoramabild findest (M 2, Karte S. 75 unten, Atlas).

2 Bildet zwei Gruppen: die Sommer- und die Wintertouristen. Erstellt jeweils eine Mindmap, was man im Sommer oder Winter in Oberstdorf unternehmen kann (M 1 bis M 3, *Eine Mindmap erstellen*).

3 Vergleiche die Übernachtungszahlen sowie die durchschnittliche Aufenthaltsdauer und beschreibe die Veränderungen von 2006 bis 2016 (M 4).

4 Plane eine Urlaubsreise in einen Alpenort. Nutze Reiseprospekte oder das Internet. Begründe, warum du lieber im Sommer oder im Winter reisen möchtest (M 1 bis M 3, *Eine Internetrecherche durchführen*).

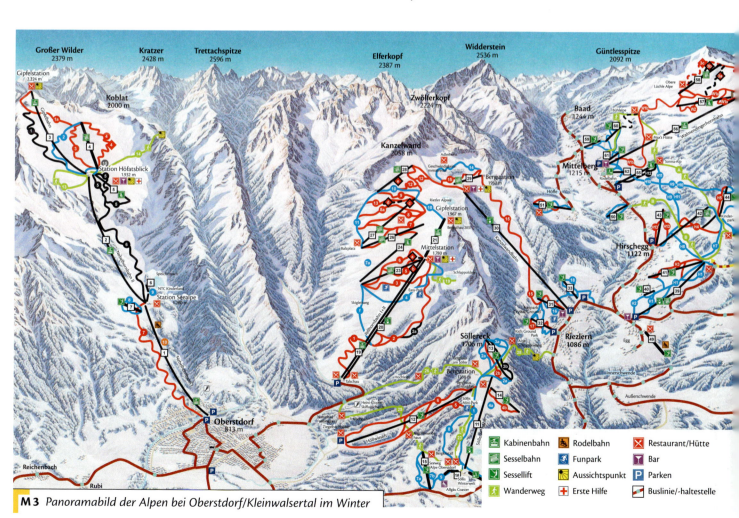

M 3 Panoramabild der Alpen bei Oberstdorf/Kleinwalsertal im Winter

Tourismus in den Alpen – Chance oder Gefahr?

M 1 *Die Alpenregion vor 50 Jahren und heute*

Tourismus schafft Wohlstand

In der Winter- und Sommersaison kommen jedes Jahr Hunderttausende Urlauber in die Alpen. Deshalb haben sich die Ferienorte in hohem Maße auf Touristen eingestellt. Die meisten Einwohner sind mit der Betreuung der Urlauber beschäftigt – sei es als Skilehrer, Bergführer, Hotelangestellte oder als Verkäufer in den Geschäften.

Der Tourismus ist für die Alpenorte und deren Bewohner eine wichtige Einnahmequelle geworden. Neun von zehn Arbeitsplätzen hängen heute vom Tourismus ab. Für Jugendliche stehen in ihren Heimatgemeinden viele Berufsmöglichkeiten offen, die es ansonsten nur in der Stadt gibt. Ohne den Tourismus müssten sie ihr Dorf verlassen und anderswo eine Arbeit suchen.

Tourismus schafft Probleme

Mit der Entwicklung des Tourismus hat sich das Aussehen der Orte in den Alpen stark verändert. Für den **Massentourismus** müssen immer mehr Straßen, Hotels, Freizeiteinrichtungen und Bergbahnen gebaut werden. Selbst die Gebirgsregionen bis in Höhen von 3000 Metern werden touristisch erschlossen. Zur Anlage von Bergbahnen, Skiliften und Pisten wurden große Teile

Schüler interviewen den Bergführer Marco B. aus Oberstdorf:
Marco B.: Viele Touristen suchen neben dem Naturerlebnis den sportlichen Kick! Dabei denken sie nicht daran, dass man sich in den Bergen so verhalten sollte, dass die Natur geschont wird.
Schüler: Was kann man für die Umwelt tun?
Marco B.: Zunächst einmal: Bleibt auf den Wegen bzw. Pisten, im Sommer wie im Winter.
Schüler: Aber Mountainbikefahren macht doch querfeldein erst richtig Spaß!
Marco B.: Jeder Tourist abseits der Wege stört die Tiere und schädigt die Pflanzen. Und außerdem ist es gefährlich.
Mountainbikes reißen zudem tiefe Furchen in den Boden. Die Alpengemeinden haben nicht ohne Grund viel Geld für Wander- und Mountainbikewege ausgegeben. Man kann Spaß haben und trotzdem die Umwelt schonen. Jeder Feriengast sollte auch einmal überprüfen, was er von einem Bergurlaub erwartet. Das gilt übrigens auch für Sportarten wie Rafting, Eisklettern usw.
Ich weiß, junge Leute suchen die Herausforderung – aber das sollte nicht auf Kosten der Umwelt geschehen.

M 2 *Umweltverträglicher Urlaub in den Alpen – aber wie?*

M 3 *Eine Gemeinde in den Alpen plant einen umweltverträglichen Tourismus*

des Waldes oberhalb der Orte gerodet. Die Abgase der vielen Autos schädigen zunehmend den **Bergwald.** Dieser Nadelwald an den Hängen bildet den wirksamsten Schutz vor Lawinen (an den Gebirgshängen abrutschenden Schneemassen) oder Muren (Schlammlawinen). Jahrhundertelang war es deshalb streng verboten, diesen **Bannwald,** der Häuser und Verkehrswege im Tal schützt, abzuholzen.

1 Erläutere die Veränderungen in der Alpengemeinde in den letzten 50 Jahren (**M 1**).
2 Stelle Nutzen und Nachteile des Tourismus in einer Tabelle gegenüber (**M 1, M 2**).
3 „Der Bergwald ist ein Schutzwald." Erläutere diese Aussage (**M 1**).
4 Bildet Gruppen und sammelt Vorschläge, wie man die Planungen der Gemeinde in den Alpen in Taten umsetzen könnte. Beratet eure Vorschläge in einer „Gemeinderatssitzung" (**M 3**).
5 Tourismus – Chance oder Gefahr? Nimm zu dieser Fragestellung und gestalte dazu ein Lernplakat (*Lernplakate erstellen*).

Schnelle Wege über die Alpen

M 1 Verkehrsstau am Brenner

Verstopfte Straßen – dicke Luft

In den letzten Jahren hat der Verkehr über die Alpen sehr zugenommen. Nicht nur Urlauber aus Nord- und Mitteleuropa, die in den Süden wollen, sondern auch immer mehr Lkw schieben sich durch die Alpentäler. Deshalb kommt es vor allem zur Urlaubszeit häufig zu kilometerlangen Staus. Der starke Verkehr belastet die Anwohner und auch die Umwelt. Immer mehr Straßen durchziehen die engen Alpentäler. Als Schutz vor Lawinen und Steinschlag werden aufwändige Überdachungen und Tunnels gebaut. Die Abgase schaden den Menschen und der Natur.

Barriere für den Verkehr

Jeder, der von Nord- und Mitteleuropa nach Südeuropa gelangen will, muss die Alpen überqueren. Sie bilden einen Sperrriegel für den Verkehr zwischen Nord und Süd. Die Römer bauten die ersten Straßen über die Alpen. Sie überwanden das Gebirge an seiner niedrigsten Stelle, dem Pass. Der 1372 m hohe Brennerpass war schon damals einer der wichtigsten Alpenübergänge.

Auf Schienen durch die Alpen

Die Alpenländer versuchen deshalb, sowohl den Personen- als auch den Güterverkehr verstärkt von der Straße auf die Schiene zu verlagern. In den Alpen sind mehrere Eisenbahntunnels im Bau, die den Zugverkehr attraktiver machen sollen. Auf den bereits bestehenden Eisenbahnstrecken über den Gotthardpass in der Schweiz und den Brennerpass in Österreich dürfen die Züge ein

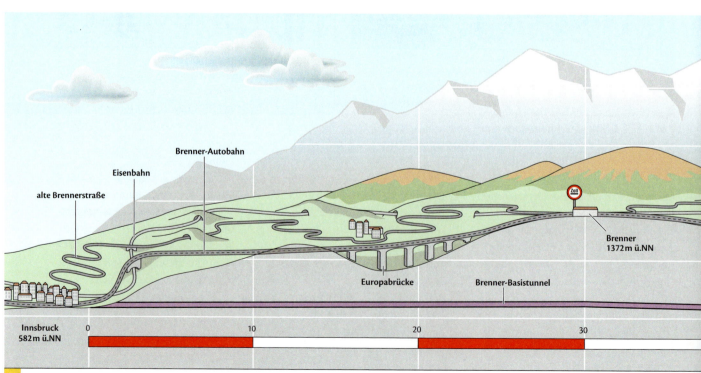

M 2 Der Brenner-Basistunnel

DIE ALPEN UND IHR VORLAND UNTERSUCHEN 87

	ohne Basistunnel	mit Basistunnel
Mögliche Züge pro Tag	237	405
Reisezeit im Personenzug	5 Std. 30 Min.	2 Std. 30 Min.

M 4 Verkehrsdaten der Strecke München–Verona

M 3 Verkehrswege am Brenner

festgelegtes Gewicht nicht überschreiten. Auch die Geschwindigkeit ist begrenzt, da größere Steigungen und Kurven überwunden werden müssen.

Berge überwinden ohne Steigung

2015 wurde mit dem Bau des Haupttunnels des Brenner-Basistunnels begonnen, der 2026 fertiggestellt sein soll. Nach der Fertigstellung wird der Verkehr über die Alpen deutlich entlastet werden. Der insgesamt 64 Kilometer lange Tunnel wird ein Flachtunnel sein, dessen höchster Punkt auf 794 m Höhe liegen wird. Da die neue Bahnstrecke kaum Steigungen und keine engen Kurven hat, können die Züge schneller fahren und schwerer beladen werden.

1 Beschreibe den Verlauf der wichtigsten Verkehrsverbindungen von Nord nach Süd über die Alpen (Karten S. 75 oder Atlas).

2 Erläutere die Auswirkungen des dichten Verkehrs auf den Alpenstraßen für die Reisenden, für die Anwohner und für die Umwelt. Lege dazu eine Tabelle an (M 1).

3 Berichte in einem Kurzvortrag über den Brenner-Basistunnel: Verlauf, Länge, Nutzen (M 2 bis M 4, Einen Kurzvortrag, ein Kurzreferat halten).

4 Beurteile, welche Vorteile eine Alpendurchquerung auf der Schiene durch den Basistunnel für die Reisenden und für die Anwohner hat, und vergleiche Basistunnel mit den bestehenden Verkehrswegen über die Alpen (M 1 bis M 4).

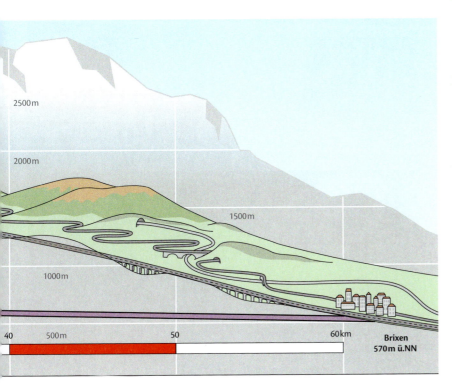

Lawinen – wenn Schnee zur Gefahr wird

Alpendörfer durch Lawinen von der Außenwelt abgeschnitten

Fünf junge Skifahrer von Lawine begraben:
Sie achteten nicht auf die Meldungen des Lawinenwarndienstes

Schlimmstes Lawinenunglück seit Jahren in den französischen Alpen
Ursache war ein 100 Meter langes und vier Meter dickes Schneebrett.

M 1 *Zeitungsmeldungen*

Lawinen sind Schneemassen
In den Alpen hat es schon immer **Lawinen** gegeben. Lawinen sind Schneemassen, die an Gebirgshängen abwärts gleiten oder stürzen. Sie können als Schneebretter oder Schneestaub zu Tal rutschen.

Wie Lawinen entstehen
Wenn in kurzer Zeit viel Neuschnee fällt, kann dieser sich nicht gleich mit dem darunter gelegenen Altschnee verbinden. Dann besteht die Gefahr, dass die aufliegenden Schneemassen abgleiten. Auch wenn es auf den Schnee regnet oder dieser taut, können sich Schneebretter bilden. Das Wasser sickert nach unten bis auf den Altschnee. Dort wirkt es wie ein Schmiermittel. Wenn der Druck der darauf lagernden Schneeschichten zu groß wird, gleiten diese zu Tal. Das geschieht schon an leicht geneigten Hängen und erst recht an steilen Hängen. Außerdem kann trockener Pulverschnee leicht durch den Wind an Bergkämmen aufgetürmt werden und als Staublawine zu Tal rasen.

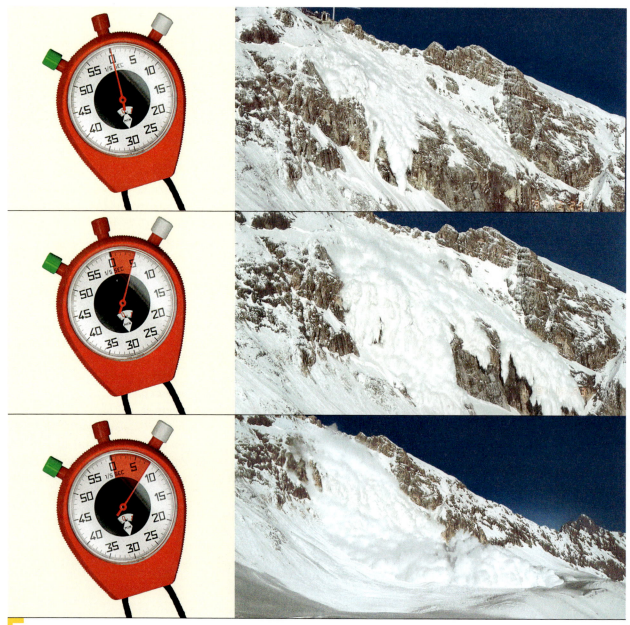

M 2 *So schnell ist eine Schneelawine*

DIE ALPEN UND IHR VORLAND UNTERSUCHEN   89

Schutz vor Lawinen

Bergwälder bildeten immer für die Menschen in den Hochgebirgen den sichersten Schutz: für ihre Siedlungen, für die Ställe, die Felder und die Wege. Die Bergwälder hielten Lawinen aus Schnee und Geröll zurück. Aber schon vor Jahrhunderten rodeten die Menschen in den Alpen viele Bergwälder. Deshalb sind seit rund 150 Jahren manche Wälder unter Schutz gestellt worden. Sie werden als Bannwälder bezeichnet.

Sogar noch in heutiger Zeit werden Bergwälder dadurch geschädigt, dass man in sie Schneisen für Skiabfahrten oder für Straßen schlägt. Wo der Bergwald fehlt, sind Siedlungen und Verkehrswege durch Lawinen gefährdet. Dort muss man teure Schneeverbauungen errichten.

Für die Winterurlauber und die Skifahrer ist die wichtigste Schutzmaßnahme, die Warnungen der Lawinendienste in Zeitungen, Fernsehen, Rundfunk und Internet zu beachten und die ausgewiesenen Skipisten nicht zu verlassen.

M 3 *Lawinenschutz durch geschlossenen Bergwald*

1. Beschreibe den Abgang einer Lawine. Beachte die Zeit und benenne mögliche Folgen (**M 2**, **M 3**).
2. Erkläre die Entstehung einer Lawine.
3. Benenne Gefahren, die von Lawinen ausgehen (**M 1** bis **M 4**).
4. Beschreibe Möglichkeiten des Schutzes vor Lawinen (**M 3**, **M 4**).
5. Zeichne ein Cluster mit dem Titel „Gefahren durch Lawinen und Schutz vor Lawinen" (**M 1** bis **M 4**, *Ein Cluster erstellen*).
6. Entwirf ein Faltblatt für Skifahrer, in dem erläutert wird, wie man sich richtig verhält und vor Lawinen schützt (**M 1**).

M 4 *Maßnahmen zum Schutz vor Lawinen*

Das Alpenvorland – von Gletschern geformt

M 1 Drumlin in der Nähe von Pöcking in Oberbayern

Das Eiszeitalter
Im Eiszeitalter herrschten in Europa in bestimmten Zeitabschnitten sehr niedrige Temperaturen. Die Niederschläge fielen ganzjährig als Schnee. Diese Zeiten nennt man **Kaltzeiten.** In den insgesamt sechs Kaltzeiten bildeten sich in den Alpen riesige **Gletscher**, die aus den Alpentälern heraus weit ins Alpenvorland vorstießen. Es gab aber auch Zeitabschnitte, die wärmer waren. Diese werden als **Warmzeiten** bezeichnet. In ihnen schmolzen die Gletscher ab und zogen sich in die Alpen zurück. Das Eiszeitalter dauerte etwa zwei Millionen Jahre. Kaltzeiten und Warmzeiten wechselten mehrmals.

Findlinge
Im Alpenvorland findet man viele Gesteinsblöcke, die nicht in die eigentliche Landschaft passen. Bei genauerer Untersuchung lässt sich feststellen, dass diese aus den Alpen stammen. Sie wurden von den Gletschern in der Kaltzeit wie auf einem Förderband über weite Strecken transportiert und sind nach deren Abschmelzen liegen geblieben.

Gletschereis und Schmelzwasser formten die Oberfläche
Die heutigen Alpengletscher sind Überreste der Vereisung des gesamten Alpenraums während der Eiszeit. Sie speisen sich auch heute noch durch Schnee, der sich ganzjährig in den hochgelegenen Gebieten sammelt. Dieser wird durch den Druck der sich allmählich darüber sammelnden Schneemasse zu Eis zusammengepresst. Durch das große Eigengewicht werden die Gletschermassen formbar und fließen ganz langsam in Richtung Tal.

Die Unterseite eines Gletschers besteht nicht nur aus Eis, sondern auch aus darin eingefrorenen Gesteinsbrocken. Diese wirken wie ein Hobel, durch den der Untergrund abgeschürft wird. Nach dem Abschmelzen des Gletschers bleibt die hügelige **Grundmoräne** zurück, die zu einem großen Teil aus Gesteinsschutt besteht.

Durch seine Bewegung transportiert der Gletscher riesige Mengen an Gesteinsschutt. Diesen lagert er, ähnlich wie ein Förderband oder eine Planier-

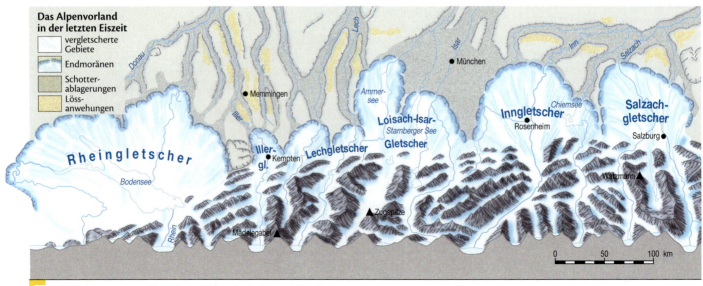

M 2 Ausdehnung der Gletscher während der letzten Eiszeit

DIE ALPEN UND IHR VORLAND UNTERSUCHEN

M 3 Findling im Alpenvorland

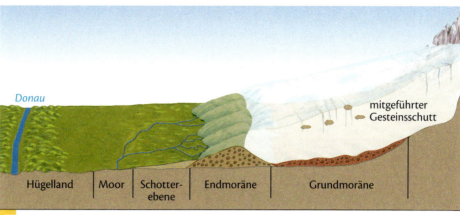

M 4 Das Alpenvorland während der Eiszeit

raupe, am Ende der Gletscherzunge ab. Hier entstehen hohe Wälle, die **Endmoränen**, die sich bis zu 100 Meter aus der Umgebung abheben. Sie sind häufig bewaldet und deshalb nicht immer leicht zu erkennen.

Nach ihrem Rückzug hinterließ die Gletscherzunge eine Mulde, die nach vorne durch den Endmoränenwall begrenzt ist. Diese Mulden im Bereich der Gletscherzunge füllten sich mit Wasser. Einen Teil dieser **Zungenbeckenseen** gibt es heute noch, wie zum Beispiel den Bodensee. Andere sind verlandet. Grundmoränen, Zungenbecken und Endmoränen sind typisch für Landschaften, die durch Gletscher geformt wurden. Sie haben sich in jeder Kaltzeit in derselben Reihenfolge gebildet. Deshalb spricht man von der **glazialen Serie**.

Drumlins

An vielen Stellen im Alpenvorland finden sich tropfenförmige Hügel, die Drumlins genannt werden. Diese entstehen, wenn lockeres Material der Grundmoräne bei einem erneuten Gletschervorstoß noch einmal überfahren wird.

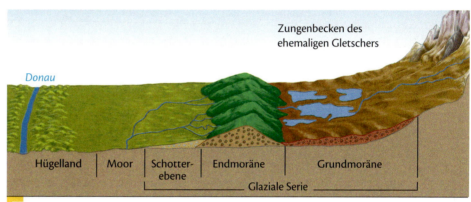

M 5 Glaziale Formen im Alpenvorland nach der Eiszeit

M 6 Glazial geprägte Landschaft am Tegernsee

1. Beschreibe die Ausdehnung der Vereisung im Alpenvorland während der letzten Kaltzeit (**M 2**, Karte S. 164 oder Atlas).
2. Erkläre die Entstehung der glazialen Serie (**M 4**).
3. Beschreibe die Landschaft am Tegernsee und ordne sie in die Blockbilder ein (**M 4** bis **M 6**).
4. Entwirf Informationstafeln, die am Findling und am Drumlin aufgestellt werden sollen. Zeichne Skizzen und beschrifte sie, um die Entstehung dieser Formen zu erklären (**M 1**, **M 3**, **M 4** und **M 6**).
5. Erkläre mithilfe eines Fließdiagramms, wie der Starnberger See entstanden ist (**M 2**, **M 4**, **M 5**, *Fließdiagramme zeichnen*).
6. Informiere dich im Internet über Findlinge in Bayern und stelle deine Ergebnisse der Klasse vor (**M 3**, *Eine Internetrecherche durchführen*).
7. Liste Zungenbeckenseen im Alpenvorland auf und erkläre ihre Lage und Ausrichtung mithilfe ihrer Entstehung (**M 2**, **M 4**, **M 5**, Karte S. 164, Atlas).

Geo-Check: Die Alpen und ihr Vorland untersuchen

Sich orientieren

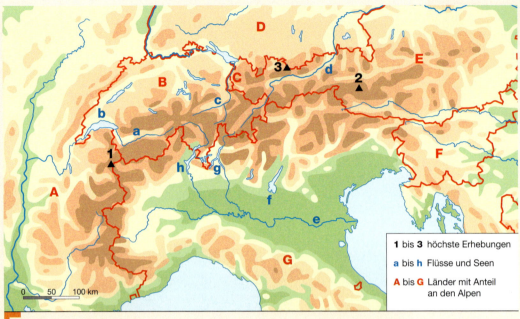

M 1 *Stumme Karte Alpen*

1 Nenne die Staaten (A bis G), die Anteil an den Alpen haben (**M 1**, Karten S. 75).
2 Nenne Flüsse und Seen (a bis h) der Alpen (**M 1**, Karte S. 75 oben).
3 Benenne die höchsten Berge der Alpen (1 bis 3) und beschreibe ihre geographische Lage (Karte S. 75 oben).
4 Nenne drei weitere Berge, die mehr als 3000 Meter hoch sind. Gib ihre genaue Höhe und den Staat an, in dem sie liegen (Karte S. 75 oben).
5 Nenne zwei Flüsse, die in den Alpen entspringen und ins Mittelmeer fließen (Karte S. 75).
6 Benenne die Alpenpässe, die du überqueren musst
   a) auf dem Weg von Basel nach Mailand und
   b) auf dem Weg von München nach Bologna
   (Karte S. 75 unten).

Wissen und verstehen

7 Sortiere die Aussagen in richtige und falsche Aussagen. Verbessere die falschen Aussagen und schreibe sie richtig auf.

Richtig oder falsch?
1) Der höchste Berg der Alpen liegt in den Ostalpen.
2) Die Schneegrenze liegt auf der Alpennordseite bei 2000 Metern Höhe.
3) Die Almen befinden sich auf der Nadelwaldstufe.
4) Nur im Sommer kann das Vieh auf der Hochalm weiden.
5) In Oberstdorf können Touristen im Sommer wandern und im Winter Ski fahren.
6) In den Zentralalpen war die Hebung am schwächsten.
7) Der Bannwald schützt die Alpenorte vor kalten Winden.
8) Der Starnberger See ist ein Zungenbeckensee.

8 Ordne jedem der folgenden Begriffe mindestens zwei Merkmale zu.

M 2 *Geo-Begriffestapel*

Sommerweide des Viehs in den Bergen														
Fremdenverkehr														
gefrorenes Wasser, wichtig für den Wintersport														
Nutztier in den Alpen														
Landwirt in den Bergen														
Besucher, die nur einen Tag kommen														
Schutzwald														
unterste Stufe der Pflanzendecke														
wichtiger Alpenübergang														
höchster Berg Deutschlands														
Gewinnung von Viehfutter im Tal														

Lösungswort: Die Alpen sind ein _____ .

M 3 *Alpen-Rätsel*

9 Zeichne das Rätsel ab (oder lade es per Webcode herunter) und löse es. Die farbig markierten Felder ergeben von oben nach unten gelesen das Lösungswort (M 3).

> **Hinweis:** Bitte nicht in das Buch schreiben

WEBCODE: UE645718-093

Können und anwenden

10 Zeichne den Arbeitskalender eines Bergbauern in dein Geographieheft und ergänze ihn (M 4):
– Markiere, wo sich Milchvieh und Jungvieh jeweils befinden.
– Nenne die Tätigkeiten des Bauern.

11 Auch auf den Almen haben die Bergbauern heute eine zweite Einnahmequelle. Beschreibe das Foto und erläutere, wie die Alm zusätzlich genutzt wird (M 5).

M 4 *Arbeitskalender eines Bergbauern*

M 5 *Alm in den Alpen*

Sich verständigen, beurteilen und handeln

M 6 *Tourismus in den Alpen*

In Österreich gibt es 6636 Kilometer Skipisten. Würde man die Abfahrten aneinanderreihen, so wäre eine Überquerung des Atlantiks auf Skiern möglich.

M 7 *SOS für die Österreichischen Alpen*

M 8 *Mountainbiker*

12 Alpen in Gefahr – beschreibe die Abbildungen und lies den Text (M 6 bis M 9). Erläutere, welche Gefahren für die Alpen aufgezeigt werden.

13 Führt eine „Alpenkonferenz" durch und diskutiert die Ursachen und Auswirkungen der Umweltprobleme in den Alpen. Überlegt Maßnahmen, die hilfreich sein könnten. Zur Durchführung der Konferenz teilt die Klasse in Gruppen ein, welche die verschiedenen Interessengruppen vertreten, z. B.
– Alpengemeinden,
– Umweltverbände,
– Verkehrsclub,
– Tourismusverbände,
– Alpenverein,
– Skiverband.

M 9 *Skipiste in den Schweizer Alpen im Sommer*

Deutschland: Bodennutzung

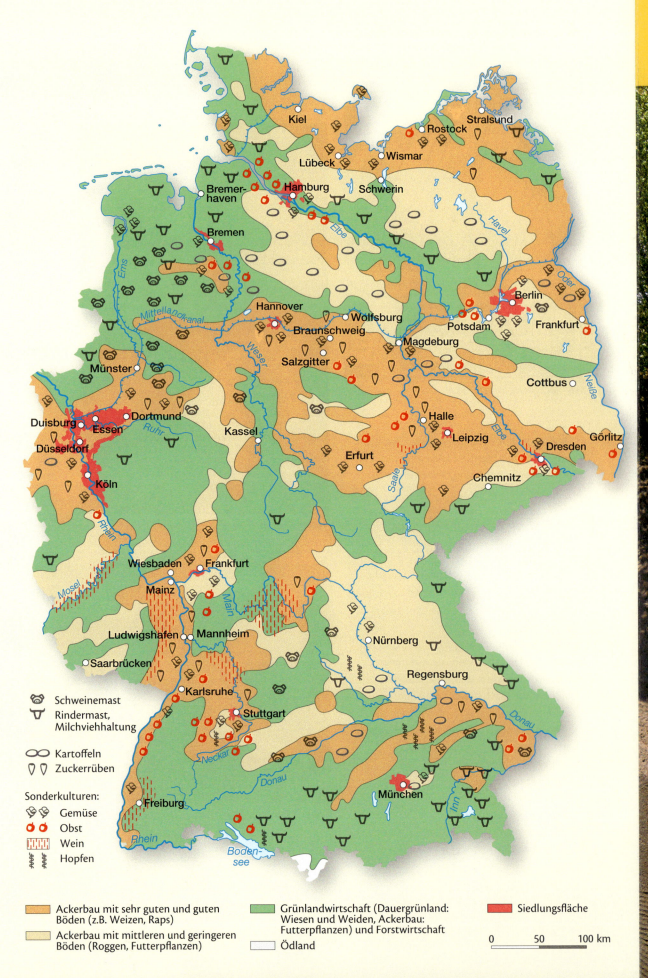

Legende:
- Schweinemast
- Rindermast, Milchviehhaltung
- Kartoffeln
- Zuckerrüben

Sonderkulturen:
- Gemüse
- Obst
- Wein
- Hopfen

- Ackerbau mit sehr guten und guten Böden (z.B. Weizen, Raps)
- Ackerbau mit mittleren und geringeren Böden (Roggen, Futterpflanzen)
- Grünlandwirtschaft (Dauergrünland: Wiesen und Weiden, Ackerbau: Futterpflanzen) und Forstwirtschaft
- Ödland
- Siedlungsfläche

4 Ländliche Räume in Bayern und Deutschland beschreiben

Landschaftspflege?

Geometrische Formen in der Landschaft und schön ordentlich geharkte Ackerflächen lassen den Eindruck entstehen, dass hier Gartengestaltung im Großen betrieben wird. Nicht nur Städte und Dörfer, Gebirge und Flüsse, auch die Landwirtschaft prägt das Bild der Landschaft.

Traktor beim Pflügen und Eggen in einem Arbeitsgang

Natürliche Grundlagen beeinflussen die Landwirtschaft

M 1 Feld mit Hagelschäden

Ansprüche von Pflanzen

Pflanzen benötigen Nährstoffe, Wasser, Wärme und Licht, um zu wachsen. Deshalb müssen die Landwirte bestimmte Zeiten für die Aussaat und Ernte beachten, damit ihre Pflanzen bestmöglich wachsen und gute Ernteergebnisse erzielt werden.

Zuckerrüben beispielsweise können bereits von Anfang März bis Mitte April ausgesät werden. Während der Wachstumsphase bis zur Ernte benötigen sie allerdings viel Wasser und Sonne.

Roggen wird hingegen von Ende September bis Mitte Oktober ausgesät und im folgenden Jahr im Spätsommer geerntet. Roggen ist eine anspruchslose Pflanze, denn sie wächst auch auf sandigen, nährstoffarmen Böden. Landwirte, die unterschiedliche Pflanzen anbauen, sind zu verschiedenen Zeiten im Jahr mit Ernte und Aussaat beschäftigt.

Temperatur und Niederschlag

Die **Temperatur** hat große Bedeutung für die Landwirte. Ist es zu kalt, kann nicht ausgesät werden. Ist es über viele Tage sehr heiß, können die Pflanzen vertrocknen. Der Landwirt hat stets das Thermometer im Blick, um zum Beispiel die Pflanzen vor Frost zu schützen. Bei großer, lang anhaltender Hitze muss bewässert werden.

Aus unzähligen Wassertröpfchen, die in der Luft schweben, bildet sich Niederschlag. **Niederschlag** kann in unterschiedlichen Formen fallen: Schnee, Regen, Hagel und Raureif.

Niederschlag ist für den Ackerbau sehr wichtig, denn ohne Regen fehlt den Pflanzen Wasser. Die Pflanzen drohen zu vertrocknen, sodass der Landwirt seine Pflanzen bewässern muss. Kommt es aber zu starken Regenfällen, können Schäden an den Pflanzen entstehen. Pflanzenteile können abknicken oder absterben.

Boden

Das Wachstum der Ackerpflanzen hängt nicht nur von Temperatur und Niederschlag, sondern auch von der Fruchtbarkeit des Bodens ab. Als **Boden** bezeichnen wir die oberste Schicht der Erdkruste. Entscheidend für die Fruchtbarkeit des Bodens ist seine Zusammensetzung. Fruchtbare Böden haben einen hohen Nährstoffgehalt und sind deshalb bestens für den Anbau von Zuckerrüben und Weizen geeignet. Andere Pflanzen wie Kartoffeln oder Roggen können auch auf sandigen, nährstoffarmen Böden gut gedeihen. Landwirte, die auf ihren Äckern hohe Erträge erzielen wollen, müssen für ihre Böden die richtigen Pflanzen zum Anbau auswählen. Viele Landwirte verbessern durch Dünger die Anbaubedingungen und erzielen dadurch höhere Erträge.

M 2 Weinanbau an steilen Lagen

In früheren Zeiten, als es noch keine verlässliche Wettervorhersage gab, mussten besonders Bauern eine Möglichkeit finden, das Wetter vorherzusagen. Sie beobachteten das Wettergeschehen über viele Jahrzehnte hinweg und entdeckten gewisse Regelmäßigkeiten. So entstanden die sogenannten Bauernregeln, mit deren Hilfe Arbeiten wie zum Beispiel Aussaat, Heueinfuhr und Ernte auf Tage verlegt wurden, an denen das Wetter beständig war. Da die meisten Menschen weder lesen noch schreiben konnten, wurden die Bauernregeln in leicht merkbaren Reimen verfasst. Die Bedeutung der Bauernregeln ist bis heute umstritten: Einige von ihnen sind purer Aberglaube, doch ein Teil von ihnen lässt sich auch wissenschaftlich erklären.

1. Abendrot – Gutwetterbot' – Morgenrot mit Regen droht.

2. Auf einen trüben Morgen folgt ein heiterer Tag.

3. Nebel, wenn er steigend sich verhält, bringt Regen, doch klar Wetter, wenn er fällt.

4. Dreht mehrmals sich der Wetterhahn, so zeigt er Sturm und Regen an.

5. Gut' Wetter, das kommt über Nacht, hat's im Sommer nie weit gebracht.

6. Je weißer die Schäfchen am Himmel gehen, desto länger bleibt das Wetter schön.

7. Mag der Rauch aus dem Schornstein wallen, dann wird Regen aus den Wolken fallen.

8. Siehst du Nebel auf Seen und Auen, kannst du getrost auf schön Wetter bauen.

9. Fliegen die Schwalben in den Höh'n, kommt ein Wetter, das ist schön.

M 3 *Bauernregeln*

Oberflächenformen

Auch die Oberflächenformen haben Einfluss auf die landwirtschaftliche Nutzung. An steileren Hängen ist der Ackerbau sehr eingeschränkt, da Traktoren und Maschinen umkippen könnten und der Boden schwer zu bearbeiten ist. Wein oder Obstbäume gedeihen aber durch die ungehinderte Einstrahlung der Sonne besonders gut an steileren Hängen.

Hinzu kommt, dass je höher der Ort liegt, desto kürzer die Wachstumszeit ist.

Wetter und Boden

Das Wetter und die Fruchtbarkeit des Bodens sind von großer Bedeutung für den Ackerbau und die Weidewirtschaft.

Daher sind die Landwirte auf gute Wettervorhersagen angewiesen. Früher, als es noch keine Wettervorhersagen gab, nutzten die Landwirte Bauernregeln. Heute gibt es spezielle Wettervorhersagen für die Landwirtschaft, unter anderem mit zusätzlichen Angaben der Bodenfeuchte, Bodentemperatur und Frosteindringtiefe in den Boden.

1 Stelle die natürlichen Grundlagen, die die Landwirtschaft beeinflussen, in einer Mindmap dar.

2 Beschreibe den Einfluss der natürlichen Bedingungen auf den Ackerbau und die Ernte von Ackerfrüchten (M 1, M 2, M 4).

3 Erkläre, warum Wettervorhersagen für die Landwirtschaft wichtig sind (M 1).

4 Bildet vier Gruppen, wählt je zwei Bauernregeln aus und erläutert diese (M 3).

5 Begründe, warum der Ackerbau in den Mittelgebirgen nur wenig ertragreich ist (M 2).

6 Prüfe die Aussage: Das Wetter ist für die Landwirte Freud und Leid zugleich.

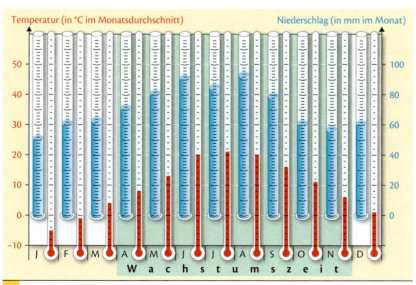

M 4 *Wachstumszeit*

Wir messen Temperaturen und Niederschläge

Wir messen die Temperatur

Die **Temperatur** wird in „Grad Celsius" angegeben. Das kommt daher, dass der schwedische Forscher Anders Celsius Folgendes festgelegt hat:
Wenn das Wasser gefriert, hat es null Grad Temperatur. Wenn es zu kochen beginnt, hat es 100 Grad. Den Abstand zwischen Gefrierpunkt und Kochpunkt teilte er auf dem Thermometer (= Wärmemesser) in 100 gleiche Abstände ein. Die meisten Thermometerröhrchen sind mit gefärbtem reinen Alkohol gefüllt, weil reiner Alkohol bei null Grad nicht gefriert. So können auch Temperaturen unter null Grad gemessen werden. Statt „null Grad Celsius" schreiben wir: „0 °C".
Beachtet: Die Temperatur der Luft wird immer im Schatten und in zwei Metern Höhe gemessen.

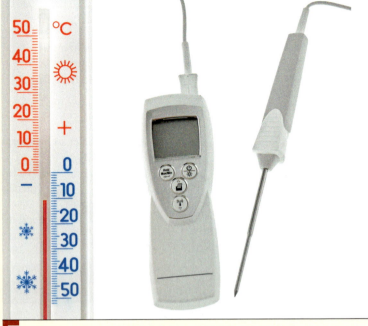

M 1 *Thermometer mit Flüssigkeits- und Digitalanzeige*

Wir stellen die Temperatur grafisch dar

Um die Temperaturwerte grafisch darzustellen, benutzt Millimeterpapier, dann fällt euch das Zeichnen leichter. Ein Lineal, ein Bleistift oder schwarzer Buntstift und ein roter Buntstift sind weitere wichtige Hilfsmittel.

Temperaturwerte (9. bis 13. April, 12 Uhr)				
10 °C	9 °C	7 °C	11 °C	12 °C
Montag	Dienstag	Mittwoch	Donnerstag	Freitag

M 2 *Tabelle der Temperaturwerte*

1. Zeichne auf einem Millimeterpapier die Querachse für die Skala der einzelnen Tage ein, an denen du die Temperatur gemessen hast. Auf der Senkrechtachse trägst du die Skala für die Temperatur in °C ein. Für diese Skalen verwendest du den Bleistift oder schwarzen Buntstift.

2. Übertrage deine Messergebnisse nach dem untenstehenden Muster. Wenn du die Temperaturwerte der einzelnen Tage mit einem roten Buntstift verbindest, kannst du gut feststellen, wie sich die Temperaturen während des Zeitraums verändert haben. Die entstandene rote Linie wird Temperaturkurve genannt.

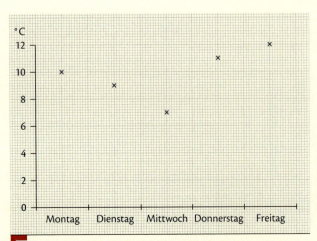

M 3 *Markierung der Temperaturwerte*

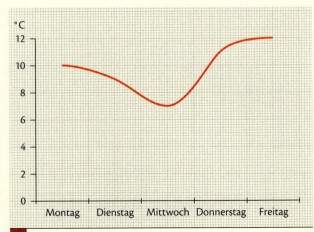

M 4 *Verlauf der Temperatur als Kurve*

Wir messen die Niederschläge

Die Höhe der Niederschläge wird so gemessen: Man fängt in einem Gefäß, dem Regenmesser, die Niederschläge auf und misst ihre Höhe in Millimetern. Der Regenmesser muss jeden Tag zur gleichen Zeit geleert werden.

Die Höhe der Niederschläge und die Werte der Temperaturen können wir messen und aufschreiben. Dann erhalten wir Tabellen (M 2, M 8).

Anschaulicher als Tabellen sind Schaubilder. Solche Schaubilder mit Zahlenwerten werden als **Diagramme** bezeichnet.

Wir stellen den Niederschlag grafisch dar

1. Zeichne auf der Querachse die Skala für die einzelnen Tage ein, an denen du Niederschläge gemessen hast, und auf der Senkrechtachse die Skala für die Höhe der Niederschläge in Millimetern.
2. Nimm die von dir gemessenen Niederschlagswerte und trage die jeweiligen Tageswerte als blaue Säulen, wie in dem nebenstehenden Muster, in dein Diagramm ein. Diese blauen Säulen werden Niederschlagssäulen genannt.

1 Messt die Temperaturen auf dem Schulhof an den fünf Schultagen immer zur gleichen Zeit und notiert die Messergebnisse (M 1, M 2).

2 Messt die Höhe der Niederschläge an den fünf Schultagen immer zur gleichen Zeit und notiert die Messergebnisse (M 5, M 6).

3 Stellt eure Messergebnisse zeichnerisch dar (M 3, M 4, M 7, M 8).

M 5 Regenmesser

Niederschlagshöhe (9. bis 13. April, 12 Uhr)				
4 mm	10 mm	0 mm	2 mm	9 mm
Montag	Dienstag	Mittwoch	Donnerstag	Freitag

M 6 Tabelle der Niederschlagswerte

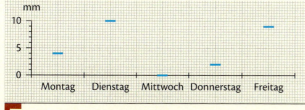

M 7 Markierung der Niederschlagswerte

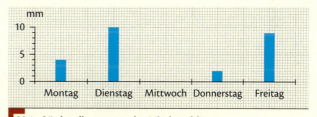

M 8 Säulendiagramm der Niederschläge

Versuch

Wir lassen es regnen

Benötigtes Material
Wasserkessel, große Schüssel, durchsichtiger Kunststoffbeutel, Kochplatte, Eiswürfel, Wasser

Versuchsbeschreibung
- Füllt den Kessel mit Wasser.
- Bringt das Wasser zum Kochen.
- Füllt Eiswürfel in den Beutel und knotet ihn zu.
- Wenn das Wasser kocht, haltet den Beutel über einer Schüssel in den Dampf. Seid vorsichtig, damit ihr euch nicht verbrennt.

1 Beschreibt, was nacheinander geschieht.
2 Erklärt, warum es zum Niederschlag kommt.

M 9 Der Regen-Versuch

Grünlandwirtschaft im Allgäu

M 1 *Weidelandschaft im Allgäu*

Milch und Butter, Quark und Joghurt sowie unzählige Käsearten kommen aus der „Käseküche Deutschlands", dem Allgäu.

Grünland und Rinder

Die Landwirte im Allgäu haben sich auf die **Grünlandwirtschaft** spezialisiert, weil Gräser, Kräuter und Klee dort besonders gut wachsen. Die flachen, leicht welligen Flächen im Vorland der Alpen werden als Wiesen und Weiden genutzt, weil eine ackerbauliche Nutzung nicht sinnvoll ist. Die Landwirte halten Kühe und Jungvieh. Im gesamten Allgäu gibt es mehr als 300 000 Milchkühe. Die landwirtschaftlichen Betriebe liegen meist als Einzelhöfe inmitten der dazugehörigen Wiesen und Weiden. Ihr besonderes Kennzeichen ist das große Stallgebäude mit dem Kuhstall, der Melkanlage sowie dem Stall für das Jungvieh.

Der Maierhof

Landwirt Johann Maier hat einen typischen Grünlandbetrieb in der Nähe von Isny. Er bewirtschaftet den Hof allein mit einem Auszubildenden. Nur im Sommer zur Heuernte packt die ganze Familie, Frau Maier und die drei Kinder, mit an. Durch den Einsatz des Computers und moderner landwirtschaftlicher Geräte kommt der Betrieb mit so wenigen Arbeitskräften aus.
Zum Maierhof gehören 36 Hektar Wiesen und Weiden, drei Hektar Wald, 55 Milchkühe und 30 Stück Jungvieh. Die Milchkühe bleiben fast das ganze Jahr im modernen Boxenlaufstall mit

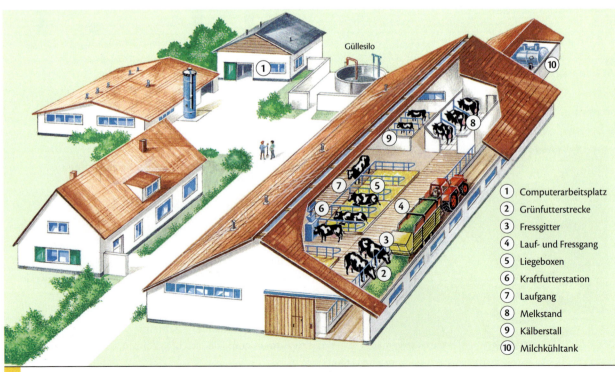

① Computerarbeitsplatz
② Grünfutterstrecke
③ Fressgitter
④ Lauf- und Fressgang
⑤ Liegeboxen
⑥ Kraftfutterstation
⑦ Laufgang
⑧ Melkstand
⑨ Kälberstall
⑩ Milchkühltank

M 2 *Milchviehbetrieb mit einem Boxenlaufstall*

LÄNDLICHE RÄUME IN BAYERN UND DEUTSCHLAND BESCHREIBEN

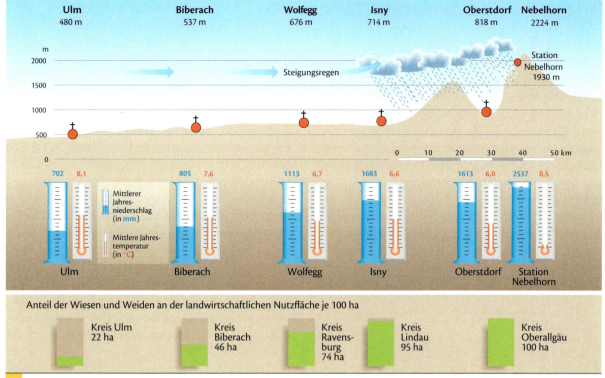

M 3 Schnitt durch das Allgäu

Fress- und Ruheplätzen, auf denen sie schlafen und wiederkäuen können. Nur zwei Monate im Sommer stehen die Kühe auf den Weiden in der Nähe des Hofes. Dann kommen die Tiere nur zum Melken in den Stall. Dadurch hat Bauer Maier zwar mehr Arbeit, aber für die Gesundheit seiner Kühe macht er diese gern.

Die Kühe werden morgens und abends gemolken. Jede Kuh gibt täglich etwa 20 bis 25 Liter Milch. Der moderne Melkstand für zwölf Kühe ist eine große Arbeitserleichterung für Landwirt Maier. Er kann beim Melken aufrecht stehen und muss sich nicht zum Euter der Kuh hinabbeugen. Die Milch gelangt über Rohrleitungen in einen Tank. Dort wird sie kühl gelagert und alle zwei Tage vom Milchwagen der Molkerei abgeholt. Eine Kuh frisst etwa 50 Kilogramm Grünfutter (Gras oder Heu) am Tag. Auch im Winter muss ausreichend Grünfutter zur Verfügung stehen. Deshalb werden die Wiesen dreimal im Jahr gemäht. Das Gras wird getrocknet und im Winter als Heu verfüttert. Auf den Mähwiesen weiden keine Kühe oder Jungtiere. Sie werden nur zum Mähen genutzt. Auch bei der Heutrocknung hat die moderne Technik Einzug gehalten. Eine Trocknungsanlage macht Johann Maier unabhängig vom Wetter.

Das Jungvieh vom Maierhof kommt zwischen Mai und September auf eine Bergweide, die im Allgäu „Alp" genannt wird. Diese Alp wird von mehreren Landwirten gemeinsam genutzt. Zur Betreuung der Tiere sind drei Hirten angestellt. Die jungen Rinder gedeihen in der Höhe, bei gesunder Luft und kräftigem Futter prächtig.

1 Beschreibe die geographische Lage des Allgäus (Karten S. 39 und S. 167 oder Atlas).
2 Erläutere die Voraussetzungen für die Grünlandwirtschaft im Allgäu (M 3, M 4).
3 Begründe, warum Ackerbau im Allgäu nicht sinnvoll ist (M 3, M 4).
4 Beschreibe die Arbeit in einem Milchviehbetrieb. Unterscheide dabei zwischen Arbeiten auf dem Hof und im Stall sowie Arbeiten auf dem Feld (M 2).
5 Fertige eine Mindmap an, die am Beispiel des Maierhofes wichtige Merkmale der Grünlandwirtschaft im Allgäu veranschaulicht. Beachte dabei auch die natürlichen Bedingungen (M 1 bis M 4, *Eine Mindmap erstellen*).
6 Vergleiche die Viehwirtschaft im Allgäu mit der in den Alpen (M 1 bis M 3, S. 79).

Wie entsteht Steigungsregen?

Von Nordwesten kommen Luftmassen, die über dem Atlantischen Ozean viel Feuchtigkeit aufgenommen haben. Am Nordrand der Alpen wird die Luft zum Aufsteigen gezwungen, denn nur so können die Luftmassen die Alpen überqueren. Dabei kühlt sich die Luft ab. Es bilden sich Wolken. Aus den Wolken fällt Regen.

M 4 So entsteht Steigungsregen

GEO-METHODE

Wir lesen eine Bodennutzungskarte

Was ist eine thematische Karte?

Die **Geographie** beschäftigt sich mit Landschaften, Gewässern, Böden, Temperaturen und Niederschlägen, Verkehr, Städten und Dörfern, Landwirtschaft, Industrie und Bergbau und vielen anderen Themen. Stelle dir vor, dass alle diese Themen beispielsweise für Bayern oder Deutschland in einer Karte dargestellt sind. Das ist unmöglich, weil solch eine Karte überfüllt und damit unübersichtlich wäre. Deshalb gibt es zu bestimmten Themen zu ausgewählten Räumen **thematische Karten**. Die Inhalte thematischer Karten werden durch **Signaturen** (Kartenzeichen) dargestellt, z. B. durch Linien, Figuren oder Farbflächen.

Checkliste zum Lesen thematischer Karten

1. Informiere dich über das Thema der Karte und den abgebildeten Raum. Lies dazu den Kartentitel oder die Bezeichnung der Abbildung (**M 1**).
2. Bestimme die Lage und Größe des dargestellten Raumes. Beachte dabei den Maßstab der Karte.
3. Stelle mithilfe der Legende fest, was die Farben, Linien und Signaturen in der Karte bedeuten.
4. Beschreibe den Karteninhalt:
   - Welche Farben und Signaturen treten häufig auf?
   - Welche Bedeutung haben diese?
   - Wie sind bestimmte Signaturen und Farben im Raum verteilt? Beachte Häufigkeit und Größe der Signaturen.
   - Welcher Zusammenhang besteht zum Beispiel zwischen einer Stadt oder einer Landschaft und dem Auftreten bestimmter Farben und Signaturen in der Karte?

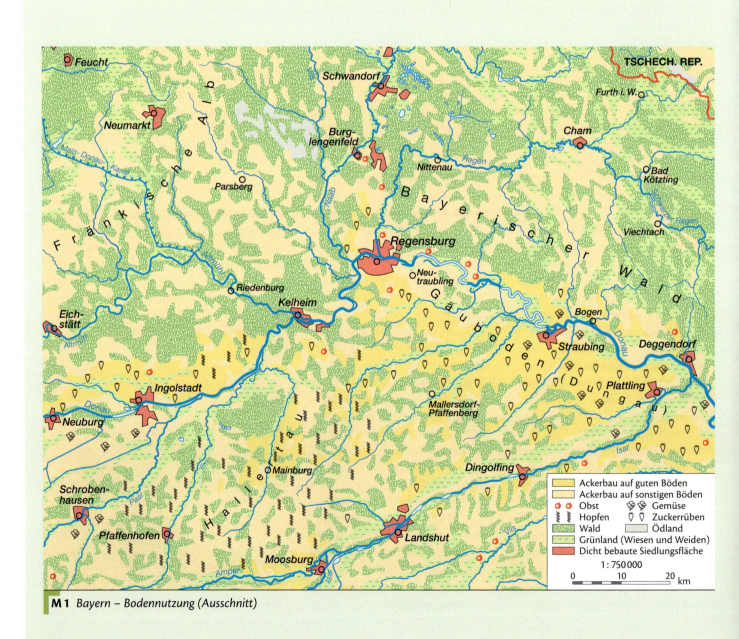

M 1 *Bayern – Bodennutzung (Ausschnitt)*

GEO-METHODE

Beispiel: Lesen der thematischen Karte „Bayern – Bodennutzung" (M 1)

1. Der Kartentitel ist: Bayern (Raum) – Bodennutzung (Thema).
2. Die Karte zeigt einen Ausschnitt des Bundeslandes Bayern und angrenzend die Tschechische Republik. Auf der Maßstabsleiste ist abzulesen, dass 1 cm in der Karte ungefähr 7,5 km in der Wirklichkeit sind. Der Maßstab ist damit 1 : 750 000.
3. Die Legende zeigt Farben und Signaturen. Die einzelnen Farben stellen Folgendes dar: rote Farbe = dicht bebaute Siedlungsflächen (große Städte), braune Farbe = Böden mit sehr guter bis guter Fruchtbarkeit, hellbraune Farbe = Böden mit mittlerer und geringerer Fruchtbarkeit, grüne Farbe = Grünland, Wiesen und Weiden, Ackerbau (z. B. Futterpflanzen), dunkelgrüne Farbe = Wald und graue Farbe = Heide und Ödland. Obst, Gemüse, Hopfen und Zuckerrüben sind durch Signaturen dargestellt.
4. Die Farben und Signaturen verdeutlichen die Bodennutzung in Bayern. Im Gäuboden (Dungau) befindet sich Ackerland mit guten bis sehr guten Böden, auf denen vorwiegend Gemüse und Zuckerrüben angebaut werden. In der Hallertau überwiegt Ackerland mit mittleren Böden, auf denen vor allem Hopfen angebaut wird. Nördlich der Donau ist Bayern sehr waldreich.

1 Ordne den Kartenausschnitt (M 1) in die Landwirtschaftskarte von Deutschland ein (Karte S. 168 oder Atlas).

2 Erkläre am Beispiel von M 1, was eine thematische Karte ist.

3 Beschreibe an Beispielen die Weiterverarbeitung landwirtschaftlicher Erzeugnisse in der Industrie (M 2).

4 Informiere dich, welche thematischen Karten dein Schulbuch enthält. Nenne drei Beispiele.

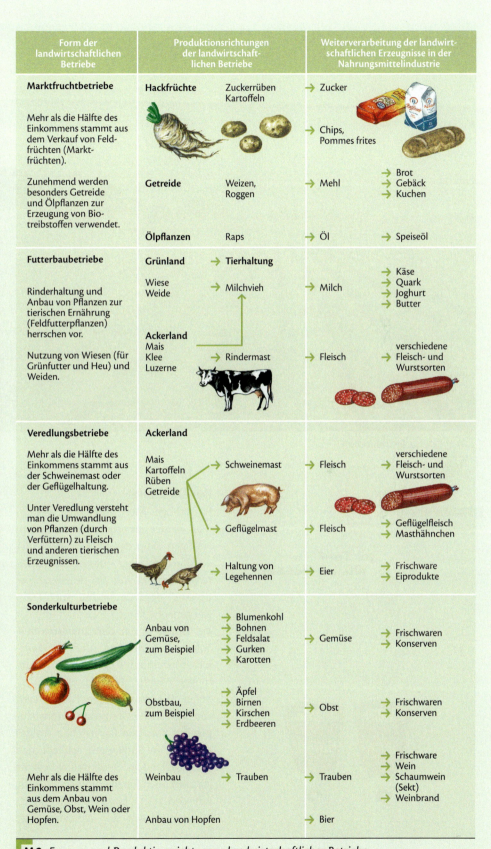

M 2 *Formen und Produktionsrichtungen landwirtschaftlicher Betriebe*

Der Gäuboden – Gunstraum der Landwirtschaft

M 1 *Gäubodenlandschaft*

Versuch

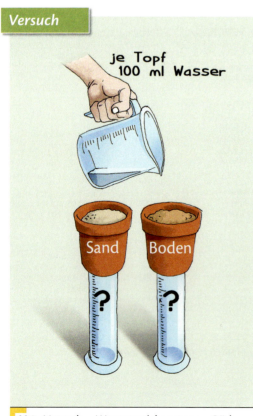

M 2 *Versuch – Wasserspeicherung von Böden*

Der Gäuboden
Ein richtiges Meer von Ähren, das immer wieder unterbrochen wird vom kräftigen Grün der Zuckerrübenfelder und Kartoffeläcker – das ist das charakteristische Bild von der „Kornkammer Bayerns", dem **Gäuboden**, auch Dungau genannt. Diese Landschaft umfasst das Donautal mit den angrenzenden, äußerst fruchtbaren und landwirtschaftlich intensiv genutzten Niederungen zwischen Regensburg und Vilshofen. Die nordöstliche Grenze wird von den steil ansteigenden Höhenzügen des Vorderen Bayerischen Waldes gebildet. Im Südwesten schließt sich ein Hügelland an. Der Frühling beginnt im Gäuboden bereits um den 25. April, während er im benachbarten Bayerischen Wald erst vier Wochen später Einzug hält.

Fruchtbare Böden
Der Boden ist sehr fruchtbar, denn er besteht aus **Löss**. Die Niederschläge sind mit 600 bis 800 mm im Jahr für den Ackerbau ausreichend, sodass auch anspruchsvolle Pflanzen wie Zuckerrüben und Weizen angebaut werden können. Diese Pflanzen benötigen für ihr Wachstum ausreichend Wärme und Wasser sowie Böden mit vielen Nährstoffen wie zum Beispiel Kalk.

Merkmale der Landwirtschaft
Typisch für den Gäuboden sind in der weiten Ebene liegende, endlos erscheinende Felder, auf denen intensiv Feldfrüchte angebaut werden. Auch viele verschiedene Gemüsearten wachsen auf den Feldern des Gäubodens. Eine Spezialisierung allein auf eine Anbaufrucht ist nicht möglich. Die Pflanzen würden dem Boden immer dieselben Nährstoffe entziehen und ihn so unfruchtbar machen. Deshalb haben sich die meisten Landwirte im Gäuboden für einen dreijährigen Fruchtwechsel entschieden. Durch diese Maßnahme kann sich der Boden immer wieder erholen und die Erträge bleiben für den Landwirt hoch.

LÄNDLICHE RÄUME IN BAYERN UND DEUTSCHLAND BESCHREIBEN 107

Der Löss ist staubfein wie Mehl, sieht gelblich aus und ist reich an Kalkteilchen. Er wurde während und nach der Eiszeit durch starke Winde im südlichen Vorland des Bayerischen Waldes angeweht und dort abgelagert. Hierbei entstanden mehrere Meter dicke Lössschichten. Auf ihnen entwickelte sich ein ertragreicher, lockerer und tiefgründiger Boden, der Wasser schwammartig speichern kann. Lösslandschaften wurden schon früh besiedelt und landwirtschaftlich intensiv genutzt. In Süddeutschland werden sie „Gäulandschaften" genannt, während sie in Norddeutschland „Börde" heißen.

M 3 *Steckbrief Löss*

Obwohl den Landwirten im Gäuboden große Flächen zur Verfügung stehen, wird ein durchschnittlicher landwirtschaftlicher Betrieb heutzutage nur noch vom Landwirt und seiner Familie bewirtschaftet. Die Größe beträgt 50 Hektar; das entspricht etwa 50 Fußballfeldern. Die Einstellung von landwirtschaftlichen Betriebshelfern erfolgt nur im Notfall oder zu Spitzenzeiten, weil sie viel Geld kosten. Deshalb ist der Einsatz modernster Maschinen und Geräte für die Aussaat, Pflege und Ernte eine wichtige Voraussetzung für die erfolgreiche Arbeit auf dem Bauernhof.

1. Beschreibe die geographische Lage des Gäuboden (Karte S. 164).
2. Suche Gäu- und Bördenlandschaften einer Karte und nenne Lagemerkmale (Karte S. 168 oder Atlas).
3. Benenne Merkmale der Gäubodenlandschaft. Achte dabei auf die Oberflächenformen, die Bodennutzung und den Waldanteil (**M 1**, Karte S. 104).
4. Führe den Versuch durch. Erkläre deine Beobachtungs- und Messergebnisse (**M 2**).
5. Erläutere, warum der Gäuboden so fruchtbar ist (**M 3**).
6. Stelle Merkmale der Landwirtschaft im Gäuboden in einer Mindmap dar (**M 1** bis **M 5**,).
7. Beschreibe den Fruchtwechsel und begründe, warum dieser notwendig ist (**M 5**).

M 4 *Moderne Technik im Weizenanbau*

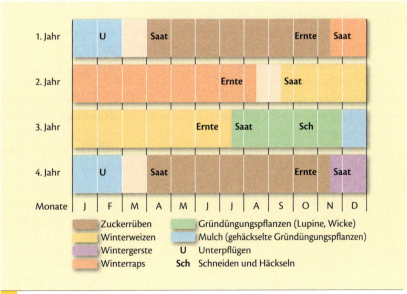

M 5 *Möglicher Fruchtfolgekalender eines Betriebes im Gäuboden*

Wir erkunden einen landwirtschaftlichen Betrieb

Wir kaufen Eier, Milch und Zucker im Supermarkt, Kuchen beim Bäcker, Wurst beim Metzger. Doch wer produziert das Fleisch für die Wurst, das Getreide für den Kuchen und die Milch im Tetrapack?
Wo und wie werden unsere Lebensmittel hergestellt? Was und wie viel frisst und säuft eine Kuh? Ist eine Zuckerrübe süß? Fragen über Fragen. Ein Landwirt in eurer Nähe beantwortet diese gern und ihr könnt jede Menge erleben, erfahren und riechen bei der Exkursion eines Bauernhofes.

M 1 *Ein Bauernhof aus der Luft fotografiert ...*

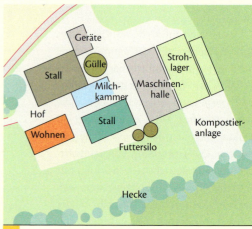

M 2 *... und als Skizze*

1. Schritt: Wir planen die Exkursion

Bevor wir einen Bauernhof besuchen, gibt es einiges zu bedenken und zu planen.

Wählt einen Betrieb, der in der Umgebung der Schule liegt oder gut erreichbar ist.
Überlegt, welchen Hof ihr erkunden möchtet: einen Ackerbaubetrieb, einen Hof mit Tierhaltung, einen Betrieb, der **Sonderkulturen** anbaut, oder einen Hof mit ökologischer Landwirtschaft.

Legt Inhalte für die Exkursion fest und stellt einen Fragebogen zusammen.
Achtung! Nicht zu jedem der genannten Gebiete sollt ihr Fragen stellen. Fragt das, was euch am meisten interessiert.
- Lage und Größe der Gebäude des Betriebes,
- Anzahl der Arbeitskräfte,
- Ablauf eines Arbeitstages,
- natürliche Bedingungen, wie Klima und Bodenfruchtbarkeit,
- Natur- und Umweltschutz,
- Düngung und Bewässerung,
- Lage und Größe der Felder,
- Maschinen und Geräte,
- Anbaufrüchte,
- Tiere und ihre Haltung,
- Verkauf der Produkte,
- Einnahmen, Ausgaben, Verdienst

Überlegt, ob ihr die Exkursion in Gruppen oder im Klassenverband durchführen wollt.

Fertigt eine Liste der Materialien an, die für die Exkursion benötigt werden.
- Stifte,
- Notizblöcke,
- eine feste Schreibunterlage,
- ein Fotoapparat u. a.

Überlegt, was zur Vorbereitung der Exkursion im Klassenzimmer erledigt werden kann.
- Auf einer Karte die Lage des Bauernhofes feststellen.
- Informationen zur Landwirtschaft im Landkreis oder in Bayern sammeln.

2. Schritt: Wir führen die Exkursion durch

Das könnt ihr tun
Befragungen durchführen, Tiere beobachten, die Hofanlage skizzieren, einen Hektar ausmessen, Feldpflanzen auf einem Quadratmeter zählen, eine Futterration zusammenstellen, Technik und Gebäude fotografieren

Wie ihr euch auf dem Bauernhof verhalten solltet:
- Bedenkt, dass ihr Gäste in einem Betrieb seid.
- Verhaltet euch ruhig und erledigt die Arbeitsaufgaben zügig.
- Stellt eure Fragen höflich.
- Betretet Felder und Ställe nur mit Erlaubnis des Landwirtes.
- Tiere dürfen nur angefasst und gefüttert werden, wenn es der Landwirt erlaubt.
- Klettert nicht auf Maschinen, Geräte oder Strohballen.

M 3 *Eine Schulklasse bei der Erkundung*

3. Schritt: Wir werten die Exkursion aus und präsentieren die Ergebnisse

Bereits im Vorfeld der Exkursion solltet ihr überlegen, wie die Ergebnisse der Exkursion gesammelt und zusammengestellt werden.
Folgende Möglichkeiten bestehen:
- ein Plakat oder eine Schautafel mit Fotos, Zeichnungen, Texten, Tabellen, Diagrammen u. Ä. gestalten (M 4),
- ein Hofalbum aus den Ergebnissen der einzelnen Arbeitsgruppen zusammenstellen.

Überlegt, wen ihr zur Präsentation der Ergebnisse einladen könnt: eure Parallelklasse, den Landwirt oder andere Gäste.

M 4 *Schautafel*

Gemüse aus dem Knoblauchsland

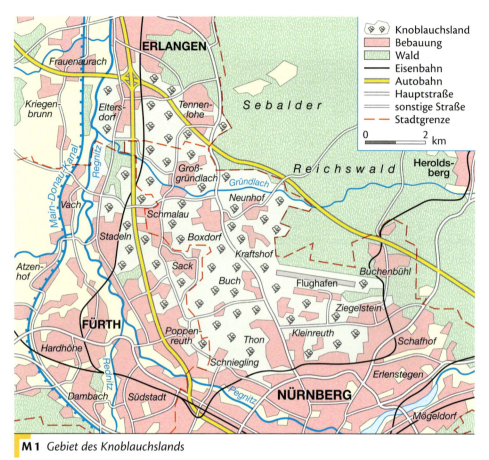

M1 Gebiet des Knoblauchslands

Das Knoblauchsland
Mit rund 2000 Hektar ist das Knoblauchsland das größte zusammenhängende Anbaugebiet für die **Sonderkultur** Gemüse in Bayern. Das Gemüse wird dort auf Feldflächen und in Gewächshäusern angebaut.

Anbau im Freiland
Der Boden im Knoblauchsland ist sandig bis lehmig und damit für den Gemüseanbau gut geeignet. Sandböden erwärmen sich rasch, sind gut durchlüftet und leicht zu bearbeiten. Nachteilig ist, dass sie schlecht Wärme, Wasser und Nährstoffe speichern können.

Der Anbau im Freiland ist im Knoblauchsland nur wenige Monate möglich. Deshalb schützen Folien empfindliches Gemüse wie Salat, Sellerie oder Rettich vor Frost im zeitigen Frühjahr und im späten Herbst. Unter den Abdeckungen ist es fast immer 3 bis 5 Grad Celsius wärmer als unter freiem Himmel. Damit wird die erste Ernte um zwei bis drei Wochen vorverlegt und die Saison mit mehreren Ernten bis November ausgedehnt. Salat zum Beispiel kann so drei Mal gepflanzt und geerntet werden. Computergesteuerte Beregnung und Düngung regeln die Wasser- und Nährstoffzufuhr.

Seit Jahrhunderten wirtschaften die Gemüsebauern auf immer der gleichen Anbaufläche. Um den Boden gesund zu erhalten, werden auf einem Teil der Fläche im **Fruchtwechsel** Getreide, Kartoffeln und Klee angebaut oder es wird als Weideland genutzt.

Anbau unter Glas
Der Anbau im Gewächshaus ist wetterunabhängig und nahezu ganzjährig möglich. Auch im Gewächshaus sind Computer im Einsatz. Sie steuern für jedes Anbauprodukt passgenau die Temperatur, das Licht und die Feuchtigkeit. Der „Boden" für die Pflanzen besteht aus einem Würfel Steinwolle. Nach der Ausbildung der Wurzeln wird der Würfel auf feine Gesteinsteilchen ge-

M2 Freilandanbau

LÄNDLICHE RÄUME IN BAYERN UND DEUTSCHLAND BESCHREIBEN 111

Januar	Ruhe auf dem Feld
Februar	Ausbringen der ersten Saaten unter Folie
März	Erste Pflanzen wachsen unter Folie
April	Erste Ernte (z. B. Radieschen, Salat, Rettich, Kohlrabi)
Mai	Volle Ernte
Juni	Neupflanzung, Pflege, Ernte
Juli	
August	
September	Ernte
Oktober	
November	
Dezember	Verkauf eingelagerten Gemüses

M 3 *Freilandanbau – Arbeitskalender*

M 5 *Spitzpaprika ohne Boden*

setzt, um Bodenschädlingen vorzubeugen. Nützlinge wie Raubmilben und Schlupfwespen verhindern die Ausbreitung fliegender Schädlinge. Überschüssiges Wasser aus der Versorgung der Pflanzen wird gesammelt, gereinigt und wieder verwendet. Nach der Ernte wird die Steinwolle an Industriebetriebe als Dämmmaterial verkauft.

Über beheizbare Gewächshäuser lassen sich die größten Gewinne erzielen. Jedoch müssen auch die erheblichen Kosten für den Bau, den Betrieb und die Instandhaltung berücksichtigt werden. Um sich nicht gegenseitig Konkurrenz zu machen und auch wegen des hohen Kostenaufwands spezialisieren sich die Betriebe auf bestimmte Gemüsearten und Anbaumethoden.

Aus der Region auf den Teller

Gemüse muss möglichst frisch geerntet auf den Teller kommen, dann ist es knackig und reich an Vitaminen. Deshalb kaufen viele Kunden aus den umliegenden großen Städten das Gemüse gerne direkt beim Erzeuger in Hofläden. Gemüse aus dem Knoblauchsland wird aber auch in andere Teile Bayerns und in benachbarte Bundesländer geliefert. Manche sehr spezialisierten Produkte wie zum Beispiel Bio-Topfkräuter finden ihre Abnehmer sogar deutschlandweit.

1. Beschreibe die geographische Lage des Knoblauchslandes (M 1).
2. Beschreibe den Karteninhalt von M 1 mithilfe der Checkliste S. 104.
3. Benenne Merkmale einer Sonderkultur. Benutze dazu das Lexikon.
4. Vergleiche den Anbau von Gemüse im Freiland und unter Glas. Lege dazu eine Tabelle an (M 2 bis M 5).
5. Liste für jede Anbauweise deren umweltschonenden Merkmale auf und beurteile ihre Wirksamkeit.
6. Vergleiche das Wachstum von Pflanzen im Gewächshaus und im Freiland (M 2, M 4).
7. Diskutiert in der Klasse die Vor- und Nachteile eines großflächigen Anbaugebietes inmitten des Städtedreiecks Nürnberg-Fürth-Erlangen ( ).

M 4 *Gewächshauslandschaft*

Wein – von der Rebe in die Flasche

M 1 *Holzfasskeller der Winzergemeinschaft Franken eG (GWF)*

Weinbau in Mainfranken

Schon seit Jahrhunderten werden in Mainfranken Reben angepflanzt und Wein produziert. Zusammen mit dem milden Klima bieten die Hänge des Mains und der Fränkischen Landstufe nahezu ideale Bedingungen für die Erzeugung von Spitzenweinen. Um eine hohe Traubenqualität und einen guten Ertrag zu erreichen, sind fast das ganze Jahr über viele verschiedene Arbeiten nötig. Diese werden in meist kleinen Familienbetrieben geleistet.

Früher verarbeiteten die Winzer die Trauben in ihren eigenen Weinkellern. Durch die geringen Mengen wurden fast alle Produktionsschritte in mühe-

M 2 *Arbeiten eines Winzers im Jahresverlauf*

LÄNDLICHE RÄUME IN BAYERN UND DEUTSCHLAND BESCHREIBEN 113

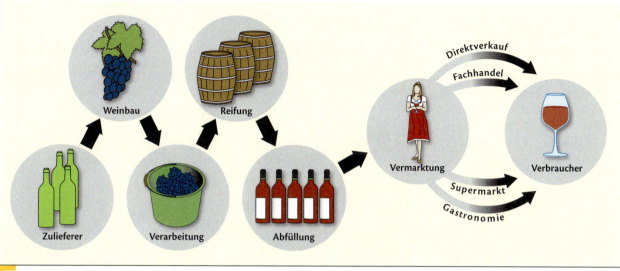

M 3 Der Weg ins Weinglas

voller Handarbeit erledigt. Dabei war oft die ganze Familie eingebunden und schon eine schlechte Ernte oder ein Jahrgang mit geringer Qualität konnten den Familienbetrieb bedrohen.

Genossenschaften

An vielen Orten haben sich Winzer zu Genossenschaften zusammengeschlossen. So können sie gemeinsam teure Geräte und Maschinen kaufen sowie große Gebäude errichten. Außerdem werden Gewinne und Verluste auf alle Genossenschaftsmitglieder gleichmäßig verteilt.

Die Weinbauern sind heute nicht mehr in der ganzen Produktionskette der Weinherstellung tätig. Sie konzentrieren sich auf den Anbau und die Ernte von Wein. Spezialisierte Mitarbeiter der Genossenschaft übernehmen die Verarbeitung im Winzerkeller, den Vertrieb und die Vermarktung. Der gemeinsame Markenname und die größere Produktionsmenge ermöglichen neben dem Direktverkauf auch andere Verkaufswege über die Grenzen Bayerns hinaus.

Arbeit im Winzerkeller

Nach der Anlieferung der Trauben müssen die Beeren zunächst von ihren Stielen getrennt werden. Danach werden sie in einer Art Mühle zerquetscht. So entsteht ein dickflüssiger Brei, die Maische. Diese muss für einige Stunden ruhen. Dadurch sammeln sich die Geschmacksstoffe aus den Kernen, dem Fruchtfleisch und den Schalen im Saft. Im nächsten Schritt wird die Maische ausgepresst und so der flüssige Most von den festen Bestandteilen getrennt. Der Most wird in Fässer oder Tanks gefüllt und beginnt entweder von sich aus oder durch den Zusatz von Hefen zu gären. Die Hefe wandelt den Zucker in Alkohol um.

Nach einigen Wochen wird der frische Wein aus dem Fass gepumpt. Ein Großteil der Hefe bleibt am Boden zurück. Obwohl das Endprodukt jetzt schon trinkbar ist, lagert es noch einige Monate in Fässern, um seinen Geschmack zu verbessern.

M 4 Möglichkeiten der Vermarktung von Wein

1 Beschreibe die geographische Lage der Weinbaugebiete in Bayern (Karten S. 122 M 8 und S. 165).

2 Fertige eine Tabelle an, welche die Arbeiten im Weinberg und im Winzerkeller während eines Jahres verdeutlicht (M 2, M 3).

3 Stelle die Arbeit im Winzerkeller übersichtlich dar. Ergänze dazu das Fließdiagramm (M 3,).

4 Nenne die Vorteile des Zusammenschlusses der Weinbauern zu Winzergenossenschaften.

5 Informiere dich, welche Möglichkeiten der Vermarktung die Winzergenossenschaft Sasbachwalden nutzt (M 1, M 4, *Eine Internetrecherche durchführen*).

6 Erstelle ein Werbeplakat für eine Winzergenossenschaft (M 1, M 4).

GEO-AKTIV

Nahrungsmittel aus aller Welt

Wusstest du, dass die Europäer im Mittelalter nur Rohrzucker aus Indien kannten und ein Kilogramm so viel kostete wie eine Ritterrüstung?

Wusstest du, dass die Araber bereits im 10. Jahrhundert Kaffeebohnen als Medizin einnahmen und der Kaffee als Getränk erst im 17. Jahrhundert in Europa bekannt wurde?

Wusstest du, dass Hernando Cortez Kakao 1519 aus dem Aztekenreich in Mittelamerika nach Europa brachte, aber dass nur Könige und Fürsten die Trinkschokolade bezahlen konnten?

M1 *Wusstest du, dass ...*

M2 *Obstangebot im Supermarkt*

Die „Bereicherung des Speiseplans um exotische Gewürze," Nahrungs- und Genussmittel war für die Europäer immer ein ersehntes Ziel. In unserem gemäßigten Klima gedeihen tropische Früchte nicht, weil sie das ganze Jahr über Sonne und Wärme brauchen.
Heute sorgen Flugzeuge und Kühlschiffe für einen internationalen Gütertransport rund um den Globus. Nahrungsmittel aus aller Welt füllen die Regale unserer Supermärkte.
Besonders im Winter, wenn bei uns weder Obst noch Gemüse geerntet werden können, kaufen wir Bananen aus Ecuador, Ananas aus Ghana, Kiwi aus Neuseeland oder blaue Trauben aus Südafrika.

Wir erkunden die Herkunft unserer Nahrungsmittel

Wenn du zum Einkaufen auf einen Markt oder in einen Supermarkt gehst, findest du Lebensmittel, die nicht in Deutschland erzeugt wurden.
Bei manchen Waren kannst du die Herkunft an der Verpackung ablesen oder bei einem Verkäufer erfragen.

Tipps zum Erstellen einer thematischen Weltkarte über die Herkunft unserer Nahrungsmittel

1. Sammle verschiedene Markenaufkleber, Etiketten und Banderolen von Dosen, Flaschen, Gläsern und Früchten sowie sonstigen Verpackungen. Manchmal liefern auch Werbeprospekte reichhaltiges Material, das du ausschneiden kannst.
2. Zeichne eine Weltkarte auf starkes Papier oder Pappe:
– Lege eine Folie auf eine Weltkarte im Atlas und zeichne die Umrisse der Kontinente nach.
– Projiziere mit einem Tageslichtprojektor die Weltkarte an die Tafel.
– Befestige Papier oder Pappe an der Tafel.
– Zeichne mit einem dicken Folienstift die Umrisse der Kontinente nach.
– Beschrifte die Kontinente.
3. Suche die Herkunftsländer der Nahrungsmittel auf einer Weltkarte in deinem Atlas.
4. Befestige die Markenaufkleber, Etiketten, Banderolen und sonstigen Verpackungen auf der Weltkarte jeweils im Herkunftsland der Nahrungsmittel.

Rinder, Milch und Milchprodukte
Schweine
Schafe
Hühner, Eier
Fisch
Rosinen, Feigen, Datteln
Erdnüsse, Sojabohnen
Kaffee, Kakao
Tee
Weizen, Mais
Reis
Tomaten, Gemüse aller Art
Oliven, Auberginen, Paprika
Äpfel, Kiwi, Weintrauben
Zitrusfrüchte
Tropenfrüchte (wie Papaya, Mango, usw.)
Bananen, Ananas

M3 *Herkunftsländer unserer Nahrungs-*

GEO-AKTIV 115

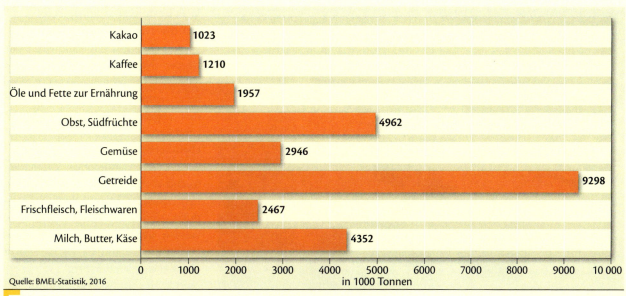

M4 Einfuhr von Nahrungs- und Genussmitteln nach Deutschland 2015

und Genussmittel (Auswahl)

Ökologische Landwirtschaft

M 1 Tierhaltung in der ökologischen Landwirtschaft

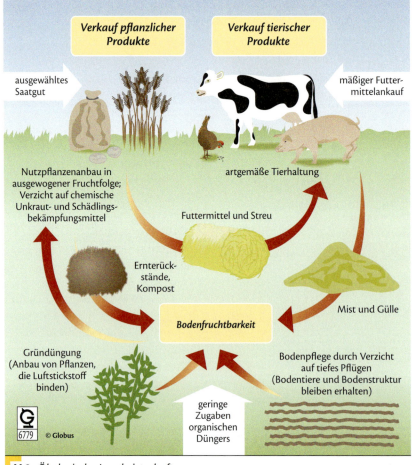

M 2 Ökologische Landwirtschaft

Was bedeutet „ökologische Landwirtschaft"?

In der **ökologischen Landwirtschaft** werden Nahrungsmittel und andere landwirtschaftliche Produkte mit möglichst naturnahen Produktionsmethoden angebaut und hergestellt. Der Landwirt verzichtet weitgehend auf chemische Stoffe und versucht, den Boden mit naturnahen Methoden fruchtbar zu erhalten. Das erfordert einen hohen Arbeitsaufwand. Öko-Produkte sind deshalb teurer. Dennoch werden sie von vielen Verbrauchern bevorzugt gekauft, da Öko-Produkte eine hohe Qualität haben.
Man kann sowohl Wein, Gemüse und Obst als auch Getreide, Milchprodukte und Fleisch aus ökologischer Landwirtschaft kaufen.

Ökologische Tierhaltung

In der ökologischen Tierhaltung werden alle Tiere artgerecht gehalten, das heißt, dass zum Beispiel Schweine die Möglichkeit haben, sich zu suhlen, und Hühner Auslauf bekommen müssen. Alle Tiere haben die Möglichkeit, sich ausreichend zu bewegen. Sie werden hauptsächlich mit dem gefüttert, was im Betrieb angebaut wird. Wenn ein Tier krank wird, versucht man, es mit Naturheilverfahren zu behandeln – ohne Antibiotika. Bei der Auswahl der Tiere wird darauf geachtet, dass nur solche Tierrassen gehalten werden, die in der Gegend beheimatet sind. Da in der Regel nicht alle Tiere auf dem Hof selbst gezüchtet werden können, müssen auch in Öko-Betrieben Tiere zugekauft werden.

Ökologischer Ackerbau

Im ökologischen Anbau wird auf chemische Pflanzenschutzmittel verzichtet. Eine dem Boden und dem Klima angepasste Fruchtfolge erhält die Bodenfruchtbarkeit. Gedüngt wird mit organischem Dünger (Mist) oder durch Gründüngung, wobei man nach der Ernte z. B. Klee aussät, der später untergepflügt wird.

Vermarktung

Die Produkte werden häufig direkt auf dem Bauernhof in Hofläden oder auf örtlichen Märkten verkauft. Da der Zwischenhandel entfällt, ist der Erlös für den Landwirt höher. Zudem entfallen lange Transportwege. Andere Vermarktungsmöglichkeiten sind Bio-Großhändler, Marktwagen oder der direkte Verkauf an Großküchen.

Damit mehr Verbraucher ökologisch erzeugte Produkte kaufen, bieten nicht nur spezielle Bioläden, sondern auch immer mehr große Supermarktketten Öko-Produkte an.

Kennzeichnung durch Bio-Siegel

Die meisten Betriebe des ökologischen Landbaus sind Verbänden angeschlossen. Die Herstellung und Qualität der Produkte unterliegen strengen Kontrollen. In der Öko-Verordnung der **Europäischen Union** ist geregelt, welche Richtlinien Produkte erfüllen müssen, damit sie als Bioprodukte bezeichnet werden dürfen. Der Verbraucher erkennt ökologisch erzeugte Lebensmittel an den Bio-Siegeln.

Die Produkte der ökologischen Verbände wie „Bioland" oder „demeter" sind zusätzlich gekennzeichnet, weil sie in der Regel noch strengeren Richtlinien unterliegen.

		Herkömmliche Betriebe	Ökologische Landwirtschaft
Produktionskosten (Euro je ha)			
	Düngemittel	169	21
	Pflanzenschutz	121	2
	Personal	111	150
Erträge			
	Milch (Liter je Kuh)	7583	5871
	Weizen (dt je ha)	80	37
Preise			
	Milch (€ je kg)	0,40	0,48
	Weizen (€ je dt)	18,47	40,69
	Kartoffeln (€ je dt)	14,72	50,48
Gewinn je Unternehmen (in Euro)		64 881	56 688

Quelle: Agrarpolitischer Bericht der Bundesregierung 2015; 1 dt = 100 Kilogramm

M 3 Vergleich von herkömmlicher und ökologischer Landwirtschaft 2014

M 4 Alles öko? Ausgewählte Bio-Siegel

1. Erläutere mithilfe einer Mindmap, was man unter „ökologischer Landwirtschaft" versteht (**M 2**, *Eine Mindmap erstellen*).
2. Nenne Merkmale der ökologischen Tierhaltung (**M 1, M 2**).
3. Erläutere, mit welchen Maßnahmen der Öko-Landwirt die Bodenfruchtbarkeit erhält beziehungsweise verbessert (**M 2**).
4. Beschreibe die Entwicklung der ökologischen Landwirtschaft in Deutschland (**M 5**).
5. Vergleiche herkömmliche und ökologische Betriebe (**M 3**).
6. Erläutere den Nutzen der ökologischen Landwirtschaft für die Natur und den Verbraucher (**M 1** bis **M 3**).
7. Erkunde, welche Bioprodukte im Supermarkt angeboten werden. Erstelle eine Tabelle mit der Art des Produkts, dem Hersteller und dem Bio-Siegel (**M 4**).

M 5 Entwicklung der ökologischen Landwirtschaft in Deutschland

Ländlicher Raum im Wandel

M 1 *Dorfdurchfahrt vor und nach der Umgestaltung*

Die elfjährige Anna wohnt mit ihren Eltern in Nürnberg. Nur selten besucht sie ihre Großeltern, die in einem Dorf im westlichen Mittelfranken wohnen. Sie wundert sich, dass es im Dorf keine Schule und nur einen Bauern gibt. Deshalb fragt sie ihre Großeltern danach. „Das war einmal anders," antwortet die Großmutter. „Noch um 1950 gab es hier im Dorf viele Landwirte und Handwerker, wie Schmiede, Schneider, Schreiner, Sattler und Schuster. Weil aber viele Leute in die Städte zogen, haben die Betriebe geschlossen und auch die Schule. Viele Bauern gaben ihre Höfe auf, denn sie konnten in der Industrie mehr verdienen."

„In den 1960er-Jahren jedoch," ergänzt der Großvater, „zogen viele Stadtbewohner auf das Land. Man nannte das ‚Wohnen im Grünen'. So entstanden am Rand unserer Dörfer moderne Neubausiedlungen mit reinen Wohnhäusern. In dieser Zeit wurde wenig Rücksicht auf unsere alten, typischen Gebäude in den Dörfern genommen. Sie verfielen und wurden zum Teil abgerissen." „Aber ich habe einige schöne alte Häuser gesehen," erwidert Anna. „Du hast recht," sagt die Großmutter, „seit etwa 1975 wurde unsere typischen Häuser und kulturellen Einrichtungen wieder so erneuert, dass die alten Bautraditionen beachtet und damit erhalten wurden. Unser Dorf wurde wieder schöner. Zusätzlich bekamen wir einen Sportplatz, Wanderwege und wir erhielten eine gesicherte Versorgung mit Wasser, Strom und Gas. Aber die alten Bauernhöfe und unsere Schule – sie sind Vergangenheit," sagt die Großmutter etwas bedauernd. Da versucht Anna sie zu trösten: „Ja, aber dafür gibt es jetzt ein schönes Schwimmbad."

M 2 *Die Großeltern von Anna berichten von den Veränderungen in ihrem Dorf*

Dörfer gestern und heute

Jeder sechste Einwohner Bayerns lebt im ländlichen Raum in dörflichen Siedlungen. Sie alle wünschen sich einen intakten und überschaubaren Lebensraum umgeben von viel Grün.

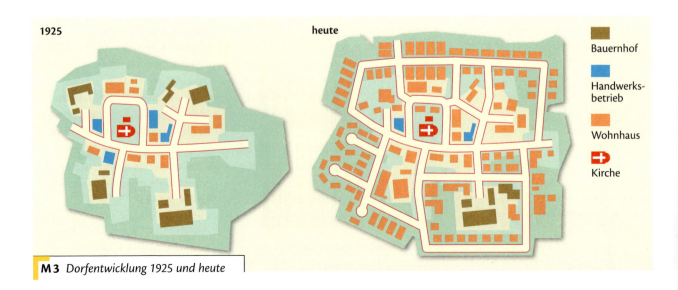

M 3 *Dorfentwicklung 1925 und heute*

LÄNDLICHE RÄUME IN BAYERN UND DEUTSCHLAND BESCHREIBEN 119

M 4 Rathaus und Kirche von Gerhardshofen

M 5 Am Ortsrand von Gerhardshofen

Gerhardshofen – eine Gemeinde in Mittelfranken

Gerhardshofen ist eine Gemeinde im Landkreis Neustadt an der Aisch-Bad Windsheim in Mittelfranken. Die Gemeinde besteht aus 13 Ortsteilen mit einer Gesamtfläche von 27,2 km².

Die Hälfte der Einwohner lebte zu Beginn der 1950er-Jahre von Landwirtschaft und Karpfenzucht. Trotz einer über lange Jahre bestehenden Eisenbahnanbindung zogen viele Einwohner in die großen Städte. In dieser Situation entschloss sich die Gemeinde als Antwort auf die Bevölkerungsabnahme zu der Ausweisung einer Wochenendsiedlung, aus der später eine Dauersiedlung wurde.

Anfang der 1970er-Jahre erfolgten der Aufbau eines Gewerbegebiets sowie die Erschließung neuer Baugebiete am Rande der Gemeinde. Dieses Bemühen wurde belohnt: Die Einwohnerzahl stieg von 1276 im Jahr 1970 auf über 2530 in 2016. Die Zusammenarbeit mit Nachbargemeinden und die Beteiligung an Förderprogrammen zur Entwicklung des ländlichen Raumes sorgten auch für einen wirtschaftlichen Aufschwung. So haben sich mittlerweile überregional und international operierende Unternehmen angesiedelt. Landwirtschaft und Karpfenzucht spielen als Erwerbsgrundlage mittlerweile nur noch eine geringe Rolle.

M 6 Gasthaus in Gerhardshofen

Für die Versorgung der Einwohner gibt es beispielsweise zwei Kindergärten, einen von der Kirche und einen mit Hort und Krippe der Gemeinde, sowie eine Grundschule, eine Arztpraxis, eine Apotheke und einen Supermarkt. Weiter gibt es etwa 30 Vereine, die auf alle Ortsteile verteilt sind.

2015 bekam Gerhardshofen einen schnellen Internetanschluss in Form einer leistungsfähigen Breitbandversorgung. Gerhardshofen ist somit fit für die Zukunft.

M 7 Entfernung in Autominuten für die Gemeinde Gerhardshofen

1 Beschreibe die geographische Lage von Gerhardshofen (M 7, Atlas).

2 Berichte über Veränderungen in den Dörfern (M 1 bis M 3).

3 Begründe, warum sich die Anzahl von Bauernhöfen verringert hat (M 2, M 3).

4 Diskutiert die Vor- und Nachteile, die sich durch den Wandel in Gerhardshofen ergeben aus der Sicht eines Landwirts, einer jüngeren Bewohnerin mit Kleinkindern und eines Bewohners, der in Nürnberg arbeitet (M 2 bis M 7, ✏).

5 Vergleiche die Veränderungen in Gerhardshofen mit einem dir bekannten Dorf aus der näheren Umgebung.

Geo-Check: Ländliche Räume in Bayern und Deutschland beschreiben

Sich orientieren

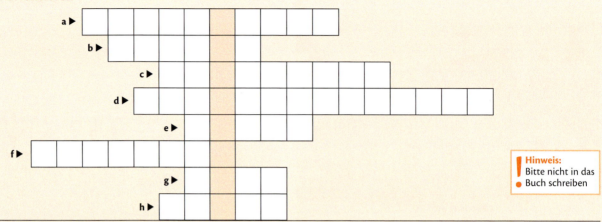

M 1 *Rätsel*

! Hinweis: Bitte nicht in das Buch schreiben

1. Du hast in diesem Kapitel wichtige Gebiete kennen gelernt, in denen landwirtschaftliche Produkte angebaut und hergestellt werden. Zeichne das Gitternetz in dein Heft und trage die entsprechenden Begriffe ein. Das Lösungswort in den markierten Feldern von oben nach unten gelesen ergibt den Namen einer Landschaft in Bayern.

a) Art der Landwirtschaft, die im Einklang mit der Natur produziert.
b) Region Bayerns, die sich auf Grünlandwirtschaft spezialisiert hat und auch „Käseküche Deutschlands" genannt wird.
c) Betrieb, in dem Produkte wie Milch, Fleisch und Getreide hergestellt werden.
d) Größtes zusammenhängendes Gemüseanbaugebiet Bayerns.
e) Material, das empfindliches Gemüse vor Frost schützt.
f) Wiesen und Weiden, die zur Tierhaltung genutzt werden.
g) Sonderkultur aus Mainfranken.
h) Zeitraum, in dem Getreide gemäht wird und Gemüse pflückreif ist.

Wissen und verstehen

2. Nenne zu jedem dieser Begriffe mindestens zwei Merkmale.

M 2 *Geo-Begriffestapel*

3. Sortiere die Aussagen in richtige und falsche Aussagen. Verbessere die falschen Aussagen und schreibe diese richtig auf.

Richtig oder falsch?
1) Auf den nährstoffreichen Lössböden im Gäuboden gedeihen vor allem Weizen und Zuckerrüben.
2) In der ökologischen Tierhaltung werden alle Tiere artgerecht gehalten und hauptsächlich mit Futter versorgt, das auf dem Hof angebaut wird.
3) Niederschlag ist wichtig für die pflanzliche Produktion in der Landwirtschaft.
4) Intensiver Gemüseanbau bedeutet Bewässerung der Pflanzen, Schutz vor Frost durch Folien und Anbau in Gewächshäusern, um möglichst hohe Erträge pro Hektar zu erzielen.
5) Im ökologischen Ackerbau müssen chemische Pflanzenschutzmittel eingesetzt werden.
6) Im Knoblauchsland wird vorwiegend Wein angebaut.
7) Der Bayerische Wald ist ein Gunstgebiet für die landwirtschaftliche Nutzung.
8) Die Winzer haben sich zu Genossenschaften zusammengeschlossen, um mehr Weintrauben zu ernten.
9) Im Allgäu haben sich die Landwirte auf den intensiven Gemüseanbau spezialisiert.

M 3

M 4

M 5

4 Gib den Bildern in M 3 bis M 5 einen Titel. Benenne die Art der landwirtschaftlichen Produktion, die darauf dargestellt ist.

5 Ordne die Bilder M 3 bis M 5 Landschaftsgebieten in Bayern zu (Karte S. 165).

Sich verständigen, beurteilen und handeln

6 Bio ist „kuh-l"? Findet ihr auch? Diskutiert in der Klasse und stellt Argumente zusammen, die für den ökologischen Landbau sprechen (M 4, M 5).

7 Überlegt, ob es möglich ist, alle Nahrungsmittel für die Bevölkerung in Deutschland ökologisch zu produzieren.

M 6 Plakat

M 7 Plakat

Können und anwenden

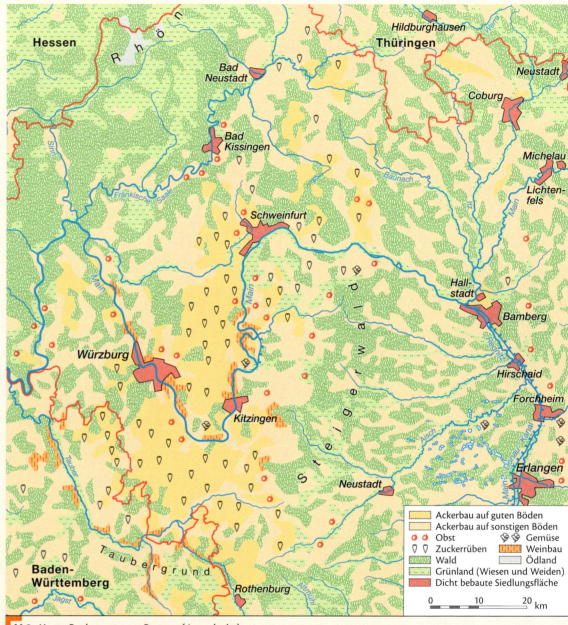
M 8 Karte Bodennutzung Bayern (Ausschnitt)

8 Wähle aus der Karte in M 8 ein Gebiet aus, zum Beispiel das Gebiet zwischen Kitzingen und Schweinfurt oder den Steigerwald.

9 Ermittle für das ausgewählte Gebiet die Aussagen der thematischen Karte. Beachte dabei die Checkliste auf S. 104.

10 Fasse deine Ergebnisse schriftlich in einem kleinen „Landwirtschaftsbericht" zusammen. Dazu gehört auch, dass du erklärst, warum dieses Gebiet so genutzt wird bzw. bestimmte landwirtschaftliche Produkte dort angebaut werden.

WEBCODE: UE645718-122

5 Städtische Räume in Bayern und Deutschland vergleichen

Stadtplan und Umland München

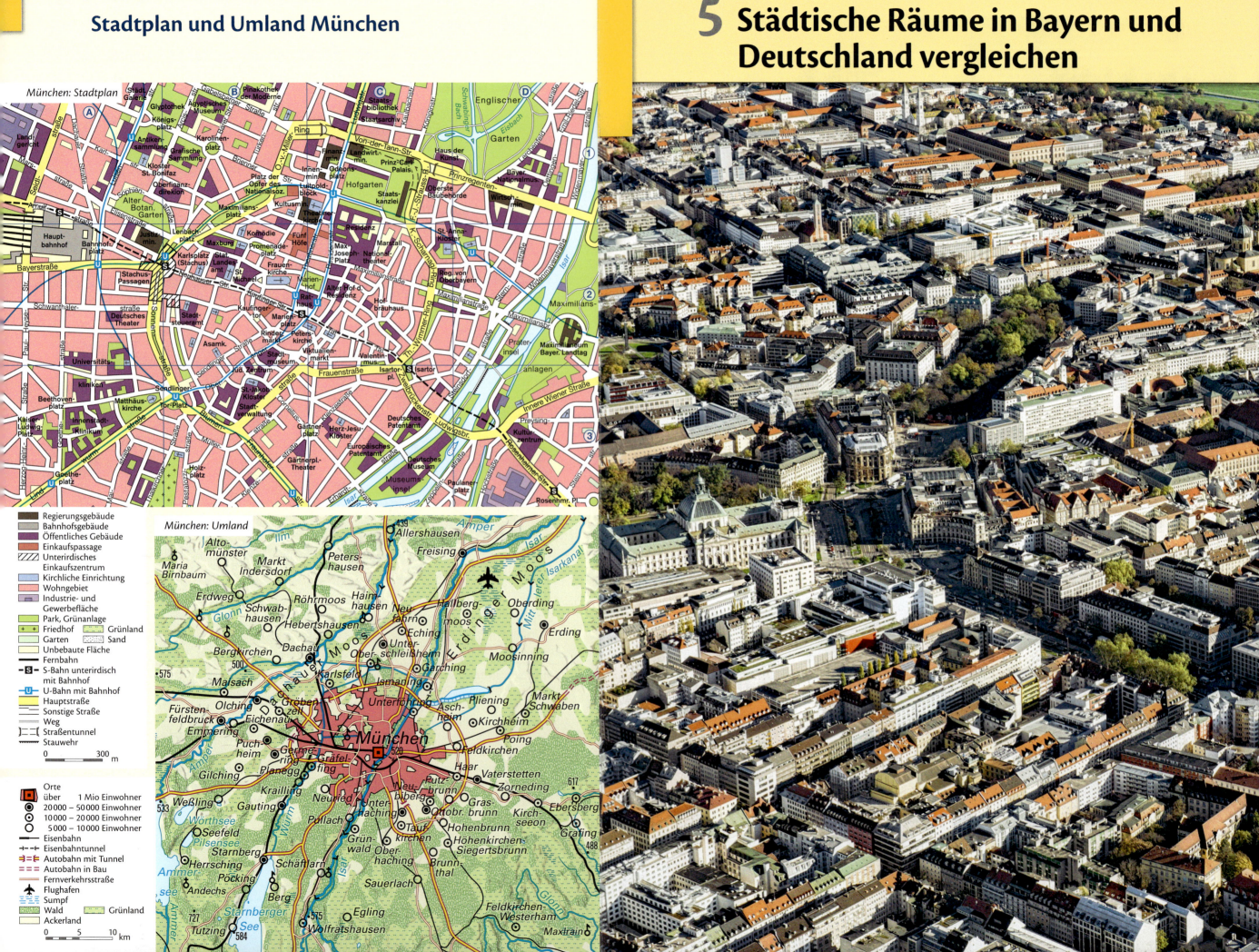

Innenstadt von München

Häusermeer
Dach an Dach, dazwischen enge
Straßen und nur wenig Grün –
so erscheinen Städte von oben
betrachtet. Doch in Städten
kann man viel mehr entdecken!

Politische Gliederung Deutschlands und Bayerns

M1 *Fahne der Bundesrepublik Deutschland*

M2 *Staatswappen Bayerns*

M3 *Die politische Gliederung der Bundesrepublik Deutschland*

Deutschland und seine Bundesländer

Die Bundesrepublik Deutschland ist ein Bundesstaat, der sich aus 16 **Bundesländern** zusammensetzt. Hamburg, Bremen und Berlin sind Stadtstaaten, die 13 anderen Bundesländer sind Flächenstaaten. Der Sitz der Bundesregierung befindet sich in der Bundeshauptstadt Berlin. In den Landeshauptstädten der Bundesländer haben die Landtage und die Landesregierungen ihren Sitz. Sie entscheiden über Angelegenheiten des Bundeslandes, wie beispielsweise die Schulpolitik. Die Bundesrepublik Deutschland wurde im Jahre 1949 gegründet und bestand zunächst aus elf Bundesländern. Die Wiedervereinigung Deutschlands wurde am 3. Oktober 1990 durch den Beitritt der neu gegründeten Bundesländer Brandenburg, Mecklenburg-Vorpommern, Sachsen-Anhalt, Sachsen und Thüringen zur Bundesrepublik Deutschland vollzogen.

Freistaat Bayern

Der Freistaat Bayern ist das flächengrößte Bundesland der Bundesrepublik Deutschland. Nur das Bundesland Nordrhein-Westfalen ist bevölkerungsreicher als Bayern.
Im Jahr 1806 wurde Bayern in seiner heutigen Gestalt geschaffen. Oberbayern, Niederbayern, die Oberpfalz (zusammen Altbayern), Franken, Schwaben und viele kleine Gebiete bildeten das Königreich Bayern, aus dem das heutige Bundesland hervorgegangen ist.

STÄDTISCHE RÄUME IN BAYERN UND DEUTSCHLAND VERGLEICHEN   127

Der Sitz der bayerischen Landesregierung ist in München.
Aufgrund der Größe des Bundeslandes wurde es in Verwaltungsregionen unterteilt. Die sieben **Regierungsbezirke** spiegeln hierbei die ehemals selbstständigen Teile Bayerns wider. Sie haben eigene Wappen, deren Symbole sich auf ihre historische Selbstständigkeit beziehen. Die Regierungsbezirke sind wiederum in 71 Landkreise und 25 kreisfreie Städte untergliedert. In einem Landkreis sind mehrere Gemeinden zusammengefasst. Gemeinden, die keinem Landkreis angehören, werden als kreisfreie Städte bezeichnet. Sie erledigen selbst die Aufgaben, die sonst Landkreise für die Gemeinden übernehmen, wie zum Beispiel die Bereitstellung von Krankenhäusern und Feuerwehren.

1 Benenne die Nachbarländer Deutschlands (M3, Karte S. 170).
2 Fertige zwei Tabellen an. Ordne in der einen den Bundesländern und in der anderen den Regierungsbezirken ihre Hauptstädte zu (M3, M4).
3 Ordne die Bundesländer Deutschlands und die Regierungsbezirke Bayerns jeweils nach der Flächengröße und nach der Einwohnerzahl (M4, M5).
4 Berechne die Einwohnerzahl je Quadratkilometer für die Bundesländer. Begründe, warum in Berlin, Hamburg und Bremen viel mehr Einwohner auf einem Quadratkilometer leben als in den anderen Bundesländern (M5).
5 Arbeite mit einem Lernpartner. Stellt euch gegenseitig Fragen zu den Bundesländern, zum Beispiel: – Welche Bundesländer grenzen an die Ostsee? – Welche Bundesländer haben keine Grenzen zu anderen Staaten? (M2, M3).

Land	Fläche in km²	Einwohner
Baden-Württemberg	35 751	10 631 000
Bayern	70 550	12 604 000
Berlin	892	3 422 000
Brandenburg	29 654	2 449 000
Bremen	419	657 000
Hamburg	755	1 746 000
Hessen	21 115	6 045 000
Mecklenburg-Vorpommern	23 212	1 597 000
Niedersachsen	47 614	7 791 000
Nordrhein-Westfalen	34 110	17 572 000
Rheinland-Pfalz	19 854	3 994 000
Saarland	2 569	991 000
Sachsen	18 420	4 046 000
Sachsen-Anhalt	20 452	2 245 000
Schleswig-Holstein	15 800	2 816 000
Thüringen	16 173	2 161 000
Deutschland	357 340	80 767 000

Quelle: Statistisches Bundesamt 2015

M5 Fläche und Einwohner der Bundesländer

Die bayerischen Regierungsbezirke (31.12.2014)

	Fläche in km²	Einwohner
Oberbayern	17 530,2	4 519 979
Niederbayern	10 328,6	1 197 558
Oberpfalz	9 690,2	1 082 761
Oberfranken	7 231,5	1 055 955
Mittelfranken	7 244,9	1 715 195
Unterfranken	8 531,4	1 298 849
Schwaben	9 993,4	1 821 271

○ Hauptstadt eines Regierungsbezirkes
kreisfreie Stadt
WUG Kfz-Kennzeichen der Landkreise und kreisfreien Städte
Staatsgrenze
Landesgrenze
Regierungsbezirksgrenze
Kreisgrenze

M4 Verwaltungsgliederung Bayerns

Landeshauptstadt München

M1 Das Maximilianeum – Sitz des Bayerischen Landtags

Einwohner (30.09.2016)	1 537 987
Stadtgebiet (01.01.2016)	310,71 km²
bebaute Fläche (Siedlungen + Verkehr)	191,97 km²
Landwirtschaftsfläche	46,48 km²
Waldfläche	12,91 km²
Erholungsfläche	48,66 km²
sonstige Flächen	10,69 km²
Beschäftigte (30.06.2016)	797 102

Sehenswürdigkeiten: zum Beispiel das Deutsche Museum, der Englische Garten, die Frauenkirche, Schloss Nymphenburg, die Pinakotheken, der Olympiaturm, das Hofbräuhaus, die Bayerische Staatsoper oder BMW-Welt und -Museum

Quelle der Daten: Statistisches Amt München 2016

M2 München in Zahlen

M3 Die Bayerische Staatskanzlei

Sitz der Staatsregierung

München ist die größte Stadt Bayerns und seit der Gründung dieses Bundeslandes 1949 **Landeshauptstadt**. Der Bayerische Landtag ist das Parlament des Freistaats Bayern. Er bildet die Staatsregierung und ist zum Beispiel für die Gesetzgebung im Freistaat Bayern zuständig. Die meisten Ministerien der Landesregierung befinden sich in München und sind dort über die Innenstadt verteilt. In der Staatskanzlei hat die oberste Behörde des Freistaats ihren Sitz. Hier arbeiten die Beamten, die den Ministerpräsidenten sowie die Staatsregierung bei ihrer Arbeit unterstützen. Darüber hinaus befinden sich in der Landeshauptstadt weitere Behörden und Einrichtungen, wie zum Beispiel das Landeskriminalamt, das Statistische Landesamt sowie der Bayerische Rundfunk. Seit fast 200 Jahren ist München Sitz des Erzbistums München-Freising. Aber auch einige nationale und internationale staatliche Einrichtungen, wie beispielsweise der Bundesfinanzhof sowie das Deutsche und das Europäische Patentamt, haben ihren Sitz in München.

Wirtschaftszentrum

Die Landeshauptstadt München und ihr Umland sind das wirtschaftliche Zentrum Bayerns. Hier haben sich besonders viele Unternehmen der Elektro- und Computerindustrie, der Biotechnologie sowie des Fahrzeugbaus angesiedelt. Diese Industrien sind für die Zukunft sehr wichtig, sodass die Firmen in der Regel sehr erfolgreich sind. Bei diesen modernen Industrien spielen Forschung und Entwicklung eine große Rolle. Deshalb arbeiten sie eng zusammen mit Hochschulen, Universitäten und Forschungseinrichtungen. München ist nach Berlin der zweitgrößte Hochschulstandort in Deutschland. An den zwei Universitäten sowie den Hochschulen und Fachhochschulen in München haben 2015 rund 115 000 Studenten studiert.

Kultur- und Medienstadt

In der Landeshauptstadt befindet sich eine Vielzahl kultureller Einrichtungen, die Besucher aus der ganzen Welt anziehen. Neben vielen Museen hat München fünf staatliche, drei städtische und viele private Theater. Kulturelle Veranstaltungen wie die Opernfestspiele locken Besucher aus Bayern, Deutschland und dem Ausland nach München. Die Münchner Philharmoniker zählen weltweit zu den Spitzenorchestern. Das Oktoberfest, das größte Volksfest der Welt, wird jedes Jahr von rund 6 Millionen Menschen besucht. Es findet seit 1810 jedes Jahr von Ende September bis Anfang Oktober auf der Theresienwiese statt.

In München haben neben dem Bayerischen Rundfunk auch alle großen Fernsehsender Deutschlands Studios. In der Bavaria Filmstadt werden Fernsehsendungen und Kinofilme gedreht. Eine Vielzahl von Verlagen gibt Bücher, Zeitschriften und Zeitungen heraus. Insgesamt gibt es in der Stadt München fast 22 000 Unternehmen der Medienindustrie, wozu auch die modernen Medien wie das Internet und die Werbeindustrie gehören.

Verkehrsanbindung

Die Landeshauptstadt München ist sowohl mit dem Zug als auch mit dem Auto aus allen Himmelsrichtungen gut zu erreichen. Der 1992 eröffnete Franz Josef Strauß Flughafen ist der zweitgrößte Flughafen Deutschlands. Von dort konnte man 2015 in 70 Länder Europas und der ganzen Welt fliegen. Der Flughafen ist durch das öffentliche Nahverkehrsnetz mit der Innenstadt verbunden. Das dichte Nahverkehrsnetz aus S- und U-Bahnen, Bussen und Straßenbahnen verknüpft die Innenstadt mit dem Umland.

M 4 *Druckerei der Süddeutschen Zeitung*

M 5 *Europäische Flughäfen im Vergleich – Passagiere 2015*

1 Beschreibe die geographische Lage von München (Karte S. 167).
2 Landeshauptstadt München – eine Stadt mit vielen Funktionen. Benenne sie (M 1 bis M 5).
3 Nenne die im Stadtplan eingezeichneten Regierungsgebäude der Landesregierung und beschreibe ihre Lage mithilfe der Planquadrate (Karte S. 123 oben).
4 Erläutere die Bedeutung Münchens als Wirtschafts- und Medienstandort (M 2, M 4, M 5).
5 Plane einen Tagesausflug nach München. Bemühe dich, möglichst viele Sehenswürdigkeiten zu besuchen. Berücksichtige dabei Fahrtzeiten, Fußwege und Öffnungszeiten sowie ausreichend Zeit für die Besichtigungen (M 2, Karte S. 123 oben, *Eine Internetrecherche durchführen*).
6 Beschreibe die Verkehrsanbindung Münchens (M 5, Karte S. 123 unten, Atlas).
7 Informiere dich, was das Wappen von München darstellt (M 6, *Eine Internetrecherche durchführen*).

M 6 *Wappen der Stadt München*

Eine Stadt hat viele Gesichter

Häuser und Menschenmassen
Jeder war schon einmal in einer **Stadt**. Wer nicht in einer Stadt wohnt, wird dennoch häufiger die nächstgelegene Stadt besuchen. Jede Stadt bietet viel und hat ihre Besonderheiten. Es gibt aber auch einige Merkmale, die alle Städte gemeinsam haben.

Wer in eine Stadt kommt, dem fallen die nahe zusammenstehenden Gebäude, der dichte Verkehr sowie die vielen Menschen auf. In Deutschland muss eine Stadt mindestens 2000 Einwohner haben. **Großstädte** haben mindestens 100 000 Einwohner. Die Einwohnerzahl allein macht aber noch keine Stadt aus. Eine Stadt ist gekennzeichnet durch
- die Einwohnerzahl,
- die Dichte und die Höhe der Bebauung,
- die vielfältige Nutzung der Häuser und
- die Dichte der Verkehrswege.

Die Innenstadt
Besonders dicht bebaut ist der Stadtkern, das Zentrum der Stadt. Der Stadtkern wird auch als **City** bezeichnet. Hier befinden sich häufig auch die ältesten Teile der Stadt, die Altstadt. Deshalb sind die Straßen sehr schmal und werden heute oft als Fußgängerzone genutzt.

Außerhalb des Stadtkerns ist die Bebauung weniger dicht. Einfamilienhäuser mit Gartengrundstücken stehen neben Mehrfamilienhäusern.

Am Rand des Stadtkerns liegen in der Regel der Bahnhof und in seiner Nähe die **Stadtviertel** der Gewerbe- und Industrieanlagen. Rund um den Stadtkern verlaufen oft Ring- und Ausfallstraßen.

Im Zentrum findet man viele Fachgeschäfte, Kaufhäuser, Arztpraxen, Banken, Versicherungen und Gaststätten. Auch das Rathaus, Behörden und Rechtsanwälte haben hier ihre Büros. Die Hauptgeschäftsstraßen sind meistens Fußgängerzonen. Tagsüber drängen sich hier viele Menschen. Abends und nachts sind die Fußgängerzonen jedoch häufig fast menschenleer, da nur wenige Menschen im Stadtzentrum wohnen.

M1 *Geschäfts- und Verwaltungsviertel*

Die Wohn- und Mischviertel in der Nähe des Stadtzentrums bestehen meistens aus älteren mehrgeschossigen Wohnblöcken. In den Innenhöfen oder Untergeschossen befinden sich Handwerksbetriebe, Büros, Gaststätten oder kleine Läden. Je weiter man sich vom Stadtzentrum entfernt, desto aufgelockerter wird die Bebauung. Die Wohnhäuser haben häufig Gärten. Am Stadtrand liegen die Neubaugebiete mit Reihen- und Einfamilienhäusern.

M2 *Wohn- und Mischviertel*

STÄDTISCHE RÄUME IN BAYERN UND DEUTSCHLAND VERGLEICHEN **131**

Große Industrie- und Gewerbeviertel befinden sich in der Nähe der Hauptverkehrswege. So können Rohstoffe und Waren schnell angeliefert beziehungsweise abtransportiert werden. Sie liegen häufig auch am Stadtrand. Dort ist noch ausreichend Platz und der Baugrund ist billiger als im Stadtzentrum.

M 3 *Industrie- und Gewerbeviertel*

Grün- und Erholungsflächen können Parks, Tennis-, Sport- oder Fußballplätze sowie Freibäder sein. Auch Kleingartenanlagen, Spielplätze oder Minigolfanlagen gehören dazu. Sie bieten den Stadtbewohnern die Möglichkeit, sich innerhalb der Stadt im Grünen zu erholen oder Sport zu treiben. Grün- und Erholungsgebiete gibt es überall in der Stadt.

M 4 *Grün-, Freizeit- und Erholungsflächen*

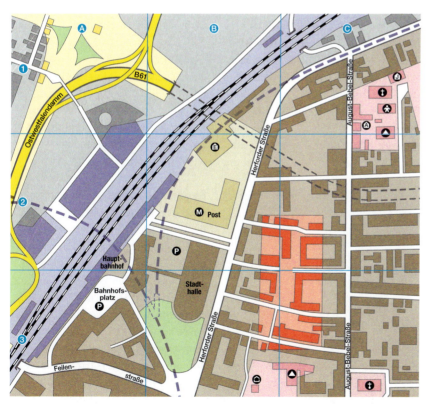

M 5 *Ausschnitt aus einem Stadtplan*

1 Überprüfe, welche Merkmale einer Stadt auf dem Foto S. 124/125 zu erkennen sind.
2 Suche die Stadtviertel auf dem Stadtplan und beschreibe ihre Lage (**M 1** bis **M 5**).
3 Beschreibe die vier Stadtviertel anhand der Fotos (**M 1** bis **M 4**).
4 Lege eine Tabelle an und ordne die Stadtviertel den Bereichen „Wohnen", „Arbeiten" und „Freizeit" zu. Beachte, dass manche Viertel auch mehreren Bereichen zugeordnet werden können (**M 1** bis **M 5**).
5 Berichte, zu welchem Zweck du dich in der Stadt aufhältst und welche Viertel du dabei aufsuchst.
6 Miss auf dem Stadtplan die Entfernung vom Hauptbahnhof zur Jugendeinrichtung und vom Hauptbahnhof zum Einkaufszentrum (**M 5**). Wie viele Meter sind es in der Wirklichkeit?
7 Erkundet die Umgebung eurer Schule. Beschreibt und dokumentiert mithilfe von Fotos oder Skizzen die Art und Dichte der Bebauung und ordnet sie einem Stadtviertel zu.

Regensburg – eine Stadt mit Geschichte

M 1 Altstadt von Regensburg

2000 Jahre Stadtgeschichte
Die Geschichte der Stadt Regensburg geht auf eine römische Festung zurück. Diese ließ der römische Kaiser vor etwa 2000 Jahren an der Mündung des Flusses Regen in die Donau, die zur damaligen Zeit die Grenze zwischen dem germanischen und dem römischen Reich war, errichten.

Im Mittelalter erlebte Regensburg eine Blütezeit. Wie die meisten mittelalterlichen Städte lag Regensburg an bedeutenden Handelswegen der damaligen Zeit. Die Donau verlief durch große Teile des heutigen Europa bis ins Schwarze Meer und ein weiterer Handelsweg führte über Regensburg und die Alpen nach Italien. Regensburg wurde sowohl Bischofssitz als auch weltliche Hauptstadt mit Sitz des Herzogs. Es ließen sich immer mehr Menschen nieder, sodass Häuser gebaut und Straßen angelegt werden mussten. Um die Stadt vor Eindringlingen zu schützen, wurde eine Stadtmauer errichtet. Diese musste mehrmals erweitert werden, um mit dem Wachstum der Stadt Schritt halten zu können.

Die durch den Handel reich gewordenen Bürger der Stadt erhielten mehr und mehr Macht in der Stadt. Die prächtigen Bürgerhäuser aus dieser Zeit bestimmen noch heute das Bild der Altstadt.

Tourismus – Stadtgeschichte erleben
Regensburg ist aufgrund seiner 2000 Jahre alten mittelalterlichen Altstadt und seiner Lage an der Donau bei Touristen sehr beliebt. Jährlich besuchen mehr als eine halbe Million Menschen aus dem In- und Ausland die Stadt. Der Tourismus stellt eine wichtige Erwerbsquelle dar. Hotels, Gaststätten und Geschäfte werden von den Gästen besucht. Ausflugsschiffe veranstalten Fahrten auf der Donau und Gästeführer zeigen den Touristen die Sehenswürdigkeiten der Stadt.

Regensburg heute – Industrie- und Wissenschaftsstadt
Im 19. und 20. Jahrhundert entwickelte sich Regensburg langsam zu einer modernen Großstadt. 1859 erhielt die Stadt einen Eisenbahnanschluss und in der zweiten Hälfte des 20. Jahrhunderts wurde ein neuer Hafen gebaut sowie die Stadt an das Autobahnnetz angeschlossen. Die guten Verkehrsanbindungen begünstigten die wirtschaftliche Entwicklung. Aber auch die Gründung der Universität Regensburg war für die Entwicklung der Stadt von großer Bedeutung, denn moderne zukunftsfähige Wirtschaftsunternehmen arbeiten eng mit Forschungseinrichtungen zusammen, um auf dem neuesten Stand der Technik zu sein.

M 2 Bürgerhäuser am Arnulfplatz

STÄDTISCHE RÄUME IN BAYERN UND DEUTSCHLAND VERGLEICHEN 133

Regensburg ist ein bedeutender Industriestandort innerhalb Bayerns und Deutschlands. 1986 begann ein großes Automobilwerk in Regensburg mit der Produktion. Neben dem Automobilwerk haben sich auch viele Zulieferbetriebe in der Stadt angesiedelt, die Bauteile für Autos produzieren. Die Automobiltechnik ist ein wichtiger Schwerpunkt der Industrie Regensburgs.

Neue Stadtviertel entstehen

Das Stadtwachstum hat dazu geführt, dass außerhalb der Altstadt neue Stadtviertel entstanden sind. Neben Wohngebieten mit Mehr- und Einfamilienhäusern haben sich entlang der Hauptverkehrsachsen sowie in Hafennähe sowohl die Universität als auch Industrie- und Gewerbegebiete angesiedelt. Die engen Straßen der Altstadt sind größtenteils Fußgängerzone mit Geschäften, Restaurants und Hotels.

1 Beschreibe die geographische Lage von Regensburg (Karte S. 164).
2 Werte die Texte „2000 Jahre Stadtgeschichte" sowie „Regensburg heute – Industrie- und Wissenschaftsstadt" aus und erläutere mithilfe eines Fließdiagramms die Entwicklung der Stadt vom Mittelalter bis heute (Fließdiagramme zeichnen).
3 Erläutere die Entwicklung des Tourismus (M 4).
4 Beschreibe und beurteile die Verkehrsanbindung Regensburgs (M 2, Karte S. 167).
5 Bildet Gruppen und plant einen Stadtrundgang durch Regensburg „2000 Jahre in zwei Stunden erleben" (M 1, M 2, M 5, Eine Internetrecherche durchführen).

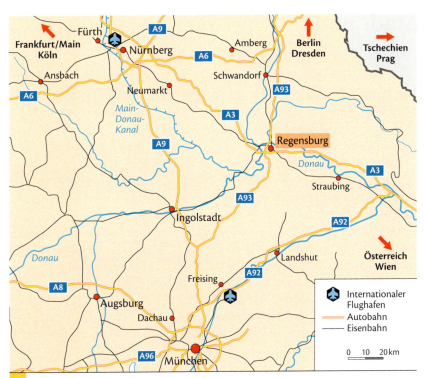

M 3 Verkehrsanbindung Regensburgs

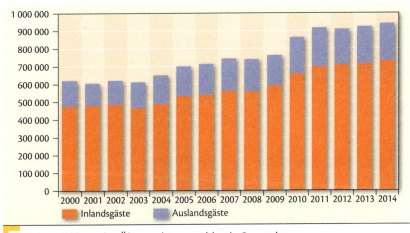

M 4 Entwicklung der Übernachtungszahlen in Regensburg

M 5 Automobilwerk in Regensburg

Stadt und Umland – eng verflochten

Die Stadt – Zentrum für das Umland

Die Städte und ihr **Umland**, das Gebiet, das sie umgibt, sind auf vielfältige Weise miteinander verbunden. In den Städten gibt es viele Angebote, wie zum Beispiel spezielle Geschäfte, Krankenhäuser und Fachärzte, kulturelle Einrichtungen wie Museen, Theater oder Kinos, Banken und Versicherungen oder weiterführende Schulen und Universitäten, die nicht nur von den Stadtbewohnern genutzt werden, sondern auch von den Menschen, die im Umland der Städte wohnen. Sie nehmen dafür weite Wege in Kauf.

Das Umland – nicht nur Natur

Viele Menschen finden in Städten Arbeitsplätze. Deshalb steigt die Bevölkerungszahl an und Wohnungen werden knapp und teuer. Im Umland großer Städte ist meist ausreichend Platz vorhanden und Grundstückspreise sowie Mieten sind in der Regel niedriger als in der Stadt. Aus diesem Grund ziehen viele Familien dorthin ins Grüne. Am Rand der Umlandgemeinden entstanden große Neubaugebiete mit Einfamilienhäusern oder kleineren Wohnanlagen. Zunächst ziehen die Menschen aus der Stadt in die stadtnahen Umlandgemeinden. Wenn das Bevölkerungswachstum jedoch weiter anhält, dehnt sich die bebaute Fläche zwischen Stadt und Umland immer weiter aus. Auch Einkaufszentren und Industriebetriebe, die viel Platz benötigen, siedeln sich im Umland an. Dieser Vorgang wird als **Suburbanisierung** bezeichnet.

Pendler

Viele Bewohner des Umlandes pendeln täglich in die Stadt, um dort zu arbeiten, zu studieren oder die Schule zu besuchen. Sie müssen oft weite Wege zurücklegen, da die Wohn- und die Arbeitsstätten der Menschen weit auseinander liegen. Wegen der vielen **Pendler** sind morgens nicht nur die Straßen, sondern auch Busse und Bahnen in die Städte sehr voll. Abends wollen dann alle wieder nach Hause in die Umlandgemeinden. Deshalb staut sich am Abend der Verkehr aus der Stadt heraus und auch Busse und Bahnen stadtauswärts sind überfüllt. Um die Situation zu entlasten, werden neue Verkehrswege gebaut, sodass weitere Flächen bebaut werden.

„BR, 07:32 Uhr. Die aktuellen Verkehrsmeldungen: A 9 zwischen Allershausen und München-Schwabing stockender Verkehr …" Adrians Vater schaltet das Radio ab. Er ist froh, dass er die S-Bahn benutzen kann. Die Familie wohnt in Eching. Der Vater arbeitet in München. Die S-Bahn-Fahrt nach München dauert etwa eine halbe Stunde. Vom Hauptbahnhof München läuft er zu Fuß zu seiner Arbeitsstelle.

M 2 *Stadt und Umland ergänzen sich*

Interview mit einem Landwirt aus Alling
Was verkaufen Sie in Ihrem Hofladen?
Landwirt: Bei uns gibt es frisches Gemüse, Salat und Obst. Besonders gerne werden Marmeladen und Apfelsaft gekauft. Meine Frau stellt beides aus unseren eigenen Früchten her.
Wer sind denn Ihre Kunden?
Zu uns kommen Stammkunden von hier und aus München. Mittwochs und samstags haben wir dort auch einen Stand auf dem Wochenmarkt.

FREISING 21 121
DACHAU 34 496
ERDING 12 083
FÜRSTEN-FELDBRUCK 34 322
MÜNCHEN
EBERSBERG 20 079
STARNBERG 14 593
MÜNCHEN LAND 60 026
BAD TÖLZ WOLFRATSHAUSEN 7 300

M 1 *Einpendler nach München aus dem Umland*

M3 Stadt und Umland sind eng verflochten

1. Berichte, wenn du im Umland wohnst, wozu du in die Stadt kommst, und wenn du in der Stadt wohnst, wozu du ins Umland fährst.
2. Erkläre an einem Beispiel, was man unter Suburbanisierung versteht (M2, M3).
3. Erstelle eine Rangliste, aus welchen Landkreisen die meisten Einpendler nach München kommen (M1).
4. Erläutere, weshalb Menschen vom Umland in die Stadt pendeln (M3).
5. Nenne Probleme, die auftreten können, wenn viele Menschen vom Wohnort zum Arbeitsplatz in der Stadt pendeln (M1, M2).
6. Stadt und Umland sind eng verbunden. Erläutere diese Aussage (M1 bis M3).
7. Viele Schülerinnen und Schüler sind auch Pendler, denn sie fahren vom Umland in die Stadt zur Schule. Befragt sie und berichtet von ihren Erfahrungen und Erlebnissen.

Das Umland verändert sich – Verdichtungsräume entstehen

M 1 Neubaugebiet im Umland von München

Verdichtungsräume sind durch folgende Merkmale gekennzeichnet:
- In ihm leben mehr als 150 000 Menschen auf mehr als 100 Quadratkilometer.
- Es leben mehr als 1000 Menschen auf einem Quadratkilometer.
- Hier gibt es eine hohe Zahl an Arbeitsplätzen.

Ein Verdichtungsraum muss nicht mit Stadtgrenzen oder Grenzen eines Bundeslandes übereinstimmen.

M 3 Merkmale eines Verdichtungsraums

Dörfer verändern sich

Früher arbeiteten in einem Dorf die meisten Bewohner in der Landwirtschaft. Daneben gab es noch einige Handwerksbetriebe, kleine Läden und ein Gasthaus.

Heute arbeiten in den stadtnahen Dörfern nur noch wenige Menschen in der Landwirtschaft. Auch die meisten Handwerksbetriebe sind aus den Dörfern verschwunden. In vielen Dörfern gibt es noch eine Metzgerei und einen Bäckerladen. Vor allem in den Dörfern im Umland der größeren Städte haben sich am Dorfrand Supermärkte oder Einkaufsmärkte angesiedelt oder die Dorfbewohner kaufen ihre Lebensmittel in der Stadt.

Das Aussehen der Dörfer im Umland der größeren Städte hat sich in den letzten Jahrzehnten wegen der Suburbanisierung stark verändert. Viele Menschen, vor allem Familien mit Kindern, ziehen es vor, auf dem Land zu wohnen, obwohl sie in der Stadt arbeiten. So sind in den Umlandgemeinden größerer Städte große Neubaugebiete mit Einfamilienhäusern entstanden. Bauernhäuser wurden umgebaut zu Wohnhäusern, aus Scheunen und Ställen wurden kleine Werkstätten, Gasthäuser oder Wohnungen. Entlang der Straßen und Eisenbahnlinien haben sich Gewerbegebiete angesiedelt. So entstehen auch wieder neue Arbeitsplätze in den Dörfern.

Verdichtungsräume entstehen

Verdichtungsräume sind Räume mit besonders hoher **Bevölkerungsdichte**. In ihnen haben sich eine Vielzahl von Unternehmen wie zum Beispiel Banken und Versicherungen oder Industriebetriebe angesiedelt, die eine Vielzahl von Arbeitsplätzen zur Verfügung stellen. Verdichtungsräume bestehen aus einer oder mehreren großen Städten und ihrem Umland. Sie üben eine starke Anziehungskraft aus, da sie über gute Bildungseinrichtungen, Krankenhäuser und Ärzte, Geschäfte und kulturelle Angebote sowie eine gute

Verdichtungsraum	Fläche in km²	Einwohner
Rhein-Ruhr	8 983,23	10 858 789
Berlin	2 794,50	4 230 698
Rhein-Main	2 545,31	2 960 418
Stuttgart	2 973,07	2 871 149
Hamburg	1 382,21	2 220 138
München	2 000,15	2 246 494
Rhein-Neckar	1 338,41	1 351 191
Nürnberg/Fürth/Erlangen	1 563,69	1 178 362
Chemnitz/Zwickau	1 993,09	888 448
Halle/Leipzig	1 171,62	951 923
Saar	1 307,00	759 447
Dresden	644,78	759 755
Bremen	459,87	640 903
Augsburg	1 040,40	512 573

Quelle: Statistisches Bundesamt 2015

M 2 Fläche und Einwohner ausgewählter Verdichtungsräume

STÄDTISCHE RÄUME IN BAYERN UND DEUTSCHLAND VERGLEICHEN

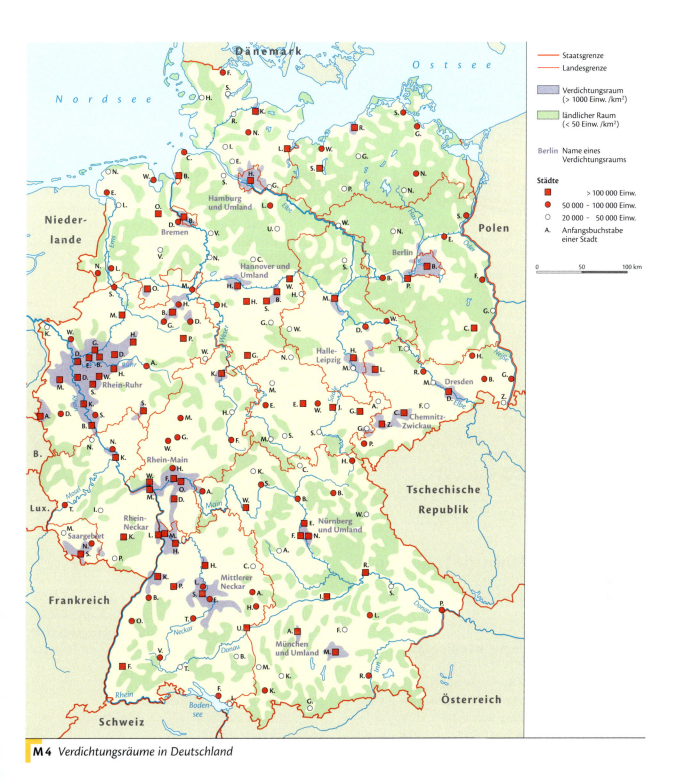

M 4 Verdichtungsräume in Deutschland

Verkehrsanbindung verfügen. So hält der Zuzug in die Verdichtungsräume weiter an. Immer mehr Wohnsiedlungen, Gewerbegebiete und Verkehrswege entstehen. So gingen 2015 in Deutschland täglich 45 Hektar Landwirtschafts- und Erholungsfläche durch Bebauung verloren. Das entspricht etwa einer Fläche von 64 Fußballfeldern. Allein in Bayern wurden 2015 täglich 8 Hektar bebaut, was der Fläche von 12 Fußballfeldern entspricht.

1 Erläutere die Veränderungen im stadtnahen ländlichen Raum (M 1).
2 Erkläre, was man unter einem Verdichtungsraum versteht (M 3).
3 Benenne die Verdichtungsräume in Bayern und beschreibe ihre Lage (M 4).
4 Vergleiche die Verdichtungsräume hinsichtlich ihrer Größe und Einwohnerzahl (M 2).
5 Bildet Gruppen und diskutiert die Vor- und Nachteile der Veränderungen im Umland aus der Sicht eines Landwirts, einer Bewohnerin der Neubausiedlung, eines Naturschützers und eines Dorfpolitikers.

Wir erkunden eine Stadt

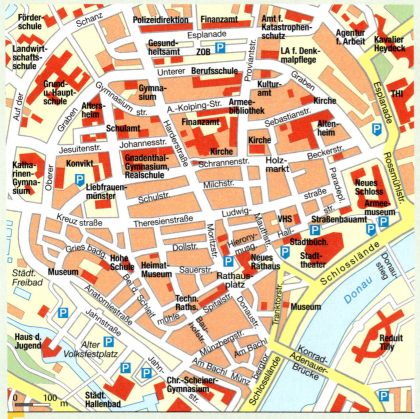

M 1 *Stadtplan der Innenstadt von Ingolstadt (Ausschnitt)*

M 2 *Eintragungen in die Stadtplanskizze*

Kennst du deine Stadt? „Ja klar", denkst du – aber kennst du sie so richtig mit allem, was sie zu bieten hat? Du weißt vielleicht, wo ihr einkaufen geht, kennst einige Sehenswürdigkeiten und weißt, wo die nächste Bushaltestelle ist. Aber eine Stadt hat viele Gesichter – und wir wollen diese erkunden.

1. Schritt: Wir planen die Erkundung

Bevor wir unsere Stadt erkunden, gibt es einiges zu bedenken und planen.

Zuerst müsst ihr festlegen, was ihr genau erkunden wollt:
Ihr könnt erkunden, wie die Straßen oder Häuser genutzt werden, und eine **Nutzungskartierung** erstellen, ihr könnt eine **Stadtviertelerkundung** durchführen, erforschen, wie sich die Stadt im Vergleich zu früher und heute verändert hat, oder ihr erkundet, welche Sehenswürdigkeiten wo in der Stadt zu finden sind.

A) Nutzungskartierung einer Geschäftsstraße
- Wähle mithilfe des Stadtplans das Untersuchungsgebiet aus.
- Erstelle eine Kartiervorlage, indem du zum Beispiel den Stadtplan vergrößert kopierst.
- Fotografiere die Straße.
- Befrage eventuell Anwohner, Ladenbesitzer oder Gastronomen zur Nutzung.
- Kartiere die Nutzung.

B) Ein Stadtviertel erkunden
Wählt mithilfe des Stadtplans mehrere unterschiedliche Stadtviertel aus und grenzt das Untersuchungsgebiet ab. Entwickelt einen Untersuchungsbogen und stellt Fragen zusammen. Hier ein Beispiel:

Historische Entwicklung der Altstadt
Untersucht den Stadtplan und die Altstadt selbst mithilfe der folgenden Fragen.
- Gab es früher eine Stadtmauer? Wenn ja, wo war sie? Gibt es sie heute noch?
- Sind noch Stadttore erhalten?
- Welche Kirchen gibt es – und wie alt sind sie?
- Wo befinden sich historische Gebäude wie zum Beispiel Burgen, Brunnen oder Denkmäler?
- Markiert diese Besonderheiten im Stadtplan oder erstellt eine Stadtplanskizze.
- Fotografiert Sehenswürdigkeiten und historische Gebäude.
- Informiert euch zum Beispiel im Stadtarchiv, im Stadtmuseum, in Reiseführern oder auf der Homepage eurer Stadt über die geschichtlichen Hintergründe.
- Notiert euch zu ausgewählten Sehenswürdigkeiten oder Strukturen die gesammelten Informationen.

2. Schritt: Wir führen die Stadterkundung durch

Nachdem die Planungen und Vorbereitungen abgeschlossen sind, kann die eigentliche Stadterkundung stattfinden.

Durchführung:
- Achtet darauf, dass die Arbeitsmittel vollständig sind.
- Begebt euch in das ausgewählte Untersuchungsgebiet.
- Markiert auf dem Stadtplan die Straßen oder das Stadtviertel, das ihr untersuchen wollt.
- Legt fest, wie lange die Erkundung dauern soll.
- Verteilt gegebenenfalls die Aufgaben: Wer fotografiert? – Wer skizziert? – Wer führt Befragungen zum Beispiel der Geschäftsleute durch?
- Markiert in eurem Stadtplan, welche Gebäude ihr fotografiert oder zu welchem Gebäude/welcher Straße ihr Informationen gesammelt habt, damit bei der Auswertung eine Zuordnung und Verortung möglich ist.

M3 Arbeitsmittel für die Erkundung

3. Schritt: Wir werten die Stadterkundung aus und präsentieren die Ergebnisse

Bereits vor der Stadterkundung solltet ihr überlegen, wie die Ergebnisse der Stadterkundung gesammelt und zusammengestellt werden.

Folgende Möglichkeiten bestehen:
- Ihr könnt auf Plakaten oder Schautafeln eure Fotos, Zeichnungen, Kartenskizzen, Texte präsentieren und eure Erkenntnisse und Schlussfolgerungen darstellen.
- Eine weitere Möglichkeit ist die Ergebnissicherung mithilfe eines Erkundungstagebuchs, in dem ihr alle Ergebnisse der einzelnen Arbeitsgruppen sammelt.
- Ihr könnt am Computer mithilfe eines Präsentationsprogramms einen Vortrag gestalten, in den ihr eure Fotos, Skizzen und Schlussfolgerungen einbaut.
- Welche Schlussfolgerungen könnt ihr aus eurer Erkundung ziehen? Könnte man zum Beispiel das Stadtviertel noch kinderfreundlicher gestalten? Gäbe es Anreize, um noch mehr Touristen anzulocken? Müsste man ein Stadtviertel vielleicht dringend erneuern? Sollte man eine neue Ampel oder einen Zebrastreifen ergänzen, damit das Viertel sicherer wird?

M4 Schautafel: Kartierung einer Fußgängerzone

Wenn ihr eure Ergebnisse präsentieren wollt, überlegt, wen ihr zur Präsentation der Ergebnisse einladen wollt: eure Parallelklasse, die ganze Schule, eure Eltern oder auch Mitarbeiter der Stadtverwaltung.

STÄDTISCHE RÄUME IN BAYERN UND DEUTSCHLAND VERGLEICHEN

Stadt der Zukunft – eine lebenswerte Stadt?

M 1 Unterwegs in der Stadt

Macht Stadtluft krank?
In Städten leben und arbeiten viele Menschen auf engem Raum. Sie fahren mit dem Auto, sie benötigen elektrische Energie, heizen ihre Wohnungen und Häuser und produzieren Müll. Industriebetriebe und Kraftwerke erzeugen Abgase. Dies sind nur einige Beispiele, die zeigen, dass die Luft in den Städten viele Schadstoffe enthält. Dadurch sinkt die Lebensqualität in den Städten und die Gesundheit der Bewohner ist bedroht.

Grün in der Stadt
Grünflächen in der Stadt wie private Gärten, Stadtparks und -wälder, Sportstätten, Forst- und Landwirtschaftsflächen reinigen die Luft, wirken ausgleichend auf die Temperaturen und dämpfen den Lärm. Sie sind Lebensraum für Pflanzen und Tiere und dienen der Erholung der Stadtbewohner. Größere Parks, Stadtwälder oder bewachsene Flusstäler innerhalb der Stadt bilden Frischluftschneisen, in denen sich die Luft ungehindert von Gebäuden austauschen kann. Deshalb achten Stadtplaner und Umweltschützer darauf, dass Frischluftschneisen und Grünflächen erhalten bleiben.

Durch das Wachstum der Städte sind in den letzten Jahrzenten große Flächen mit Siedlungen und Verkehrswegen bebaut worden und Grünflächen sind verloren gegangen. Dies will man zukünftig vermeiden. Folgende Maßnahmen werden bei der Stadtplanung berücksichtigt, um Grünflächen in den Städten zu erhalten oder neu zu schaffen:
- Freiflächen am Stadtrand sollen erhalten werden,
- an Straßenrändern werden Bäume gepflanzt und Grünflächen angelegt,
- auf Parkplätzen und Höfen werden Steine verlegt, die wasserdurchlässig sind,
- es werden bevorzugt einheimische Pflanzen gepflanzt.

M 2 Grün in der Stadt – begrüntes Flachdach

M 3 Bedeutung von Grünflächen in der Stadt

Umweltfreundliche Energien

Auch durch umweltfreundlichere Formen des Heizens lässt sich die Luft in den Städten verbessern. In vielen Neubaugebieten wird ein Großteil der benötigten Energie für die Heizung und das Warmwasser über Sonnenkollektoren erzeugt. In anderen Wohngebieten sieht man gar keine Schornsteine mehr auf den Dächern. Die Häuser besitzen keine eigene Heizung mehr, sondern werden über ein Fernwärmenetz beheizt. Industriebetriebe oder Müllverbrennungsanlagen geben ihre überschüssige Energie in ein Wärmenetz, mit dem dann benachbarte Wohngebiete beheizt werden können.

Ohne Auto mobil

Fragt man Bewohner einer beliebigen Stadt, was sie am meisten in ihrer Stadt stört, wird das Problem „Straßenverkehr" oft an erster Stelle genannt. Eine energiesparende und umweltfreundliche Alternative zum eigenen Auto ist der öffentliche Nahverkehr (Busse, U- und S-Bahnen, Straßenbahn). Viele Busse in den Städten sind bereits als Elektro-Busse unterwegs, die keine Abgase mehr erzeugen. Der öffentliche Nahverkehr hat jedoch den Nachteil, dass man sich an Fahrpläne halten muss und der direkte Transport von Tür zu Tür in der Regel nicht möglich ist. Beim Umsteigen hat man häufig längere Wartezeiten. Hier ist das Carsharing (das Teilen oder gemeinschaftliche Nutzen von Autos) eine gute Alternative. Die Autos parken zum Beispiel an Bahnhöfen, Flugplätzen oder auf öffentlichen Parkplätzen. Sie werden vorab reserviert und können dann für eine festgelegte Zeit genutzt werden. Viele Städte setzen auch auf den Ausbau des Radwegenetzes. Sie möchten das Fahrrad als abgasfreies und gesundes Verkehrsmittel weiter fördern, denn viele Wege in der Stadt lassen sich auch mit dem Fahrrad zurücklegen.

M 4 *Solaranlagen auf den Dächern einer Neubausiedlung*

1 Macht eine Umfrage unter euren Mitschülerinnen und Mitschülern, was ihnen am Leben in der Stadt am besten gefällt oder was sie am meisten stört.

2 Listet die Probleme auf, die sich im Stadtverkehr für die Menschen und die Umwelt ergeben (**M 1**).

3 Erläutere, welche Bedeutung Grünflächen für eine Stadt haben (**M 2** und **M 3**).

4 Erstelle eine Mindmap zu Möglichkeiten des umweltfreundlichen Beheizens von Wohnhäusern (**M 4**).

5 Lege eine Tabelle an, in die du die fahrradfreundlichen Städte nach Bundesländern sortierst (**M 5**).

6 Bildet Gruppen und entwerft eine lebenswerte Stadt der Zukunft. Diskutiert eure Ergebnisse in der Klasse (**M 2** bis **M 5**).

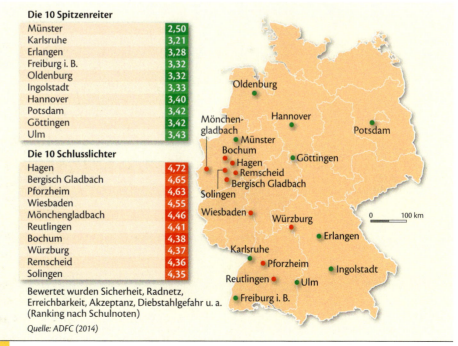

M 5 *Fahrradfreundliche Großstädte in Deutschland*

Spurensuche – unterschiedliche Kulturen in den Städten

M1 *Kulturelle Vielfalt*

Kulturelle Vielfalt

Fast jeder fünfte Einwohner Bayerns hat einen Migrationshintergrund. Das heißt, dass er entweder keine deutsche Staatsangehörigkeit besitzt, im Ausland geboren und nach 1950 nach Deutschland gezogen ist oder ein ausländisches Elternteil hat. Die Menschen mit Migrationshintergrund sind aber nicht gleichmäßig über Bayern verteilt. Besonders viele leben in den Städten. Das Zusammenleben unterschiedlicher Kulturen hat in den Städten Spuren hinterlassen. Ihr könnt auf Spurensuche gehen.

Auf Spurensuche unterwegs

Spuren unterschiedlicher Kulturen lassen sich an verschiedenen Stellen innerhalb einer Stadt entdecken, zum Beispiel in Geschäftsstraßen oder auf Märkten, in Wohnvierteln, an religiösen Orten oder bei Gaststätten. Deshalb ist es notwendig, die Spurensuche gut zu planen.

Vorbereitung

Legt zunächst fest, welche Stadtteile ihr untersuchen wollt. Besprecht, ob ihr nur beobachten oder auch Experten befragen wollt. Wer könnten diese Experten sein? Wenn ihr euch für eine Befragung entscheidet, entwerft gemeinsam einen Fragenkatalog. Folgende Ausrüstungsgegenstände solltet ihr bei der Erkundung mitnehmen: einen Stadtplan, Fotoapparat und/oder Filmkamera, eventuell ein Aufnahmegerät sowie Block und Stift.

Durchführung

Wenn ihr gezielt Personen fotografieren oder mit der Videokamera befragen wollt, so müsst ihr deren Einverständnis einholen. Dazu solltet ihr euch kurz vorstellen und euer Anliegen vortragen. Bedenkt, dass ihr bei euren Befragungen nur Erfolg haben werdet, wenn ihr eure Fragen freundlich stellt.

Markiert in eurem Stadtplan alle Orte, an denen ihr Fotos gemacht habt, und macht euch Notizen, damit ihr bei der Auswertung die Bilder zuordnen könnt.

Ihr könnt

- Gebäude und Hinweise auf andere Kulturen fotografieren,
- in einen Stadtplan eintragen, wo ihr diese Spuren gefunden habt,
- Mitschülerinnen und Mitschüler mit Migrationshintergrund zum Zusammenleben unterschiedlicher Kulturen befragen,
- eine Wandzeitung gestalten zum Zusammenleben unterschiedlicher Kulturen in der Stadt mit eurem Stadtplan, den Fotos und den Interviews,
- einen Veranstaltungskalender gestalten zu kulturellen Veranstaltungen verschiedener Kulturen in eurer Stadt wie Ausstellungen, Konzerte, Märkte …
- einen Tag der Kulturen in eurer Schule veranstalten, an dem Schülerinnen und Schüler eurer Schule ihre kulturellen Wurzeln vorstellen mit Vorträgen, Speisen, Kleidung und Vielem mehr.

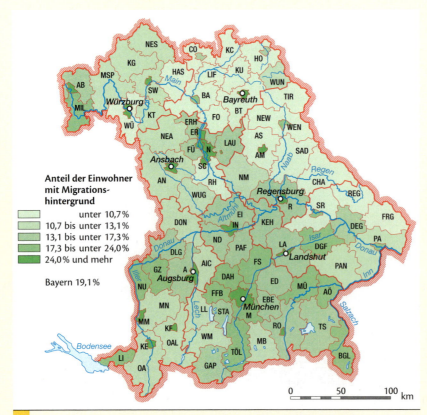

M2 *Anteil der Einwohner mit Migrationshintergrund in Bayern*

Anteil der Einwohner mit Migrationshintergrund:
- unter 10,7 %
- 10,7 bis unter 13,1 %
- 13,1 bis unter 17,3 %
- 17,3 bis unter 24,0 %
- 24,0 % und mehr

Bayern 19,1 %

M 3 Spuren unterschiedlicher Kulturen in einer Stadt

In einer Großstadt leben – oder aufs Land ziehen?

Für mich ist das Leben in der Großstadt ideal – ich komme ohne Stress mit der U-Bahn zur Arbeit und wenn es mit der jetzigen Firma mal nicht mehr klappt, werde ich schnell eine neue Arbeit finden – das Angebot ist groß. Schade nur, dass wir uns hier kein eigenes Häuschen leisten können.

Uwe, Vater

Ich genieße es, Geschäfte, Restaurants, Cafés direkt in der Nähe zu haben, aber in unserer Wohnung ist es schon recht eng – und es ist immer laut wegen der vielen Autos. Eigentlich wünsche ich mir ein Haus mit Garten – doch das können wir uns in der Großstadt nicht leisten.

Sarah, Mutter

Ich kann in der Großstadt mit meinen Freunden ganz viel unternehmen – zum Bowlen oder zum Klettern gehen oder ins Kino und am Wochenende bin ich oft mit meinem Vater im Stadion, wenn unsere Mannschaft in der Bundesliga spielt. Nur einfach mal so draußen spielen – das geht hier nicht!

Olaf, Sohn

Hier in der Großstadt ist immer was los: Konzerte, Feste und man findet immer das, was gerade in ist. Nach der Schule gehe ich oft mit meinen Freundinnen shoppen – die Auswahl ist riesengroß. Was soll ich auf dem Land? – Ohne Auto komme ich da doch nirgends hin!

Katrin, Tochter

M 1 Familie Roth diskutiert über ihr Leben in der Großstadt

M 2 Großveranstaltungen in der Großstadt

M 4 Eine Stadtbewohnerin, ein Stadtpolitiker, eine Dorfbewohnerin und ein Dorfpolitiker diskutieren

Wo wir leben

In Deutschland leben die meisten Menschen in einer Stadt. Besonders in die Großstädte und ihr Umland ziehen immer mehr Menschen, denn hier konzentrieren sich die Arbeitsplätze. Da die Wohnungsmieten und Grundstückspreise in den Großstädten sehr hoch sind und der Platz begrenzt, nehmen viele weite Anfahrtswege zur Arbeitsstelle in Kauf. Gerade Familien mit Kindern oder Menschen, die sich ein eigenes Haus mit großem Garten wünschen, ziehen aus der Stadt in die umliegenden Gemeinden. Mit öffentlichen Verkehrsmitteln oder dem eigenen Auto ist man dennoch relativ schnell in der Stadt, am Arbeitsplatz oder in der Schule. Viele Dörfer in Großstadtnähe wachsen deshalb sehr schnell und entwickeln sich zu kleinen Städten.

„Geographische" Entscheidungen treffen

Vielleicht habt ihr in der Familie auch schon einmal diskutiert, ob ihr lieber in der Stadt oder auf dem Land wohnen wollt.
Nachdem ihr in den letzten Unterrichtsstunden schon viel über Städte und ihr Umland erfahren habt, könnt ihr dieses Wissen nun anwenden, um zu einer „geographischen" Entscheidung zu kommen.

Ihr könnt

- die Argumente der Familie Roth und der Diskussionsteilnehmer in eine Tabelle einordnen (M 1 bis M 3):

Dorf		Stadt	
Vorteile	Nachteile	Vorteile	Nachteile

- je eine Gruppe bilden mit Schülerinnen und Schülern, die auf dem Dorf oder die in der Stadt wohnen. Jede Gruppe listet auf, was sie gut beziehungsweise schlecht an ihrem Wohnort findet. Stellt die Ergebnisse vor und ergänzt die Tabelle.
- in einem Rollenspiel
  a) die Diskussion in der Familie und/oder
  b) die Diskussion der Politiker nachspielen.

Geo-Check: Städtische Räume in Bayern und Deutschland vergleichen

Sich orientieren

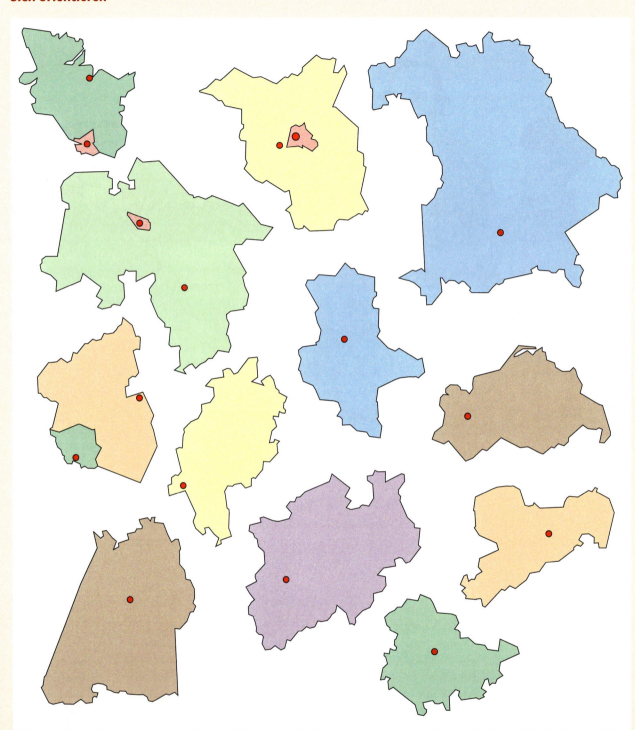

M 1 *Bundesländer-Puzzle Deutschland*

1. Zeichne die Umrisse der Bundesländer ab, schneide sie aus und male sie mit unterschiedlichen Farben an (**M 1**).
2. Beschrifte die Hauptstädte der Bundesländer (**M 1**, Karte S. 126).
3. Setze die Teile zu einer Deutschlandkarte zusammen (**M 1**, Karte S. 126).
4. Nenne das flächenmäßig größte Bundesland.
5. Nenne die Regierungsbezirke Bayerns (Karte S. 127).
6. Bayern grenzt an vier Bundesländer und drei europäische Staaten. Beweise diese Aussage, indem du sie aufzählst.

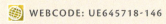

WEBCODE: UE645718-146

Wissen und verstehen

7 Sortiere die Aussagen in richtige und falsche Aussagen. Verbessere die falschen Aussagen und schreibe sie richtig auf.

Richtig oder falsch?
1) Im Zentrum einer Stadt befinden sich hauptsächlich Wohnhäuser.
2) Morgens fahren die meisten Menschen aus der Stadt heraus.
3) Den Stadtkern bezeichnet man als City.
4) In der Landeshauptstadt München tagt das Parlament im Bundestag.
5) Hamburg ist ein Bundesland.
6) Die Stadtbewohner nutzen das Umland nur zur Erholung.

8 Ordne jedem dieser Begriffe mindestens zwei Merkmale zu.

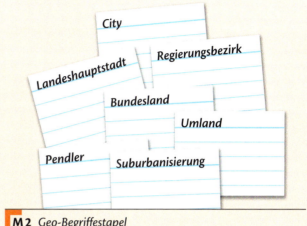

M2 Geo-Begriffestapel

1. Die Stadt bietet dem Umland …   **2. Das Umland bietet der Stadt …**

A Arbeitskräfte	D Dienstleistungen (z. B. Ämter, Ärzte)	G Schulen und Hochschulen
B Arbeitsplätze in Büros, Geschäften und Fabriken	E Einkaufsmöglichkeiten für Dinge, die man nicht alle Tage braucht	H Unterhaltungsmöglichkeiten (z. B. Kino, Theater)
C Zusätzliches Bauland für Wohnsiedlungen	F Erholungsmöglichkeiten auf großen freien Flächen, an Seen und in Wäldern	I Versorgung mit Nahrungsmitteln

M3 Stadt-Umland-Beziehungen

9 Erläutere die Beziehungen zwischen Stadt und Umland (M3). Ordne die Aussagen in den Kästchen A bis I jeweils der linken oder der rechten Seite des Bildes zu.

Sich verständigen, beurteilen und handeln

10 Erstellt in Gruppen einen Stadtführer von München für Jugendliche. Informiert darin über Sehenswürdigkeiten, Öffnungszeiten z. B. von Schwimmbädern, Eissporthallen, Tierparks und Museen sowie über das aktuelle Kino-, Theater- und Veranstaltungsprogramm (M4, *Eine Internetrecherche durchführen*).

M4 Das Deutsche Museum in München

Aufgabenstellungen verstehen

Arbeitsaufträge haben einen bestimmten Zweck: Sie helfen dir, die Materialien in deinem Geographiebuch richtig zu erschließen und zu bearbeiten. Dabei werden deine Fähigkeiten und Fertigkeiten, also deine Kompetenzen trainiert.

Wenn du die Arbeitsaufträge bearbeitet hast, kannst du selbst kontrollieren, ob du alles richtig gemacht hast. Am Anfang einer Doppelseite steht im „check-it-Kasten", was du wissen und können sollst.

	Bereich „Wissen und Kenntnisse"
Arbeitsauftrag	**Was von dir erwartet wird**
Arbeite heraus	Du entnimmst Informationen aus den Materialien* und gibst sie unter bestimmten Gesichtspunkten wieder.
Berichte	Du erkennst Informationen und Aussagen und gibst diese richtig wieder.
Beschreibe	Du gibst in eigenen Worten zusammenhängend, sachlich und möglichst genau wieder, was die Materialien aussagen. Erklärungen sind nicht nötig.
Charakterisiere	Du benennst und beschreibst typische Merkmale eines Sachverhaltes oder Eigenarten, die dir auffallen.
Erkläre	Du stellst mit eigenen Worten die Ursachen, Folgen und Gesetzmäßigkeiten von Sachverhalten und Abläufen verständlich dar.
Erläutere	Du beschreibst Sachverhalte im Zusammenhang und machst Beziehungen deutlich.
Ermittle	Du forschst nach Fakten und findest heraus, wie sich ein bestimmter Sachverhalt verhält.
Lokalisiere	Du findest auf einer Karte einen Fluss, eine Stadt oder einen Ort und beschreibst seine geographische Lage.
Nenne/benenne	Du gibst Informationen aus Materialien oder eigene Kenntnisse ohne Erklärungen wieder.
Ordne ein/zu	Du versuchst Sachverhalte oder Räume in einen Zusammenhang zu stellen.
Stelle dar/lege dar	Du zeigst einen Sachverhalt sprachlich oder grafisch ausführlich auf.
Unterscheide	Du vergleichst Sachverhalte miteinander und stellst die Unterschiede fest.
Vergleiche	Du ermittelst Gemeinsamkeiten und Unterschiede, stellst diese gegenüber und formulierst ein Ergebnis.
Zeige auf	Du gibst komplexe Informationen und Sachverhalte knapp und eventuell vereinfacht wieder.

* Materialien sind zum Beispiel: Bilder, Diagramme, Karten, Profile, Schaubilder, Tabellen, Texte.

Bereich „Methoden, Arbeitstechniken und Handeln"	
Arbeitsauftrag	Was von dir erwartet wird
Erstelle	Du stellst Sachverhalte zeichnerisch dar in Diagrammen, Kartenskizzen, Fließdiagrammen und anderen Darstellungen und beschriftest diese mit Fachbegriffen.
Führe durch	Du führst eine Untersuchung, wie zum Beispiel eine Befragung oder einen Versuch, nach einer genauen Anleitung durch.
Gestalte	Du fertigst mit verschiedenen Materialien zu einem vorgegebenen Thema ein Produkt an. Das kann zum Beispiel ein Lernplakat sein.
Plane	Du legst deine Vorgehensweise zur Bearbeitung einer Fragestellung, einer Problemstellung oder eines Projektes fest.
Präsentiere	Du stellst einen Sachverhalt anderen in verständlicher Form und möglichst mit von dir erarbeiteten Aussagen und Materialien vor.
Recherchiere/ informiere dich	Du suchst selbstständig oder mit Hilfe Informationen zu unbekannten Sachverhalten und stellst diese zusammen.
Werte aus	Du entnimmst Informationen und Sachverhalte aus Karten, Texten, Diagrammen oder Tabellen und verknüpfst diese zu Aussagen.
Zeichne	Du stellst einen Sachverhalt zeichnerisch dar, zum Beispiel als Skizze, Mindmap oder Diagramm.

Bereich „Beurteilen und Bewerten"	
Arbeitsauftrag	Was von dir erwartet wird
Begründe	Materialien beinhalten Aussagen und stellen Behauptungen auf. Du suchst Argumente oder Beispiele, die diese Aussagen und Behauptungen unterstützen.
Beurteile	Du prüfst Aussagen, Vorschläge oder Maßnahmen auf ihre Richtigkeit, indem du Einzelheiten benennst und zu einem eigenen Urteil kommst.
Erörtere/diskutiere	Du entwickelst zu einer Problemstellung eigene Gedanken, untersuchst Pro und Kontra und vergleichst diese miteinander, bevor du zu einem Sachurteil kommst.
Prüfe/überprüfe	Du untersuchst an konkreten Sachverhalten, ob Aussagen, Behauptungen und Darstellungsweisen richtig beziehungsweise stimmig sind.

Lösungstipps zu den Aufgaben

Kapitel 1 Den Planeten Erde erkunden

S. 15

2 Sortiere die Planeten nach ihrer Größe und ordne ihnen die Entfernung von der Sonne zu (M 1, M 3). Lege dazu eine Tabelle an.
▶ Du benötigst eine Tabelle mit 3 Spalten und 8 Zeilen. Die Tabelle könnte folgendermaßen aussehen:

Name des Planeten	Größe (Durchmesser)	Entfernung von der Sonne
Jupiter	143 000 km	780 Mio. km
Saturn	120 500 km	1430 Mio. km
…	…	…

7 Erkläre, welche Folgen es hätte, wenn die Erde sich nicht um die eigene Achse drehen würde. Nutze dazu den Globus (M 2).
▶ Gehe bei der Lösung wie folgt vor:
– Nenne die Folgen der Erdrotation, die du täglich erleben kannst.
– Nimm die Taschenlampe oder einen Diaprojektor und führe den Versuch M 2 durch, ohne den Globus zu drehen.

S. 17

3 Beschreibe die Lage der Kontinente. Bilde dazu Sätze, die die Lage zu den Ozeanen beschreiben (M 1).
▶ Beispielsätze:
Afrika liegt zwischen dem Atlantischen und dem Indischen Ozean.
Die Antarktis grenzt an den Indischen, den Atlantischen und den Pazifischen Ozean.

6 Erkläre die Begriffe „Landhalbkugel" und „Wasserhalbkugel" (M 4).
▶ Deine Erklärung sollte Antworten auf folgende Fragen enthalten:
– Wie lässt sich die Verteilung von Land und Wasser auf der Erde treffend benennen?
– Wo befindet sich die „Landhalbkugel" und warum wird diese so bezeichnet?
– Wo befindet sich die „Wasserhalbkugel" und warum wird diese so bezeichnet?

7 Begründe, warum Weltkarten so unterschiedlich aussehen können (M 1, M 5).
▶ Beachte bei der Beantwortung, aus welchem Land die Atlaskarte stammt.

S. 19

4 Erläutere das Gradnetz der Erde (M 3).
▶ Bei der Lösung der Aufgabe solltest du folgende Fragen beantworten:
– Wozu wird das Gradnetz der Erde gebraucht?
– Wie verlaufen die Breitenkreise?
– Wie werden die Breitenkreise eingeteilt?
– Welchen besonderen Breitenkreis gibt es?
– Wie werden die Längenkreise eingeteilt?
– Welchen besonderen Längenkreis gibt es?

5 Bestimme die geographische Lage der Orte A bis H (M 3).
▶ Gehe dabei nach der Schrittfolge in M 4 vor. Beachte insbesondere den Nullmeridian (0° Länge) und den Äquator (0° Breite).

S. 21

5 Informiere dich über die anderen in M 4 genannten Tiefbohrungen. Stelle deine Ergebnisse der Klasse in einem Kurzreferat vor (M 4, 🔍).
▶ Beachte die Arbeitstechnik *Einen Kurzvortrag, ein Kurzreferat halten.*

S. 23

2 Erläutere die Bedeutung der Atmosphäre für das Leben auf der Erde (M 2, M 3).
▶ Erkläre zunächst den Begriff: Atmosphäre. Benenne dann die Aufgaben, die die Atmosphäre für die Erde erfüllt.

6 Prüfe die Aussage und begründe deine Antwort: Ohne Sonne, Atmosphäre und Wasser gibt es kein Leben auf der Erde.
▶ Überlege, was auf der Erde passieren würde, wenn:
– die Atmosphäre nicht vorhanden wäre,
– die Sonne nicht scheinen würde,
– es kein Wasser geben würde.

S. 25

2 Beschreibe, wie sich der Flächenverbrauch durch Siedlungen, Verkehrswege oder Industriebetriebe auf die Landschaft auswirkt (M 1, M 2).
▶ Gehe bei deiner Beschreibung so vor:
– Beschreibe zunächst, was ursprünglich da war und durch die Bebauung verloren gegangen ist.
– Beschreibe anschließend, wodurch oder von wem die verlorenen Flächen genutzt wurden.
– Dann kannst du zusammenfassen, wie sich die zunehmende Bebauung auf die Landschaft auswirkt.

Weitere Informationen findest du in den Textabschnitten „Landwirte gestalten unsere Umwelt" und „Siedlungen und Verkehrswege verbrauchen Fläche".

3 Erläutere, welche Maßnahmen des Landschaftsschutzes es gibt (M 3, M 4).
▶ Erläutere, welche Gebiete besonders geschützt werden und wer sich besonders um den Landschaftsschutz bemüht.
Weitere Informationen findest du im Textabschnitt „Landschaften unter Schutz".

Kapitel 2 Naturräume in Bayern und Deutschland untersuchen

S. 43

1 Bearbeite die stumme Karte und nutze dazu die physische Karte (M 1, Karte S. 39).
▶ Du sollst die Buchstaben und Zahlen in der Karte mit Namen versehen. Lege dir dazu eine Liste an nach folgendem Vorbild:

Städte	Großlandschaften	Flüsse, Seen
1 Kiel	A Norddeutsches Tiefland	a Ems
2 Lübeck	B Mittelgebirgsland	b Weser
3 …	C …	c …

Meere	Mittelgebirge, höchste Berge
A …	a Harz, Brocken 1142 m
B …	b Rothaargebirge
	c …

4 Erstelle ein Lernplakat zu einer Großlandschaft, das eine Kartenskizze oder Karte, Abbildungen sowie einen erläuternden Kurztext enthalten sollte (M 2, M 3, 📖).
▶ Beachte die Arbeitstechnik *Lernplakate erstellen.*

S. 45

3 Erläutere die Entstehung der Gezeiten (M 3).
▶ Bei der Lösung der Aufgabe solltest du folgende Fragen beantworten:
– Was geschieht auf der mondnahen Seite der Erde?
– Was geschieht auf der dem Mond abgewandten Seite der Erde?
– Welchen Namen hat diese Erscheinung?
– Was passiert in den dazwischen liegenden Gebieten?
– Welchen Namen hat diese Erscheinung?

6 Das Meer formt die Küste. Beurteile diese Aussage (M 6).
▶ Vergleiche den Küstenverlauf der Insel Spiekeroog 1650 und heute. Beziehe die Wirkung der Gezeiten in deine Erklärung ein.

S. 47

4 „Vom Meer zum Neuland" – Erstelle ein Fließdiagramm, das die Landgewinnung an der Nordseeküste darstellt und auch über die Dauer der Neulandgewinnung Auskunft gibt (M 2, 📖).

▶ Beachte die Arbeitstechnik *Fließdiagramme zeichnen.*
Dein Fließdiagramm sollte mit folgendem Feld beginnen:

S. 49

1 Beschreibe die Lage der Wattgebiete an der deutschen Nordseeküste (M 5).
▶ Du kannst:
– die Bundesländer nennen, an die diese angrenzen,
– Städte aufzählen, die am Wattenmeer liegen,
– Flüsse nennen, die ins Wattenmeer münden,
– Inseln nennen, die im Wattenmeer liegen.

2 Erläutere die Merkmale und das Zusammenleben im Lebensraum Wattenmeer (M 1, M 2, Blockbild S. 50/51, 📖).
▶ Beachte die Arbeitstechnik *Blockbilder lesen.*
▶ Berücksichtige bei der Lösung der Aufgabe folgende Sachverhalte:
– die Wirkung der Gezeiten,
– die Anpassung der Tiere und Pflanzen an diese Bedingungen,
– die Nahrungspyramide im Wattenmeer, das heißt, welche Lebewesen die Nahrungsquelle für andere Lebewesen sind.

4 Begründe, warum das Watt ein einzigartiger Lebensraum ist (M 1, M 2, Blockbild S. 50/51).
▶ Denke bei deiner Begründung an die Gezeiten, an die Tiere und an den Menschen.

S. 53

1 Beschreibe Steil- und Flachküste mithilfe der Fachbegriffe (M 2 bis M 5).
▶ Beginne bei deiner Beschreibung auf dem Festland und beschreibe zunächst die Formen über der Wasseroberfläche und anschließend die, die teilweise oder immer vom Wasser bedeckt sind.

3 Erläutere die Zerstörung der Steilküste (M 2, M 4).
▶ Erläutere, wodurch die Zerstörung ausgelöst wird und wie sie abläuft. Weitere Informationen findest du im Textabschnitt „Zerstörung der Steilküste".

S. 55

4 Lege eine Tabelle mit zwei Spalten an. Trage die Großlandschaften untereinander in die linke Spalte ein. Ordne jeder Großlandschaft wichtige Merkmale sowie Städte, Flüsse und kleinere Landschaften zu (M 2 bis M 7, Karte S. 164).
▶ Die Tabelle könnte so aussehen:

Landschaft	Merkmale
Alpenvorland ...	flach Fluss: Iller, Lech, ... Städte: München, Augsburg, ...

6 Zeichne eine Kartenskizze, Thema „Landschaften in Bayern" (M 1).
▶ Gehe beim Zeichnen der Kartenskizze nach der Checkliste auf S. 56 vor.

7 Wähle eine der Großlandschaften oder eine kleinere Landschaft aus und stelle sie in einem Kurzvortrag der Klasse vor (M 1 bis M 7,).
▶ Beachte die Arbeitstechnik *Einen Kurzvortrag, ein Kurzreferat halten*.

S. 58

1 Beschreibe das Aussehen der abgebildeten Gesteine (M 2).
▶ Beachte dabei die Farbe, die Struktur sowie die Form.

S. 61

1 Beschreibe die geographische Lage der Fränkischen Alb (Karten S. 39 und S. 164).
▶ Beachte bei der Beschreibung der geographischen Lage:
– die Lage der Fränkischen Alb in Deutschland,
– die Lage der Fränkischen Alb in Bayern,
– die Grenzen der Fränkischen Alb im Norden, Süden, Osten und Westen,
– die Ausdehnung (Länge und Breite in Kilometer),
– die Richtung, in der sich die Fränkische Alb erstreckt,
– Flüsse, die am Rand der Fränkischen Alb fließen,
– Orte/Städte, die auf der Fränkischen Alb liegen.

5 Zeichne ein Fließdiagramm zur Frage „Wie kommt der Tintenfisch auf die Fränkische Alb?" ( ).
▶ Beachte die Arbeitstechnik *Fließdiagramme zeichnen*.

S. 63

3 Fertige eine Mindmap zum Thema „Die Karstformen" an (M 3 bis M 6,).
▶ Beachte die Arbeitstechnik *Eine Mindmap erstellen*.

5 „Trotz relativ hoher Niederschläge ist die Fränkische Alb eine wasserarme Landschaft." Prüfe die Richtigkeit dieser Aussage und begründe deine Antwort (M 1 bis M 5).
▶ Du kannst zur Begründung deiner Antwort die Ergebnisse des Versuchs heranziehen. Weitere Informationen findest du im Textabschnitt „Regenwasser löst Kalkstein".

S. 67

1 Beschreibe die geographische Lage des Bayerischen Waldes (Karte S. 164).
▶ Gehe dabei besonders ein auf:
– die Grenzen des Mittelgebirges,
– die Erstreckungsrichtung des Mittelgebirges,
– Orte/Städte, die im Bayerischen Wald oder am Rande liegen.

4 Beschreibe die Entstehung des Bayerischen Waldes und erkläre, warum er ein Rumpfgebirge ist (M 1).
▶ Benutze für die Beantwortung folgende Begriffe: Granit, Gneis, Gebirge, Erdgeschichte, Rumpf.

5 Wo findest du die sehr alten und harten Gesteine im Bayerischen Wald (M 4)?
▶ Informationen findest du im Textabschnitt „Blick in die Erdgeschichte".

S. 69

1 Beschreibe die geographische Lage des Nationalparks innerhalb des Bayerischen Waldes (M 1, Karte S. 164 oder Atlas).
▶ Beachte bei der Beschreibung der geographischen Lage:
– die Lage des Nationalparks im Bayerischen Wald,
– die Grenzen des Nationalparks im Norden, Süden, Osten und Westen,

- die Ausdehnung (Länge und Breite in Kilometer),
- die Richtung, in der sich der Nationalpark erstreckt,
- Flüsse, die im Nationalpark entspringen oder an der Grenze des Nationalparks fließen,
- Orte, die in der Nähe des Nationalparks liegen,
- hohe Berge des Nationalparks.

4 Erstelle eine Mindmap zu touristischen Angeboten im Nationalpark Bayerischer Wald (M 3 bis M 5, 🔧).
▶ Beachte die Arbeitstechnik *Eine Mindmap erstellen*. So könnte deine Mindmap aussehen:

5 Beurteile, ob die touristischen Angebote mit den Zielen und Aufgaben der Nationalparks übereinstimmen (M 1, M 2, M 4, M 5).
▶ Berücksichtige zunächst die Ziele und Aufgaben des Nationalparks. Informationen findest du im Textabschnitt „Ziele und Aufgaben des Nationalparks". Informiere dich anschließend über die touristischen Angebote des Nationalparks, der Textabschnitt „Tourismus und Umweltbildung" hilft dir weiter. Prüfe nun, ob die Ziele, Aufgaben und Angebote zusammenpassen.

6 Bildet Gruppen und informiert euch über den Nationalpark Berchtesgaden. Präsentiert eure Ergebnisse in der Klasse (🔧).
▶ Beachte die Arbeitstechniken *Eine Internetrecherche durchführen* und *Eine Präsentation gestalten*.

Kapitel 3 Die Alpen und ihr Vorland untersuchen

S. 79

1 Beschreibe die geographische Lage der Alpen und benenne die Staaten, die Anteil an den Alpen haben (Karten S. 75, Atlas).
▶ Beachte dabei die Lage innerhalb Deutschlands und Europas sowie Staaten, die Anteil an den Alpen haben. Bei diesen kannst du mithilfe von Himmelsrichtungen die Lage der Alpen innerhalb der Staaten angeben.

Du kannst auch große Flüsse nennen, die in den Alpen entspringen.

5 Erläutere, auf welcher Höhenstufe sich die Almen befinden (M 3 bis M 5).
▶ Überlege dazu, was eine Alm ist, oder schlage den Begriff im Lexikon nach. Kläre danach die Frage, welche Aufgaben eine Alm zu erfüllen hat.

S. 81

3 Erkläre, was an der mit ① markierten Stelle und mit der Muschel passiert (M 3 und M 4).
▶ Beachte die Bewegung der Platten sowie die Entstehung und Verformung der Ablagerungsschichten. Zur besseren Veranschaulichung kannst du den Versuch „Faltung von Gesteinsschichten" durchführen und deine Beobachtungen beschreiben.

S. 85

3 „Der Bergwald ist ein Schutzwald." Erläutere diese Aussage (M 1).
▶ Überlege dazu, wo der Bergwald liegt und was dieser in den Alpentälern schützen kann.

S. 89

2 Erkläre die Entstehung einer Lawine.
▶ Benenne zuerst die Voraussetzungen dafür, dass sich Lawinen bilden können, und beschreibe dann, was geschieht. Weitere Informationen findest du im Textabschnitt „Wie Lawinen entstehen".

S. 91

2 Erkläre die Entstehung der glazialen Serie (M 4).
▶ Verwende dazu auch die Begriffe Eiszeitalter, Warmzeiten und Kaltzeiten. Weitere Informationen findest du im Textabschnitt „Gletschereis und Schmelzwasser formten die Oberfläche".

7 Liste Zungenbeckenseen im Alpenvorland auf und erkläre ihre Lage und Ausrichtung mithilfe ihrer Entstehung (M 2, M 4, M 5, Karte S. 164).
▶ Beachte bei der Erklärung der Lage und Ausrichtung die Fließrichtung der Gletscher. Weitere Hinweise findest du im Textabschnitt „Gletschereis und Schmelzwasser formten die Oberfläche".

Kapitel 4 Ländliche Räume in Bayern und Deutschland beschreiben

S. 99

1 Stelle die natürliche Grundlagen, die die Landwirtschaft beeinflussen, in einer Mindmap dar ( ).
▸ Beachte für die Lösung der Aufgabe die Arbeitstechnik *Eine Mindmap erstellen*. Gehe nach der Schrittfolge zum Erstellen einer Mindmap vor.

4 Bildet vier Gruppen, wählt je zwei Bauernregeln aus und erläutert diese (**M 3**).
▸ Bei der Lösung der Aufgabe solltet ihr folgende Punkte beachten:
– Klärt zunächst die Bedeutung aller Worte in den Bauernregeln.
– Welche Aussage wird über das Wetter in der Bauernregel getroffen?
– Wie würdet ihr diese Regel heute ausdrücken?

5 Begründe, warum der Ackerbau in den Mittelgebirgen nur wenig ertragreich ist (**M 2**).
▸ Beachte bei der Begründung die Besonderheiten des Niederschlags, der Oberflächenformen und der Sonneneinstrahlung in den Mittelgebirgen.

6 Prüfe die Aussage: Das Wetter ist für die Landwirte Freud und Leid zugleich.
▸ Überlege dazu zunächst, wieso das Wetter für Landwirte positiv oder negativ sein kann. Erkläre anschließend, ob die Aussage richtig ist.

S. 103

1 Beschreibe die geographische Lage des Allgäus (Karten S. 39 und S. 167 oder Atlas).
▸ Beachte dabei zum Beispiel die Lage in Deutschland (Himmelsrichtung), die Großlandschaft, die Höhenlage, Flüsse, Städte und Gebirge:
Das Allgäu liegt im ... Deutschlands. Es liegt im ... in durchschnittlich ... Metern Höhe. ...

3 Begründe, warum Ackerbau im Allgäu nicht sinnvoll ist (**M 3**, **M 4**).
▸ Beachte dabei die Temperatur- und Niederschlagsverhältnisse im Allgäu.

S. 107

1 Beschreibe die geographische Lage des Gäuboden (Karte S. 164).
▸ Beachte bei der Beschreibung der geographischen Lage:
– die Lage des Gäuboden in Deutschland,
– die Lage des Gäuboden in Bayern,
– die ungefähre Ausdehnung (Länge und Breite in Kilometer),
– die Richtung, in der sich der Gäuboden erstreckt,
– Flüsse, die am Rand des Gäuboden fließen,
– Orte/Städte, die im Gäuboden liegen.

6 Stelle Merkmale der Landwirtschaft im Gäuboden in einer Mindmap dar (**M 1** bis **M 5**,).
▸ Beachte die Arbeitstechnik *Eine Mindmap erstellen*.

7 Beschreibe den Fruchtwechsel und begründe, warum dieser notwendig ist (**M 5**).
▸ Überlege, was passieren würde, wenn man immerzu zum Beispiel nur Weizen auf einem Feld anbauen würde. Erläutere, wie sich das auf die Fruchtbarkeit des Bodens und die Erträge auswirken würde.

S. 111

1 Beschreibe die geographische Lage des Knoblauchslandes (**M 1**).
▸ Beachte bei der Beschreibung der geographischen Lage:
– die Lage in Bayern,
– die Lage zu großen Städten.

4 Vergleiche den Anbau von Gemüse im Freiland und unter Glas. Lege dazu eine Tabelle an (**M 2** bis **M 5**).
▸ Die Tabelle könnte so aussehen:

Gemüseanbau im Freiland	Gemüseanbau unter Glas
...	...

7 Diskutiert in der Klasse die Vor- und Nachteile eines großflächigen Anbaugebietes inmitten des Städtedreiecks Nürnberg-Fürth-Erlangen ( ).
▸ Beachte die Arbeitstechnik *Eine Pro-und-Kontra-Diskussion führen.* Sammelt dazu Argumente, die die Interessen der Stadtplanung, der stadtnahen und städtischen Bevölkerung sowie der Gemüsebauern zum Ausdruck bringen.

LÖSUNGSTIPPS ZU DEN AUFGABEN **155**

S. 113

1 Beschreibe die geographische Lage der Weinbaugebiete in Bayern (Karten S. 122 **M 8** und S. 165).
▶ Nutze bei deiner Beschreibung die Lage zu den Gebirgen, Flüssen und Städten.

2 Fertige eine Tabelle an, welche die Arbeiten im Weinberg und im Winzerkeller während eines Jahres verdeutlicht (**M 2**, **M 3**).
▶ So könnte deine Tabelle aussehen:

Monat	Tätigkeit
Januar	Kellerarbeiten, Rebschnitt
Februar	
März	
April	
Mai	
Juni	
...	

3 Stelle die Arbeit im Winzerkeller übersichtlich dar. Ergänze dazu das Fließdiagramm (**M 3**, 🔑).
▶ Beachte die Arbeitstechnik *Fließdiagramme zeichnen*.

6 Erstelle ein Werbeplakat für eine Winzergenossenschaft (**M 1**, **M 4**).
▶ Beachte die Arbeitstechnik *Tipps zum Erstellen von Plakaten und Folien*.

S. 117

2 Nenne Merkmale der ökologischen Tierhaltung (**M 1**, **M 2**).
▶ Hinweise findest du in **M 1** und **M 2** sowie im Text „Ökologische Tierhaltung". Suche zunächst nach Oberbegriffen zur ökologischen Tierhaltung und ergänze dann, was du zu den Oberbegriffen jeweils findest:
– Tierhaltung: artgerecht, ...
– ...

3 Erläutere, mit welchen Maßnahmen der Öko-Landwirt die Bodenfruchtbarkeit erhält beziehungsweise verbessert (**M 2**).
▶ Gehe so vor:
Suche in der Grafik das Wort „Bodenfruchtbarkeit". Betrachte alle Pfeile, die zu diesem Wort hinführen, also zeigen, wie Öko-Landwirte diese erhalten beziehungsweise verbessern. Notiere die Maßnahmen und überlege dabei, ob du sie eventuell gliedern kannst.

5 Vergleiche herkömmliche und ökologische Betriebe (**M 3**).
▶ Beachte dabei Arbeitsaufwand, Produktionskosten, Erträge und Preise für die Produkte.

S. 119

1 Beschreibe die geographische Lage von Gerhardshofen (**M 6**, Atlas).
▶ Beachte bei der Beschreibung der geographischen Lage:
– die Lage von Gerhardshofen in Deutschland,
– die Lage von Gerhardshofen in Bayern,
– die Lage zu anderen Städten.

4 Diskutiert die Vor- und Nachteile, die sich durch den Wandel in Gerhardshofen ergeben aus der Sicht eines Landwirts, einer jüngeren Bewohnerin mit Kleinkindern und eines Bewohners, der in Nürnberg arbeitet (**M 2** bis **M 7**, 🔑).
▶ Beachte die Arbeitstechnik *Eine Pro-und-Kontra-Diskussion führen*.

Kapitel 5   Städtische Räume in Bayern und Deutschland vergleichen

S. 129

1 Beschreibe die geographische Lage von München (Karten S. 166).
▶ Beachte dabei die geographische Lage in Bayern und Deutschland, benenne den Fluss, der durch die Stadt fließt, und Landschaften, die an die Stadt grenzen.

S. 131

4 Lege eine Tabelle an und ordne die Stadtviertel den Bereichen „Wohnen", „Arbeiten" und „Freizeit" zu. Beachte, dass manche Viertel auch mehreren Bereichen zugeordnet werden können (**M 1** bis **M 5**).
▶ Die Tabelle enthält 4 Zeilen und 4 Spalten und könnte folgendermaßen aussehen:

Stadtviertel	Wohnen	Arbeiten	Freizeit
Geschäfts- und Verwaltungsviertel	?	?	?
Wohn- und Mischviertel	?	?	?

Arbeitstechniken

S. 133

1 Beschreibe die geographische Lage von Regensburg (Karte S. 164).
▶ Berücksichtige dabei
– die Lage innerhalb Bayerns,
– Flüsse und Gebirge in der Nähe,
– benachbarte Städte,
– sowie die Entfernung zur Landeshauptstadt.
Verwende bei der Beschreibung die Himmelsrichtungen.

4 Beschreibe und beurteile die Verkehrsanbindung Regensburgs (M 2, Karte S. 167).
▶ Beschreibe zunächst, welche Straßen, Autobahnen und Eisenbahnlinien durch Regensburg führen und mit welchen Städten, Ländern oder Industriegebieten sie die Stadt verbinden. Gib die Entfernung zu größeren Flughäfen an. Beurteile anschließend, ob Regensburg aus vielen Richtungen gut erreichbar ist.

S. 135

5 Nenne Probleme, die auftreten können, wenn viele Menschen vom Wohnort zum Arbeitsplatz in der Stadt pendeln (M 1, M 2).
▶ Berücksichtige dabei den Verkehr, die Umweltbelastung, die Situation tagsüber und abends in der Stadt und in den Umlandgemeinden. Informationen findest du in M 1 und M 2 sowie dem Absatz „Pendler" auf S. 134

S. 137

1 Erläutere die Veränderungen im stadtnahen ländlichen Raum (M 1).
▶ Beachte dabei
– die Art der Häuser,
– die Berufe der Bewohner,
– die Dichte der Bebauung und
– die Entwicklung der Grünflächen.
Weitere Informationen findest du im Textabschnitt „Dörfer verändern sich".

5 Bildet Gruppen und diskutiert die Vor- und Nachteile der Veränderungen im Umland aus der Sicht eines Landwirts, einer Bewohnerin der Neubausiedlung, eines Naturschützers und eines Dorfpolitikers.
▶ Berücksichtigt dabei sowohl die Veränderungen als auch die Auswirkungen auf
– die Art des Wohnens,
– die beruflichen Möglichkeiten, die Versorgung zum Beispiel mit Geschäften, Schulen, Kindergärten sowie
– die Auswirkungen auf die Pflanzen und die Tierwelt.

Blockbilder lesen

Ein Blockbild ist eine geographische Zeichnung eines Geländestücks. In einer perspektivischen dreidimensional wirkenden Darstellung der Erdoberfläche und des Untergrunds können Dinge und Erscheinungen dargestellt werden, die über ein normales Bild hinausgehen.
– Informiere dich, welche Landschaft dargestellt ist.
– Beschreibe die Lage, die Oberflächenformen, die Nutzung und andere Inhalte des Blockbildes.
– Ordne das Blockbild in eine Karte ein.

Ein Cluster erstellen

– Schreibt in die Mitte eines leeren Blattes das Wort, zu dem ihr Ideen sammeln wollt. Kreist das Wort ein.
– Schreibt nun die Wörter rund um das Wort auf, die euch genau jetzt in den Sinn kommen.
– Verbindet die neuen Wörter durch Striche mit dem Kernwort.
– Ihr könnt so viele Wörter aufschreiben, wie euch in ungefähr fünf bis zehn Minuten einfallen.

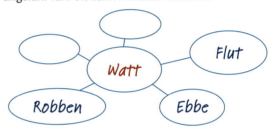

Eine Collage erstellen

Collagen sind Bildplakate zu einem bestimmten Thema. Als Material könnt ihr Bilder aus Zeitungen und Zeitschriften ausschneiden, Fotos und Postkarten auf ein großes Blatt Papier kleben, aber auch selbst dazu malen und beschriften.

Fließdiagramme zeichnen

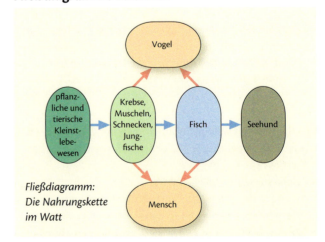

Fließdiagramm: Die Nahrungskette im Watt

Mit Fließdiagrammen können Abläufe und Entwicklungen anschaulich dargestellt werden, wie bei diesem Beispiel die Nahrungskette im Watt.

Eine Internetrecherche durchführen
Eine gute Möglichkeit, Informationen zu beschaffen, bietet das Internet. Allerdings solltet ihr bei der Arbeit mit dem Internet folgende Hinweise beachten.
Zunächst solltet ihr prüfen, ob die Internetrecherche sinnvoll ist. Sie kann sinnvoll sein, wenn
- ihr schnell Informationen benötigt,
- ihr aktuelles Datenmaterial sucht,
- ihr Material benötigt, über das die örtlichen Bibliotheken nicht oder nicht so schnell verfügen können,
- ihr vielleicht noch nicht genau wisst, welche Informationen es zu einem Thema gibt.

Wie finde ich was im Internet?
Am einfachsten ist es, wenn man die Adresse kennt. Sehr häufig wird inzwischen in Zeitungen, Zeitschriften und im Fernsehen die Internetadresse angegeben – sie beginnt mit „www". Achtet darauf, die Adresse genau anzugeben – vor allem die Punkte. Manche Adressen sind naheliegend: www.deutschland.de oder www.bayern.de
Viele Adressen sind hingegen unbekannt. Sie müssen über „Suchmaschinen" herausgefunden werden. Einige wichtige Suchmaschinen sind www.bing.de und www.google.de.

Mit Suchmaschinen arbeiten
1. Schritt: Gib die Adresse einer Suchmaschine ein.
2. Schritt: Auf der Startseite der Suchmaschine gibst du den Suchbegriff ein: „Wattenmeer". Die Suchmaschine durchforstet das ganze Web und du erhältst eine Liste mit Internetadressen. An der Statuszeile kannst du ablesen, wie viele Einträge diese Liste umfasst.
3. Schritt: Die Liste ist zu lang? Du kannst deine Auswahl auch durch zwei oder mehr Suchbegriffe einschränken (z. B. „Gefährdungen", „Naturschutzpark").
4. Schritt: Sobald du eine vielversprechende Adresse hast, klickst du auf den Link. Findest du unter der Seite Informationen, die du zur Lösung deiner Fragestellung gebrauchen kannst, solltest du sie komplett oder in Auszügen auf deinem Computer speichern und ausdrucken. Gib die Adresse dieser Seite als „Quelle" an, auch wenn du nur Auszüge verwendest. **Und Achtung:** Jeder kann im Internet Inhalte ungeprüft veröffentlichen. Du musst also auch prüfen, von wem die Informationen stammen und – soweit dies geht – ob sie sachlich richtig sind.

Karikaturen auswerten
Karikaturen sind bewusst übertriebene Darstellungen eines Sachverhalts oder eines Problems. Um die Aussage einer Karikatur herauszufinden, musst du so vorgehen:
- Betrachte die Karikatur genau und beschreibe, was dargestellt wird. Welche Bedeutung haben die dargestellten Personen und Gegenstände?
- Stelle fest, auf welchen Sachverhalt, welches Problem sich die Karikatur bezieht.
- Wie sieht der Zeichner die Situation/das Problem? Welche Meinung hast du zur Aussage der Karikatur?

Einen Kurzvortrag, ein Kurzreferat halten
Ein Kurzvortrag ist eine mündliche Form der Präsentation, also der Darstellung eines Themas. Ein Kurzvortrag ist in drei Abschnitte gegliedert: Einleitung – Hauptteil – Schluss. Wenn du einen Kurzvortrag zu einem bestimmten Thema halten sollst, beachte folgende Schritte:
1. Das Thema/Problem erfassen: Wie genau lautet das Thema deines Vortrages? Formuliere eine passende Überschrift oder Fragestellung.
2. Informationen recherchieren, sammeln und ordnen: Informationsquellen können dein Schulbuch, weitere Bücher aus Bibliotheken oder das Internet sein. Angesichts der Fülle der Informationen musst du Schwerpunkte festlegen und das vorhandene Material sortieren.
3. Erstelle eine Gliederung für dein Referat. Bedenke, dass es sich um einen kurzen Vortrag handelt (etwa fünf bis zehn Minuten).
4. Du kannst bei deinem Vortrag auch Anschauungsmaterial einsetzen: Bilder, Gegenstände, Tabellen, ein Poster oder Ähnliches sowie Schlüsselwörter an die Tafel schreiben.
5. Referate sollen frei vorgetragen werden. Dabei hilft dir eine Zusammenstellung der wichtigsten Stichwörter auf Karteikarten. Achte dabei auf eine gut lesbare und große Schrift. Beschränke dich auf das Wesentliche. Vermeide komplizierte und verschachtelte Sätze.
6. Damit euer Minireferat gelingt, müsst ihr den Vortrag üben. Es empfiehlt sich, alles einem Freund oder einer Freundin oder der Familie vorzutragen.
7. Tipps für den eigentlichen Vortrag:
   - Stelle dich so hin, dass dich alle sehen können.
   - Versuche frei zu sprechen.
   - Orientiere dich an deinen Stichwörtern.
   - Schau beim Sprechen die Zuhörer/Mitschüler an.
8. Nach dem Vortrag können die Zuhörer Rückfragen stellen, um Begriffe und Sachverhalte präzisieren zu können.

Lernplakate erstellen
Das Lernplakat dient der Ergebnissicherung. Mit einem Lernplakat kann man wichtige Lernergebnisse zusammenfassen und das veranschaulichen, was man sich unbedingt merken will und anderen mitteilen möchte.
Lernplakate können gut in Gruppen entworfen werden:
1. Die Teilnehmer legen den Inhalt des Lernplakats fest.
2. Sie verständigen sich über die Aussage, die ihr Plakat vermitteln soll.
3. Sie sammeln Ideen für Materialien und die Überschriften. Für die Fertigstellung werden Plakatkarton und dicke Filzstifte benötigt. Für kurze Sprüche ist ein Hochformat geeignet. Format, Bild und Text müssen gut zusammenwirken. Die Aussage des Plakats muss auf weite Entfernung lesbar sein.

Tipps zum Erstellen von Plakaten und Folien

Überschrift: Jedes Plakat/jede Folie hat einen Namen.
- Große Schrift: Nur so ist der Text auch lesbar. Bei Plakaten am besten dicke Stifte verwenden.
- Struktur: Der Aufbau muss mit einem Blick erkennbar sein. Da helfen
  - Blockbildung,
  - Trennlinien,
  - Kästen.
- Sinneinheiten sollen räumlich nah beieinander stehen.
- Wichtiges hervorheben: Dies lässt sich durch farbige Schrift, Unterstreichen, Umrahmen oder Schraffieren erreichen.
- Farben: Sie beleben das Plakat/die Folie. Pro Darstellung maximal drei Farben verwenden.
- Bild schlägt Wort: Nicht nur Text, sondern auch Schemazeichnungen, Diagramme oder Bilder verwenden.
- Mut zur Lücke: Auch Freiflächen sind Gestaltungselemente. Mindestens ein Drittel freilassen.
- Fernwirkung: Aus mindestens fünf Metern Entfernung müssen Plakate noch gut lesbar sein. Bei Folien sollte dies auch vom hinteren Bereich des Raumes möglich sein.

Eine Mindmap erstellen

Eine Mindmap ist eine Gedankenlandkarte. Sie hilft, Informationen zu ordnen und besser im Gedächtnis zu behalten. Bei einer Mindmap fängt man in der Mitte an. Mindmaps bestehen aus Hauptästen und Nebenästen. Es werden immer nur Stichwörter aufgeschrieben.

Eine Mindmap zu erstellen, funktioniert in drei Schritten:
1. Nehmt ein unliniertes Blatt Papier und schreibt euer Thema/den zentralen Begriff in die Mitte des Blattes.
2. Überlegt, welche wichtigen Oberbegriffe euch zu dem Thema einfallen. Von der Mitte ausgehend zeichnet ihr für jeden gefundenen Oberbegriff die Hauptstränge (Äste) und an jedem Ast notiert ihr den Oberbegriff.
3. Von den Ästen gehen Zweige ab, an denen ihr die untergeordneten Gesichtspunkte und Begriffe notieren könnt.

Beispiel der Grundstruktur einer Mindmap

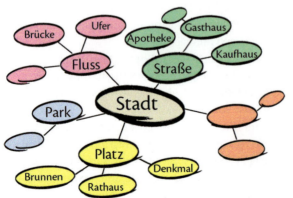

Eine Präsentation gestalten

Bilder und Zeichnungen können einprägsamer als Texte sein. Dabei gibt es verschiedene Möglichkeiten:

1. **Das Plakat** ermöglicht zum Beispiel, Bilder, Zeitungsschlagzeilen, Tabellen und Grafiken zu befestigen. Auf lange Texte solltet ihr bei einem Plakat verzichten. Oft wirkt ein Plakat besser, wenn es nicht rechteckig ist, sondern in einer interessanten Form das Thema wiedergibt.
2. **Die Collage** besteht vorwiegend aus Bildern. Diese sollten sehr aussagekräftig sein, Situationen überspitzen und auf ein Problem hinweisen. Besonders ihre Anordnung kann den Betrachter neugierig machen.
3. **Die (gestaltete) Landkarte** ist so etwas wie ein Plakat in Form eines Landes oder Kontinents. Sie bietet sich als Präsentationsform an, wenn das Thema sich auf ein Land oder einen Erdteil bezieht.
4. **Die Ausstellung** richtet sich an die Klasse oder die gesamte Schule, manchmal auch an Eltern und Mitbürger. In der Vorbereitung sind folgende Fragen zu klären:
   - Wo ist ein geeigneter Ort (Flur, Pausenhalle, Aula)?
   - Wen könnte das Thema interessieren?
   - Woher bekommen wir Pinn- und Stellwände sowie Schaukästen?
   - Wie wollen wir das Thema präsentieren?
   - Wie soll die Ausstellung angekündigt werden (Aushänge, Schüler- oder Lokalzeitung)?
   - Wie erhalten wir eine Rückmeldung zu unserer Ausstellung (Buch für Eintragungen, Fragebögen)?

Eine Pro-und-Kontra-Diskussion führen

In einer Pro-und-Kontra-Diskussion werden unterschiedliche Positionen einander gegenübergestellt. Dabei müsst ihr auch Sichtweisen und Begründungen vertreten, die vielleicht nicht eurer eigenen Meinung entsprechen.

A Vorbereitung

Zunächst müssen die Rollen festgelegt werden. Alle übrigen Schüler bilden das Publikum. Ein Moderator eröffnet und leitet die Diskussion.

B Ablauf

Die Pro-und-Kontra-Diskussion kann in mehrere Phasen unterteilt werden. Bei der Eröffnung begrüßt der Moderator die Teilnehmer, erläutert die Spielregeln und nennt das Thema. Anschließend findet eine erste Abstimmung statt. Nun stellen die verschiedenen Gruppen ihre Meinung dar und begründen sie. Es können auch Sachverständige gehört werden. Im Anschluss an die Diskussion findet eine zweite Abstimmung statt.

C Tipps zur Umsetzung

Ihr solltet vor der Diskussion bereits mit dem Thema vertraut sein und verschiedene Meinungen kennen.
Wichtig ist es, genau zuzuhören, auf die Argumente der Gegenpartei einzugehen und sie durch überzeugende Argumente zu entkräften.

Lexikon

Alm (S. 79): in den Sommermonaten genutzte Weideflächen in höher gelegenen Bereichen der Alpen.

Äquator (S. 18): (lat. *aequus* = gleich) der Kreis um die Erdkugel, der an allen Punkten denselben Abstand von den → *Polen* hat. Er teilt die Erde in Nord- und Südhalbkugel und hat eine Länge von rund 40 000 Kilometern. Im → *Gradnetz* ist ihm 0° Breite zugewiesen und er ist der größte → *Breitenkreis*.

Atmosphäre (S. 22): die aus einem Gemisch von Gasen bestehende Hülle eines Himmelskörpers, speziell die Lufthülle, die die Erde umgibt.

Bannwald (S. 85): Wald, der unter Schutz gestellt worden ist und der nicht gerodet werden darf. Er dient in Gebirgen als Schutz vor → *Lawinen*.

Bergwald (S. 85): Wald in Gebirgen, der zumeist zwischen 700 und 1400 Metern Höhe wächst.

Bevölkerungsdichte (S. 136): Maßzahl für die Bevölkerungsverteilung in einem Gebiet; sie gibt an, wie viele Menschen durchschnittlich auf 1 km^2 eines Gebietes wohnen.

Boden (S. 98): oberste Verwitterungsschicht der Erdkruste, die außer zerkleinertem Gestein auch Humus, kleine Lebewesen, Luft und Wasser enthält.

Breitenkreis (S. 18): im → *Gradnetz* Linien, die parallel, d. h. mit gleichem Abstand zum → *Äquator* um die Erde verlaufen.

Bundesland (S. 126): Ein Bundesland ist ein Teil eines Bundesstaates. In Deutschland bilden 16 Bundesländer den Staat Bundesrepublik Deutschland.

City (S. 130): die Innenstadt von → *Großstädten*, in der sich das Geschäftsviertel befindet.

Deich (S. 46): künstlich aufgeschütteter Damm zum Schutz vor Überflutungen an Meeresküsten und Flussufern.

Doline (S. 62): eine → *Karstform*, die eine trichter- oder schüsselförmige Hohlform bildet.

Ebbe (S. 44): → *Gezeiten*

Endmoräne (S. 90): eine wallartige Hügelkette aus Lehm, Sand, Kies und Steinen, die vor dem Rand des Inlandeises entstand.

Erdbeben (S. 21): Erschütterungen der Erdoberfläche durch Vorgänge in der Erdkruste.

Erdkern (S. 20): innerer Teil der Erde mit einem Durchmesser von rund 7000 Kilometern und Temperaturen bis zu 6000 °C. Der innere Erdkern ist fest, der äußere flüssig.

Erdmantel (S. 20): rund 2900 Kilometer mächtige mittlere Schale der Erde, die vorwiegend fest ist und zwischen → *Erdkern* und Erdkruste liegt.

Erdrotation (S. 15): Drehung der Erde um ihre Achse von West nach Ost, die im Zeitraum von 24 Stunden vollzogen wird. Sie bewirkt die Entstehung von Tag und Nacht.

Europäische Union (EU) (S. 117): Zusammenschluss von europäischen Staaten. Ziel ist die wirtschaftliche und politische Zusammenarbeit in Europa. So sind zwischen den meisten EU-Staaten die Grenzkontrollen weggefallen und der Euro als gemeinsame Währung eingeführt worden. Seit 2013 gehören der EU 28 Staaten an.

Faltengebirge (S. 80): Gebirge in länglicher Form, die entstehen, wenn die Gesteinspakete zweier Platten zusammenstoßen, sich dadurch verformen, hochdrücken und falten (Gebirgsbildung).

Flachküste (S. 52): Landfläche, die zum Meer hin sanft geneigt ist. Die Brandung läuft am flachen Ufer aus und bildet durch Sandanschwemmung einen flachen Strand.

Flut (S. 44): → *Gezeiten*

Fruchtwechsel (S. 110): meist jährlicher Wechsel beim Anbau von ein- oder zweijährigen Kulturpflanzen.

Gäuboden (S. 106): auch Dungau genannt, ist eine sehr fruchtbare Landschaft südlich des Bayerischen Waldes.

Geologe (S. 21): Geologinnen und Geologen erforschen das Erdinnere, Aufbau, Entstehung und Entwicklung der Erde.

Gezeiten (S. 44): das regelmäßige Heben und Senken des Meeresspiegels an der Küste. Das Sinken des Wassers wird als „Ebbe" bezeichnet, das Ansteigen als „Flut".

glaziale Serie (S. 91): Abfolge von Oberflächenformen, die durch das Inlandeis und durch seine Schmelzwässer während des Eiszeitalters entstanden sind; die Oberflächenformen der glazialen Serie sind: → *Grundmoräne*, → *Endmoräne*, Schotterfeld (Sander) und Urstromtal.

Gletscher (S. 90): Eisstrom; bildet sich, wenn mehr Schnee fällt als abtauen kann.

Globus (S. 18): (lat. Kugel) ein verkleinertes, kugelförmiges Abbild der Erde. Er ist gewöhnlich mit einer durch die Pole gehenden Achse befestigt und drehbar.

Gradnetz (S. 18): ein Netz aus (gedachten) → *Längen-* und → *Breitenkreisen*, das den → *Globus* überzieht. Es dient der Orientierung und der genauen Lagebestimmung von Orten auf der Erdkugel.

Großstadt (S. 130): Stadt mit mehr als 100 000 Einwohnern, die eine deutlich ausgeprägte → *City* aufweist und durch die vielen Arbeitsplätze und Dienstleistungen eine große Bedeutung für das → *Umland* hat.

Grundmoräne (S. 90): im Gletscher mitgeführtes Material (Sand, Geröll, Felsblöcke = Findlinge), welches beim Schmelzen abgelagert wurde.

Grünlandwirtschaft (S. 102): landwirtschaftliche Nutzung von Grünflächen durch Beweidung oder Mähen.

Hochgebirge (S. 43, 78): deutlich höher als → *Mittelgebirge* und weisen schroffe Formen auf. In Europa haben sie Höhen von 2000 und mehr Metern.

Hochwasser (S. 46): Zustand von Meeren und Fließgewässern, bei denen der Wasserstand deutlich über dem durchschnittlichen Pegelstand liegt.

Höhenlinie (S. 35): verbindet alle Punkte, die in gleicher Höhe über dem Meeresspiegel liegen. Mithilfe solcher Höhenlinien stellt man Geländeformen auf Karten dar.

Höhenpunkt (S. 35): Punkt in einer Karte, dessen Höhe über dem Meeresspiegel bekannt und angegeben ist.

Höhenschicht (S. 35): Durch → *Höhenlinien* begrenzte Schicht der Erdoberfläche; wird in → *physischen* Karten als Fläche abgebildet.

Höhle (S. 62): unterirdischer Hohlraum, der natürlich, zum Beispiel als → *Karstform*, entstanden ist.

Kaltzeit (S. 90): Zeitraum, in dem die Mitteltemperatur der Erde unter der aktuellen lag und kühles bis kaltes Klima herrschte. Sie unterscheidet sich von der Eiszeit, die zusätzlich durch die Ausdehnung der Eismassen gekennzeichnet ist. Warm- und Kaltzeiten treten im Wechsel auf.

Karstform (S. 62): Bezeichnung für besondere Oberflächenformen in Gebirgen aus wasserlöslichem Kalkstein.

Kliff (S. 53): Teil der → *Steilküste*, an der das Land steil abfällt. Am Fuß des Kliffs sammelt sich heruntergefallenes Gestein auf der sogenannten Kliffhalde.

Kompass (S. 26): Gerät zur Bestimmung der Nordrichtung und somit auch aller anderen Himmelsrichtungen. Die gebräuchlichste Form des Kompasses besitzt eine Magnetnadel, die sich durch das Magnetfeld der Erde in Nord-Süd-Richtung einpendelt.

Kondensation (S. 23): Übergang des Wassers von seinem gasförmigen Zustand (Wasserdampf) in den flüssigen (Wasser). Kondensation erfolgt, wenn Luft abkühlt.

Kontinent (S. 16): (lat. *continens* = zusammenhängend) Bezeichnung für die großen Festlandsmassen im Gegensatz zu Meeren und Inseln. Die sieben Kontinente (Erdteile) sind Europa, Asien, Afrika, Australien, Nordamerika, Südamerika und die Antarktis (Antarktika).

kontinentale Kruste (S. 20): äußerste Schale der Erde im Bereich der Kontinente, die bis zu 50 Kilometer mächtig ist.

Landeshauptstadt (S. 128): Eine Landeshauptstadt ist das politische Zentrum eines Landes. So hat in Deutschland jedes der 16 → *Bundesländer* eine Landeshauptstadt.

Längenkreis (S. 18): Kreis, der durch beide → *Pole* senkrecht zum → *Äquator* um die Erdkugel verläuft. Ein Längenkreis besteht aus zwei Halbkreisen (Meridiane).

Lawine (S. 88): die an Gebirgshängen plötzlich abrutschenden großen Schnee- und Eismassen.

Legende (S. 35): Zusammenstellung und Erläuterung der auf einer Karte verwendeten Signaturen (Zeichen).

Löss (S. 106): gelbliches, kalkhaltiges Lockergestein. In Deutschland wurde es während der Eiszeit als Staub vom Wind am Rand der → *Mittelgebirge* abgelagert.

Lösungsverwitterung (S. 53): Verwitterungart, bei der Salze in Gesteinen von Wasser gelöst werden. Dadurch entstehen Hohlräume, das Gestein wird instabil und zerfällt.

Luftdruck (S. 151): Druck, den die Luft aufgrund ihres Gewichtes auf eine Fläche ausübt und der deshalb mit der Höhe abnimmt. Er wird in Hektopascal (hPa) angegeben.

Luftfeuchtigkeit (S. 152): der Wasserdampfgehalt der Luft.

Magma (S. 98): glutflüssiges Gesteinsmaterial im Erdinneren.

Marsch (S. 47): Ablagerung von Feinsand und Schlick an Flachküsten und Flussmündungen, die durch den Ablauf der → *Gezeiten* geprägt sind.

Massentourismus (S. 84): Fremdenverkehr, bei dem sehr hohe Gästezahlen erreicht werden. Oft ändert sich das Landschaftsbild durch die großen Besucherströme, weil zum Teil Flughafenanlagen, Hotels, Wege, Straßen, Parkplätze und andere Versorgungseinrichtungen gebaut werden müssen. Damit ist auch oft eine hohe Umweltbelastung in den jeweiligen Reisegebieten verbunden.

Maßstab (S. 31): Angabe auf Karten, die das Maß der Verkleinerung gegenüber der Wirklichkeit ausweist (Beispiel: 1 : 5000 = ein Zentimeter in der Karte = 5000 Zentimeter = 500 Dezimeter = 50 Meter in der Natur). Durch den Maßstab ist das Bestimmen von Entfernungen in der Karte erst möglich.

Meeresspiegel (S. 34): Bezeichnung für die Höhe der Oberfläche des Meeres. Er wird als Bezugsfläche für Höhenmessungen herangezogen. Der mittlere Meeresspiegel entspricht Normalnull (NN).

Meridian (S. 18): Halbkreis im → *Gradnetz*, senkrecht zum → *Äquator*, der von Pol zu Pol verläuft. Meridiane werden auch als "Längengrade" bezeichnet.

Mittelgebirge (S. 43, 66): Gebirge mit Höhenlagen von 200 bis 1500 m. Die Berge haben weniger schroffe und steile Formen und sind waldreich, häufig bis in die Gipfellagen.

Naturschutz (S. 118): Maßnahmen zur Erhaltung und Wiederherstellung von Natur.

Nationalpark (S. 49): großer natürlicher Landschaftsraum, der wegen seiner besonderen Eigenart und Einmaligkeit erhalten werden soll und deshalb unter Schutz gestellt ist, wie das Wattenmeer an der Nordseeküste.

Neubaugebiet (S. 118): große Bereiche, meist am Rand von Ortschaften, in denen Gebäude, teils ganze Siedlungen errichtet werden.

Niederschlag (S. 98): alle aus der Atmosphäre zur Erdoberfläche fallenden oder sich dort erst bildenden Formen des Wassers. Von den fallenden Niederschlägen wie Regen, Schnee und Graupel werden die abgesetzten Niederschläge wie Tau und Reif, die sich unmittelbar an der Erdoberfläche ausbilden, unterschieden.

Nordpol (S. 18): → *Pol*

ökologische Landwirtschaft (auch biologische oder alternative Landwirtschaft) (S. 25, 116): strebt die Erhaltung des natürlichen Gleichgewichts und der Nährstoffkreisläufe an. Hierbei wird vielfältiger Ackerbau mit artgerechter Haltung von Tieren kombiniert. Da keine chemischen Pflanzenschutzmittel und Dünger verwendet werden, sinkt der Ertrag und der Arbeitsaufwand wird höher. Folglich müssen die Betriebe klein sein. Die Landwirte können davon leben, weil viele Menschen bereit sind, für gesündere Nahrungsmittel mehr zu bezahlen.

Ozean (S. 16): (griech. *okeanos* = Weltmeer) Durch die Lage der → *Kontinente* wird die Wassermasse der Erde in drei Ozeane geteilt, den Pazifischen, den Atlantischen und den Indischen Ozean. Zu den Ozeanen gehören die Nebenmeere, die von den Ozeanen durch Inseln oder Halbinseln abgetrennt sind.

ozeanische Kruste (S. 20): äußerste Schale der Erde im Bereich der Ozeane. Sie besteht aus einer kompakten und damit schweren nur bis zu 10 Kilometer mächtigen Basaltschicht. Anders als die leichtere und damit dickere → *kontinentale Kruste*.

Pendler (S. 134): Menschen, die im → *Umland* großer Städte leben und täglich zur Arbeit in die Stadt und nach Arbeitsschluss wieder zurück ins Umland fahren.

physische Karte (S. 35): Karte der Oberflächengestalt der Erde oder eines bestimmten Raumes; neben Gebirgen, Tiefländern und Gewässern enthält sie zur Orientierung Grenzen, Orte und Verkehrswege.

Planet (S. 14): Himmelskörper, der sich auf einer festen Bahn um eine Sonne bewegt.

Pol (S. 18): unter den geographischen Polen versteht man die beiden als „Nordpol" und „Südpol" bezeichneten Endpunkte der Erdachse.

Priel (S. 48): natürliche Entwässerungsrinne im Watt, in der das Meerwasser bei Ebbe abfließt.

Regierungsbezirk (S. 127): Einige Bundesländer sind in mehrere Regierungsbezirke untergliedert, um politische Verwaltungsaufgaben besser erfüllen zu können.

Rumpfgebirge (S. 66): ein Gebirge, bei dem durch Abtragung der oberen Schichten nur noch Rümpfe des ehemaligen Gebirges übrig geblieben sind.

Schaltjahr (S. 15): Der Erdumlauf um die Sonne dauert 365 Tage und ungefähr 6 Stunden. Die Abweichung zum Kalenderjahr, das 365 Tage umfasst, wird dadurch ausgeglichen, dass jedes vierte Jahr ein Schaltjahr ist, das mit dem zusätzlichen Tag, dem 29. Februar, 366 Tage hat. Die nächsten Schaltjahre sind 2020 und 2024.

Schichtstufe (S. 61): Teil des → *Mittelgebirges*, das dort entstand, wo schwach geneigte und unterschiedlich widerstandsfähige Gesteinsschichten abgetragen wurden. An der emporgehobenen Seite entstanden treppenförmige, steile Geländestufen.

Schutzgebiet (S. 25): Bereiche, in denen Pflanzen und Tiere, aber auch Boden, das Grund- und Oberflächenwasser, das Klima oder das Landschaftsbild geschützt werden.

Sonderkultur (S. 110): Sammelbegriff für arbeits- und kapitalintensive Kulturen in der Landwirtschaft. Sie sind ein- oder mehrjährig und stellen oft besondere Ansprüche an Boden und Klima. Die Anbauflächen sind meist kleinteilig. Das Ziel ist, einen möglichst hohen Ertrag pro Fläche zu erreichen. Beispiele sind Feldgemüse, Spargel, Wein, Obst, Hopfen und Tabak.

Sonnensystem (S. 14): Zum Sonnensystem gehören die Sonne, die → *Planeten* und ihre Monde sowie alle übrigen die Sonne umkreisenden Himmelskörper.

Stadt (S. 130): große Siedlung mit mindestens 2000 Einwohnern und mehr. Eine Stadt weist eine dichte Bebauung auf und ist meist Mittelpunkt eines größeren → *Umlandes*.

Stadtviertel (S. 130): In einer Stadt befinden sich je nach der Nutzung, der Bebauung oder dem Alter unterschiedliche Stadtviertel, z. B. Geschäftszentrum, Altstadt, Industrieviertel.

Steilküste (S. 52): zum Meer schroff abfallende Küstenform, die dem direkten Angriff der Brandung ausgesetzt ist.

Stufenland (S. 43): → *Schichtstufe*

Sturm (S. 46): starker Wind mit einer Geschwindigkeit über 74 km/h. Gemessen werden Stürme nach der Beaufort-Skala, die von 1 bis 12 reicht. Ein Sturm mit Geschwindigkeiten von 75 bis 88 km/h erreicht Beaufort 9. Noch stärkere Stürme ab 117 km/h werden als Orkan bezeichnet. Ein Orkan erreicht auf der Beaufort-Skala die Stufe 12.

Sturmflut (S. 46): beim zeitlichen Zusammentreffen von → *Flut* und einem aus gleicher Richtung kommenden → *Sturm* entstehendes außergewöhnlich hohes → *Hochwasser*.

Südpol (S. 18): → *Pol*

Suburbanisierung (S. 134): Vorgang, bei dem sich die Bevölkerung und Wirtschaftsbetriebe größerer Städte über die Stadtgrenzen hinaus im → *Umland* ansiedeln.

Temperatur (S. 99): gibt an, wie kalt oder warm ein fester Körper, eine Flüssigkeit oder ein Gas ist. Sie wird in Grad Celsius (°C) gemessen.

Tidenhub (S. 44): Unterschied des Wasserstandes zwischen Hoch- und Niedrigwasser in Zentimetern.

Tiefland (S. 43): Ebenes oder hügeliges Gebiet auf dem Festland, das unter 200 m Höhe liegt.

Tourismus (S. 82): gleichbedeutend mit Fremdenverkehr; er umfasst alle Bereiche, die mit dem Reisen und dem Umsorgen der Gäste zu tun haben.

Trockental (S. 62): Tal in einem vom → *Karst* geprägten Gebiet, in dem kein Bach oder Fluss fließt.

Tropfstein (S. 62): in → *Höhlen* durch kalkhaltiges Tropfwasser wachsender Stein. Tropfsteine, die von der Höhlendecke herabwachsen, heißen Stalaktiten, Tropfsteine, die unten vom Höhlenboden wachsen, sind die Stalagmiten.

Umland (S. 128): Vororte rund um eine Stadt, deren Einwohner eng mit der Stadt verbunden sind, weil sie dort arbeiten, zur Schule gehen oder einkaufen.

Verdichtungsraum (S. 136): Gebiet oder Raum, in dem sehr viele Menschen leben. Kennzeichnend ist eine Vielzahl von Wohn- und Arbeitsstätten und ein dicht ausgebautes Verkehrsnetz. Oft wachsen so Städte zusammen.

Verdunstung (S. 23): der Übergang des Wassers vom flüssigen Zustand in den gasförmigen. Dieser Vorgang wird hauptsächlich durch Erwärmung ausgelöst.

Verwitterung (S. 58): Zerkleinerung und Zersetzung festen Gesteins zu lockerem Material (Gesteinsschutt, Minerale).

Warmzeit (S. 90): längerfristiger wärmerer Klimaabschnitt zwischen zwei → *Kaltzeiten*, mit einer globalen Durchschnittstemperatur von etwa +15 °C.

Wattenmeer (S. 48): Bereich des Meeres an der Nordseeküste, der den → *Gezeiten* unterliegt. Durch Ebbe und Flut werden schlickige Bestandteile angelandet. Bei Ebbe ist der Meeresboden wasserfrei, bei Flut vom Meerwasser bedeckt. Das Wattenmeer ist reich an Lebewesen.

Zeugenberg (S. 61): allein stehender Einzelberg, der durch Erosion von einem ehemals zusammenhängenden Gesteinsverband abgetrennt wurde.

Zungenbeckensee (S. 91): durch Aushöhlungen der Gletscherzungen entstanden Vertiefungen, in denen sich Wasser sammelte.

Bildquellen

S. 3: *ob.* Fotolia/1xpert; *un.* Fotolia/Clearlens; **S. 4:** *ob.* Fotolia/Wolfilser; *li. un.* Fotolia/ARochau; *re. un.* Fotolia/industrieblick; **S. 5:** *ob.* Fotolia/Michael Fleischmann; *un.* Fotolia/rudi1976; **S. 6:** *Hintergrund* Fotolia/Nadalina; *ob. li.* Fotolia/Antonio Gravante; *ob. li. mi.* Fotolia/Volker Schlichting; *li. mi. un.* Fotolia/Hendrik Schwarz; *li. un.* ClipDealer/Rainer Albiez; *ob. re.* Fotolia/Daniel Prudek; *ob. re. mi.* Fotolia/Anastasila Usoltceva; *re. mi. un.* Fotolia/Nicola Fific; *re. un.* Fotolia/eAlisa; **S. 7:** M4 F1online; M2 *re.* action press/Georg Hilgemann; *li.* Image Source/Hironbu Shindo; *Mitte* picture alliance/ZB; **S. 12/13:** Astrofoto/Numazawa; **S. 14:** M1 + M2 cartomedia/Oliver Hauptstock, Dortmund; **S. 15:** cartomedia/Oliver Hauptstock, Dortmund; **S. 18:** M1 *li.* All mauritius images/K-PHOTOS/Alamy; M1 *re.* Fotolia/Gomaespumoso; **S. 20:** Otto Götzl, Hemmingen; **S. 21:** M2 + M3 Geozentrum an der KTB; **S. 22:** M1 action press/NASA/REX; **S. 24:** M1 picture alliance/ZB/euroluftbild; **S. 25:** M3 *Nationalparks ob.* Nationalparkverwaltung Bayrischer Wald, Grafenau; Naturpark Altmühltal, Eichstätt; *Hintergrund* YourPhotoToday/PM; *Landschaftsschutzgebiete* Fotolia/Bernd Andres; *Naturschutzgebiete* Fotolia/outdoorpixel; M4 mauritius images/Stefan Hefele; **S. 26:** M4 Fotolia/Przemo; M3 Fotolia/Wilm Ihlenfeld; M1 picture-alliance/dpa/dpaweb; **S. 27:** M5 + M6 cartomedia/Oliver Hauptstock, Dortmund; **S. 28/29:** Landesamt für Digitalisierung, Breitband und Vermessung, München; **S. 30:** SILBERWALD – Agentur für visuelle Kommunikation; **S. 31:** M2 *ob.* Deutschen Bahn AG; M2 *un.* Döring, Volker, Hohen Neuendorf; M3 cartomedia/Oliver Hauptstock, Dortmund; **S. 40/41:** All mauritius images/Udo Siebig; **S. 43:** M2 (3) picture alliance/ZB/euroluftbild; M2 (4) + (1) picture-alliance/ZB; M2 (2) picture-alliance/OKAPIA KG; M2 (5) Your_Photo_Today; **S. 44:** M1 Mauritius images/Alamy/Prisma Bildagentur AG; **S. 45:** M6 VISUM/Launer/euroluftbild; M5 All mauritius images/Peter Lehner; **S. 46:** M1 F1online/Staudt; **S. 47:** M4 OKAPIA; **S. 48:** M1 *li.* Fotolia/ Tom-Hanisch; M1 *re.* picture-alliance/dpa; M3 imago; **S. 50/51:** Cornelsen/Norbert Rosing, Grafrath; **S. 50:** *li.* WILDLIFE; *ob.* picture-alliance/OKAPIA KG; **S. 51:** *un. re.* picture-alliance/dpa; *ob.* F1online; **S. 53:** M4 Rainer Kiedrowski, Ratingen; M5 Ellen Michaels, Rostock; **S. 55:** M4 TOPICMedia/imageBROKER/Wilfried Wirth; M2 + M7 Bildagentur Huber/Gräfenhain; M3 + M6 Bildagentur Huber/H.P. Huber; M5 picture alliance/Hajo Dietz; **S. 56:** M2 Cornelsen/Thorsten Bröckel, Altbach; **57:** M6 Cornelsen/Thorsten Bröckel, Altbach; **S. 59:** *un. li.* M. Bräunlich www.kristallin.de; *ob. re.* Clip Dealer/Edler von Rabenstein; *ob. li.* Süddeutsche Zeitung Photo/imageBROKER/Siepmann; *un. re.* WILDLIFE/D.Harms; **S. 60:** M1 *li.* Shutterstock/Natursports; M2 GEOclick/Klaus Feske, Ammerbuch; **S. 61:** M4 Volker Huntemann, Schwabach; **S. 63:** M6 LOOK-foto/Heinz Wohner; M4 + M5 GEOclick/Klaus Feske, Ammerbuch; **S. 64:** M1 + M2 Volker Huntemann, Schwabach; **S. 65:** M4 Volker Huntemann, Schwabach; **S. 66:** M1 Fotolia/Arnold; M2 imageBROKER/vario images; **S. 66/67:** *Karte* Tourismusverband Ostbayern e.V., Regen, Kartographie Muggenthaler, Regen; **S. 69:** M3 Volker Huntemann, Schwabach; M5 TOPICMedia/Stefan Kiefer; **S. 70:** M2 mauritius images/Josef Beck; **S. 74:** M5 *ob.* Charly Ebel, Seebach; M5 *un.* Simone Stübner, Seebach; **S. 76/77:** F1online; **S. 78:** M1 picture-alliance/dpa; **S. 79:** M4 alle Josephine Wolff, Berlin; M5 picture alliance/dpa; **S. 80:** M1 INTERFOTO/Christian Bäck; M3 INTERFOTO / HERMANN HISTORICA GmbH; **S. 82:** M1 picture-alliance/Udo Bernhart; M2 Kleinwalsertaler Bergbahn AG, Riezlern Österreich; **S. 83:** Kleinwalsertaler Bergbahn AG, Riezlern Österreich; **S. 84:** M2 Fotolia/Alexander Rochau; **S. 86:** M1 picture alliance/Klaus Nowottn; **S. 86/87:** M2 Athesia Dolomiten/Otto Ebner; **S. 87:** M4 Uwe Miethe, Mit freundlicher Genehmigung der Deutschen Bahn AG; **S. 88:** M2 *li.* Lob + Koelle, Straßlach-Dingharting; **S. 89:** M4 Lob + Koelle, Straßlach-Dingharting; M3 picture-alliance/dpa; **S. 90:** M1 Bildagentur Huber/Bäck; **S. 91:** M3 GEOclick/Klaus Feske, Ammerbuch; M6 mauritius images/Jörg Bodenbender; **S. 93:** M5 picture-alliance/Paul Mayall; **S. 94:** M6 Pfuschi Cartoon, Heinz Pfister, Bern; M8 picture-alliance/LaPresse; M9 mauritius images/PJ-Foto/Alamy; **S. 96/97:** Gerhard Launer WFL-GmbH, Rottendorf; **S. 98:** M1 mauritius images/Alamy/mediacolor's; M2 mauritius images/Andre Pöhlmann; **S. 99:** M3 Fotolia/Dusan Kostic; **S. 100:** M1 *re.* Fotolia/Lucky Dragon; M1 *li.* Fotolia/TADDEUS; **S. 102:** M1 picture-alliance/chromorange; M2 Cornelsen/Volkmar Rinke, Hildesheim; **S. 106:** M1 YourPhotoToday/PM; **S. 107:** M4 *ob.* CLAAS Gruppe, Harsewinkel; M4 *un.* picture-alliance/dpa; **S. 110:** M2 Daniel Hamann, Würzburg; **S. 111:** M4 + M5 Daniel Hamann, Würzburg; **S. 112:** M1 All mauritius images/Martin Siepmann; M2 *li. ob., re. ob., li. Mitte, re. Mitte* picture-alliance/dpa; *re. un.* GEOclick/Klaus Feske, Ammerbuch; *Mitte* Fotolia/Xavier ; **S. 113:** M4 Fotolia/lehvis; M3 cartomedia/Oliver Hauptstock, Dortmund; **S. 116:** M1 Archiv Erich Hoyer, Galenbeck; **S. 117:** M4 *Biokreis* Biokreis e.V., Passau; M4 *Bioland* Bioland e.V., Mainz; M4 *Biopark* BIOPARK e.V., Güstrow; M4 *Demeter* Demeter e.V., Darmstadt; M4 *Naturland* Naturland e.V., 2016; M4 *Bio-Siegel der EU + Bio-Siegel* Bundesanstalt für Landwirtschaft und Ernährung Geschäftsstelle (BÖLN), Bonn; M4 *Bio-Siegel mit Herkunftsnachweis* ©Agentur für Lebensmittel – Produkte aus Bayern, Bayerisches Staatsministerium für Ernährung, Landwirtschaft und Forsten, München; **S. 118:** M1 Ingrid Kohles, Burgkunstadt www.mainklein.de; **S. 119:** M4 und M6 Günter Gardill, Fürth, www.geo.hlipp.de; **S. 119:** M5 Heinrich Becker, Berlin; **S. 121:** M3 Fotolia/hykoe; M4 IMA, Hannover; M5 Fotolia/Composer; **S. 124/125:** LOOK-foto/Daniel Schoenen; **S. 128:** M1 INTERFOTO/Christian Bäck; M3 Fotolia/hwtravel; **S. 129:** M4 picture alliance/Sueddeutsche; M6 Stadt München; **S. 132:** M1 mauritius images/STOCK4B-RF; M2 F1online; **S. 133:** M5 BMW AG, München; **S. 135:** cartomedia/Oliver Hauptstock, Dortmund; **S. 136:** picture alliance/Peter Kneffel; **S. 139:** M3 Fotolia/© Lev Dolgachov; M4 Peter Kast, Wismar; **S. 140:** M1 Süddeutsche Zeitung Photo/Stephan Rumpf; M2 imago; **S. 141:** M4 imago/imagebroker; **S. 142:** M1 Fotolia/nd700; **S. 143:** *li. ob.* laif/Katja Hoffmann; *re. 2. von un.* mauritius images/Klaus Neuner; *re. ob.* action press/Uwe Widmann; *li. 2. von ob.* picture alliance/Sueddeutsche; *re. 2. von ob.* mauritius images/imageBROKER/Manfred Bail; *li. 2. von un.* picture alliance/Markus C. Hurek; *re. un.* picture alliance/robertharding; *li. un.* mauritius images/Alamy/fine art; **S. 144** M2 *li.* Fotolia/Africa Studio; *mi.* Shutterstock/Fingerhut; *re.* Shutterstock/Scirocco340; **S. 147** M4 picture alliance/Markus C. Hurek.

Kartenweiser und Inhaltsverzeichnis 163

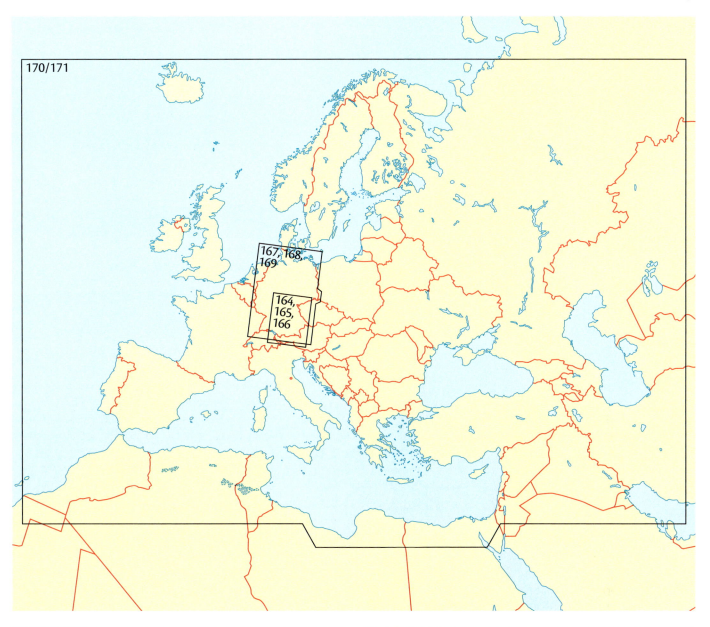

164	Bayern: Physische Karte
165	Bayern: Landwirtschaft
166	Bayern: Tourismus
167	Deutschland: Physische Karte
168	Deutschland: Landwirtschaft
169	**Deutschland: Klima** 1. Jahresniederschläge 2. Jahrestemperaturen 3. Frühlingseinzug 4. Bioklima

170/171	Europa: Physische Karte
172/173	Erde: Politische Gliederung
174	Kartenregister

164 Bayern: Physische Karte

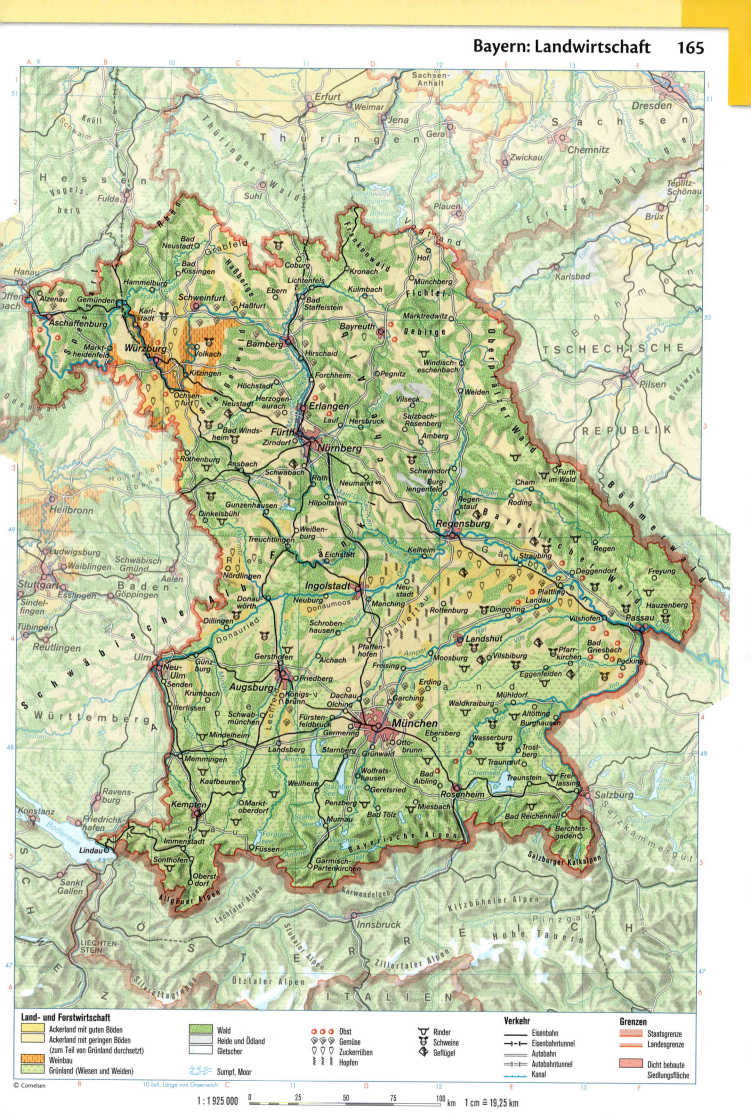

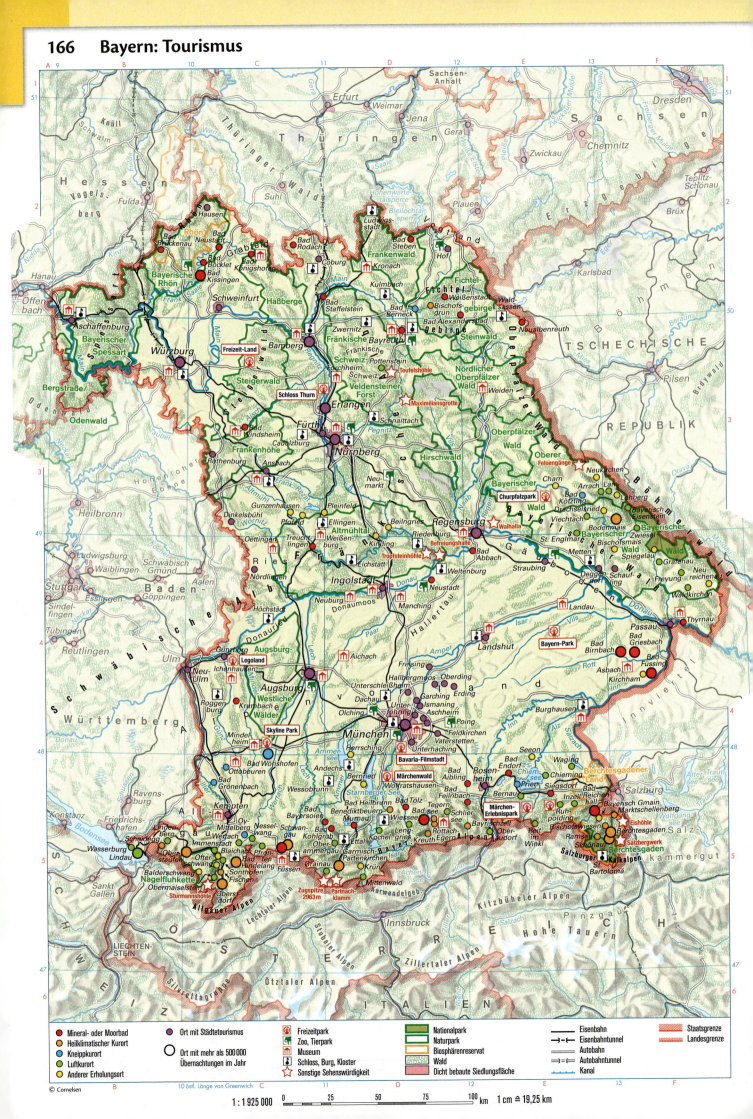

Deutschland: Physische Karte

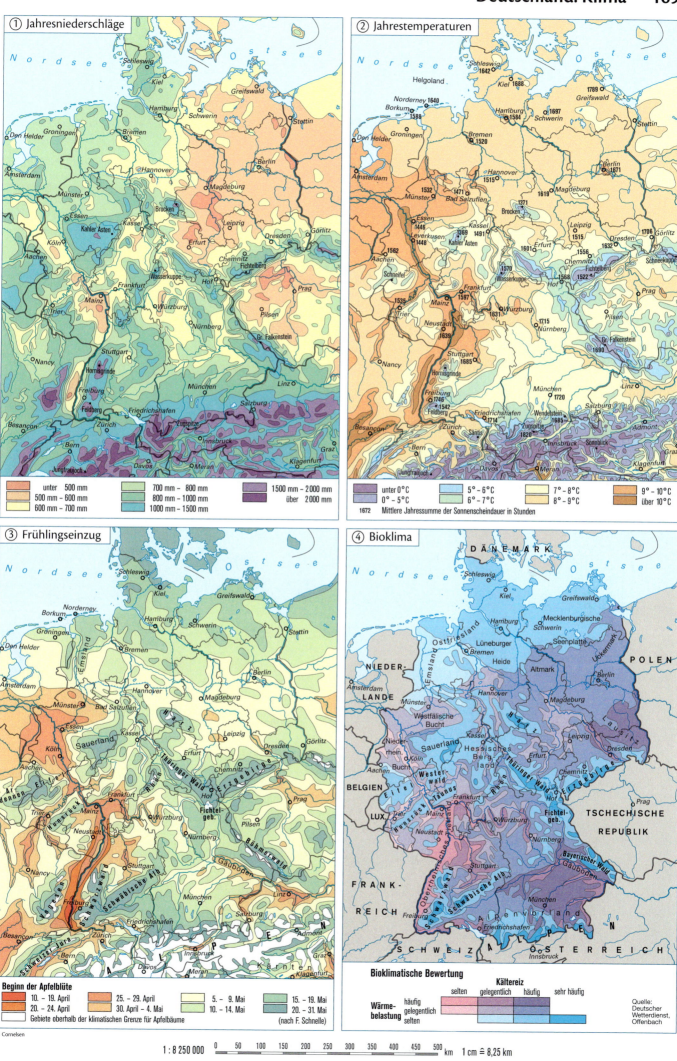

Deutschland: Klima

ATLANTISCHER OZEAN
Europäisches Nordmeer
Norwegisches Becken
Reykjanesrücken
Islandbecken
Westeuropäisches Becken
Azorenschwelle
Nordlicher Polarkreis
ISLAND
Reykjavík
Akureyri
Vatnajökull 2119
Färöer
Shetlandinseln
Orkneyinseln
Rockall
Hebriden
Britische Inseln
IRLAND
Belfast
Dublin
Cork
Irische See
Sankt-Georgs-Kanal
GROSSBRITANNIEN
Ben Nevis 1343
Glasgow
Edinburgh
Aberdeen
Newcastle
Liverpool
Manchester
Sheffield
Birmingham
Bristol
Southampton
London
Land's End
Der Kanal
Straße von Dover
Nordsee
Skagerrak
Kattegat
NORWEGEN
Lofotinseln
Vestfjord
Narvik
Kebnekajse
Trondheim
Galdhöpiggen 2469
Bergen
Stavanger
Oslo
Norwegische Rinne
Skandinavien
SCHWEDEN
Indalsälv
Sundsvall
Klarälv
Vänersee
Uppsala
Stockholm
Norrköping
Göteborg
Gotland
Öland
DÄNEMARK
Kopenhagen
Malmö
Bornholm
Ostsee
NIEDERLANDE
Amsterdam
Rotterdam
BELGIEN
Brüssel
LUXEMBURG
DEUTSCHLAND
Hamburg
Kiel
Rostock
Hannover
Berlin
Dortmund
Köln
Bonn
Leipzig
Dresden
Frankfurt
Nürnberg
Stuttgart
München
Donau
Elbe
Oder
POLEN
Danzig (Gdańsk)
Stettin (Szczecin)
Posen (Poznań)
Breslau (Wrocław)
Kattowitz
Prag
TSCHECHISCHE REPUBLIK
Wien
ÖSTERREICH
Innsbruck
Großglockner 3797
Graz
Bratislava
Budapest
UNGARN
SLOWENIEN
Laibach (Ljubljana)
Zagreb
KROATIEN
Fünfkirchen
Save
Drau
BOSNIEN-HERZEGOWINA
Dinarisches Gebirge
Dalmatien
Split
FRANKREICH
Brest
Bretagne
Le Havre
Seine
Paris
Orléans
Nantes
Loire
Straßburg
Bordeaux
Limoges
Zentralmassiv 1886
Lyon
Garonne
Rhône
Toulouse
Marseille
Golf von Biskaya
SCHWEIZ
Bern
Zürich
LIECHTENSTEIN
Genf
Mont Blanc 4807
Alpen
MONACO
Nizza
ITALIEN
Turin
Mailand
Genua
Venedig
Bologna
SAN MARINO
Florenz
Apennin
Rom (Roma)
Neapel
Vesuv 1277
Foggia
Bari
Korsika
Sardinien
Cagliari
Tyrrhenisches Meer
Adriatisches Meer
Ionisches Meer
Palermo
Messina
Sizilien
Ätna 3340
Catania
Straße von Sizilien
MALTA
SPANIEN
A Coruña
Kap Finisterre
Santander
Bilbao
Pyrenäen
Maladeta 3404
ANDORRA
Zaragoza
Ebro
Duero
Meseta
Madrid
Tajo
Guadiana
Barcelona
Valencia
Balearen
Palma
Mallorca
Murcia
Sevilla
Guadalquivir
Sierra Nevada 3481
Málaga
Gibraltar
Straße von Gibraltar
PORTUGAL
Porto
Lissabon (Lisboa)
Mittelmeer
MAROKKO
Tanger
Tetuan
Kenitra
Rabat
Casablanca
Meknès
Fès
Safi
Marrakesch
Beni Mellal
Agadir
Hoher Atlas
Dschebel Toubkal 4165
Kanarische Inseln
Rif
Ujda
ALGERIEN
Oran
Algier
Sidi-bel-Abbès
Tell-Atlas
Hochland der Schotts
Saharaatlas
Skikda
Annaba
Setif
Constantine
Biskra
TUNESIEN
Kap Blanc
Biserta
Tunis
Sfax
Gabès
Kleine Syrte
Dscherba
Schott Dscherid
LIBYEN
Tripolis
Misurata
Große Syrte
Sirte
Orte
über 1000000 Einwohner
500000 – 1000000 Einwohner
100000 – 500000 Einwohner
unter 100000 Einwohner
Rom Hauptstadt eines Staates
Staatsgrenze
Eisenbahn
Fährverbindung
Autobahn und andere Fernverkehrsstraße
Kanal
Stausee
Sumpf, Moor
Salzbecken
Gletscher
•3797 Höhenzahl
5121 Tiefenzahl
Ruinenstätte
Meerestiefen
6000 4000 2000 200 0
Landhöhen
unter 0 0 100 200 500 1000 2000 4000 m
westl. 0 östl. Länge von Greenwich
1 : 16 500 000
0 100 200 300 400 500 600 700 800 900 1000 km
1 cm ≙ 165 km

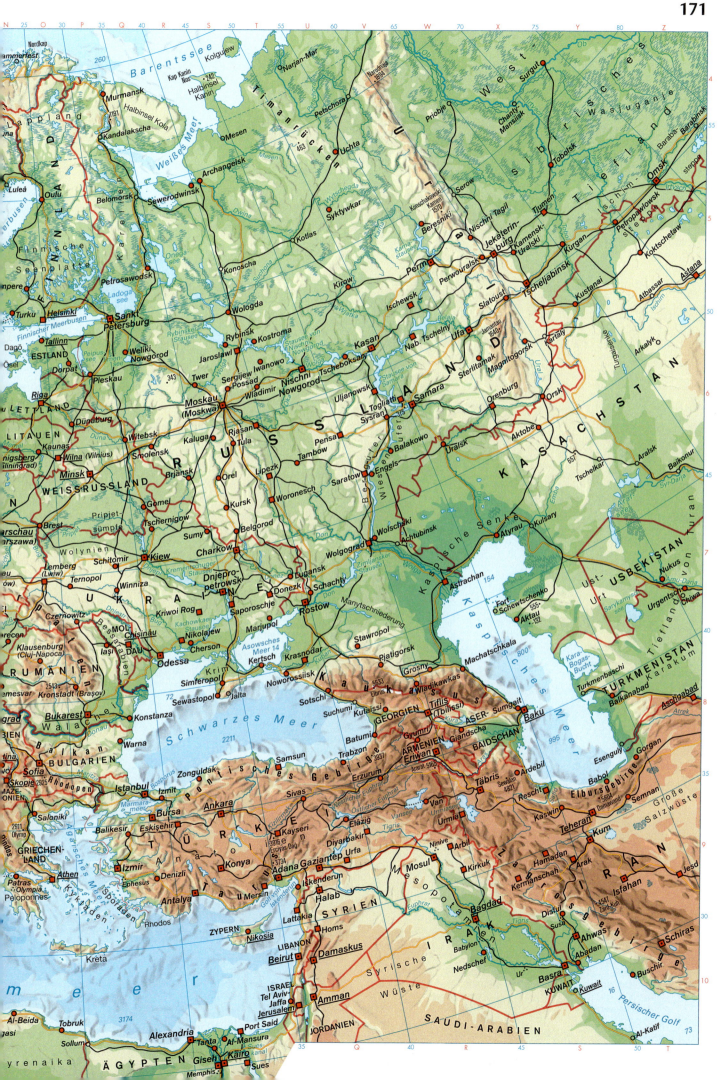

172 Erde: Politische Gliederung

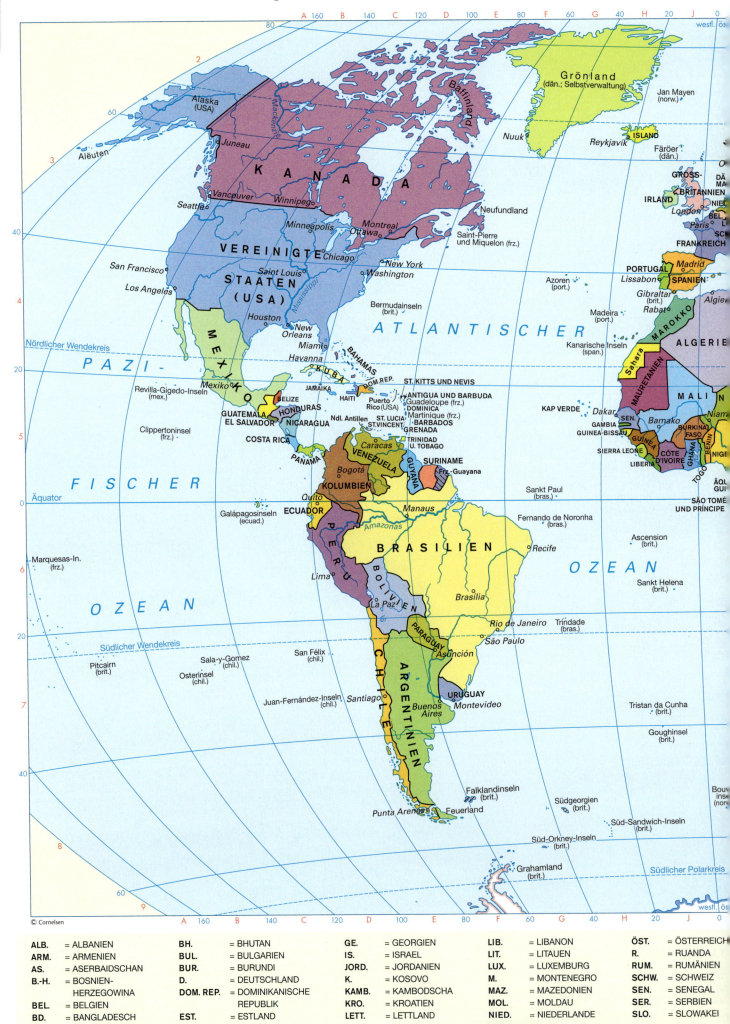

ALB. = ALBANIEN	BH. = BHUTAN	GE. = GEORGIEN	LIB. = LIBANON	ÖST. = ÖSTERREICH
ARM. = ARMENIEN	BUL. = BULGARIEN	IS. = ISRAEL	LIT. = LITAUEN	R. = RUANDA
AS. = ASERBAIDSCHAN	BUR. = BURUNDI	JORD. = JORDANIEN	LUX. = LUXEMBURG	RUM. = RUMÄNIEN
B.-H. = BOSNIEN- HERZEGOWINA	D. = DEUTSCHLAND	K. = KOSOVO	M. = MONTENEGRO	SCHW. = SCHWEIZ
BEL. = BELGIEN	DOM. REP. = DOMINIKANISCHE REPUBLIK	KAMB. = KAMBODSCHA	MAZ. = MAZEDONIEN	SEN. = SENEGAL
BD. = BANGLADESCH	EST. = ESTLAND	KRO. = KROATIEN	MOL. = MOLDAU	SER. = SERBIEN
		LETT. = LETTLAND	NIED. = NIEDERLANDE	SLO. = SLOWAKEI

© Cornelsen

SLOW. = SLOWENIEN		austr. = australisch	ind. = indisch	norw. = norwegisch
T. R. = TSCHECHISCHE REPUBLIK		bras. = brasilianisch	jap. = japanisch	port. = portugiesisch
		brit. = britisch	jem. = jemenitisch	russ. = russisch
TAD. = TADSCHIKISTAN		chil. = chilenisch	maurit. = mauritisch	span. = spanisch
UNG. = UNGARN		dän. = dänisch	mex. = mexikanisch	südafr. = südafrikanisch
V.A.E. = VEREINIGTE ARABISCHE EMIRATE		ecuad. = ecuadorianisch	ndl. = niederländisch	Besitzungen europäischer Staaten in Übersee sind schraffiert.
		frz. = französisch	neus. = neuseeländisch	

Kartenregister

A

A Coruña 170/171 FG 7
Aachen 167 B 3
Aalen 164 C 4
Abadan 170/171 S 9
Abensberg 164 DE 4
Aberdeen 170/171 HJ 4
Achensee 164 D 5
Achtubinsk 170/171 S 6
Adana 170/171 Q 8
Addis Abeba 172/173 LM 5
Adriatisches Meer 170/171 LM 7
Ägäisches Meer 170/171 NO 7/8
Ägypten 172/173 L 4
Äquatorialguinea 172/173 K 5
Äthiopien 172/173 LM 5
Ätna 170/171 LM 8
Afghanistan 172/173 N 4
Agadir 170/171 FG 9
Ahrweiler, Bad Neuenahr- 167 B 3
Ahwas 170/171 S 9
Aichach 164 D 4
Aisch 164 C 3
Akureyri 170/171 E 2
Al-Beida 170/171 N 9
Al-Katif 170/171 ST 10
Al-Mansura 170/171 P 9
Alaska 172/173 B 2
Albanien 170/171 M 7
Alexandria 170/171 OP 9
Algerien 172/173 JK 4
Algier 170/171 J 8
Aller 167 C 2
Allgäu 164 BC 5
Allgäuer Alpen 164 C 5
Almaty 172/173 NO 3
Alpen 170/171 KL 6/7
Alpenvorland 164 C-E 4
Alsfeld 164 B 2
Altenburg 164 E 1
Altmark 167 D 2
Altmühl 164 D 4
Altmühltal, Naturpark D 3
Altötting 164 E 4
Alz 164 E 4
Alzenau 164 B 2
Amberg 164 DE 3
Ameland 167 A 2
Amiranten 172/173 MN 6
Amman 170/171 Q 9
Ammer 164 CD 5
Ammersee 164 CD 5
Amorbach 164 B 3
Amper 164 D 4
Amsterdam, Insel 172/173 N 7
Amsterdam, Stadt 170/171 J 5
Amur 172/173 Q 3
Anatolien 170/171 O-Q 8
Andamanen 172/173 O 5
Andechs 166 CD 5
Andorra 170/171 J 7
Andropow → Rybinsk
Angola 172/173 KL 6
Anhalt, Sachsen- 167 DE 2/3
Ankara 170/171 P 7/8
Annaba 170/171 K 8
Annaberg-Buchholz 164 EF 2
Ansbach 164 C 3
Antalya 170/171 OP 8
Antananarivo 172/173 M 6
Antigua und Barbuda 172/173 FG 5
Apeldoorn 167 AB 2
Apenninen 170/171 LM 7
Apenrade 167 C 1
Apolda 164 D 1
Ar-Rif 170/171 GH 8/9
Arak 170/171 ST 9
Aralsee 170/171 UV 6/7
Ararat 170/171 R 8
Arax 170/171 S 8
Arbil 170/171 RS 8
Arbon 164 B 5
Archangelsk 170/171 RS 3
Ardebil 170/171 S 8
Argentinien 172/173 F 7/8
Arkalyk 170/171 W 5
Armenien 170/171 RS 7
Arnheim 167 AB 2/3
Arnsberg, Stadt 167 C 3
Arnstadt 164 CD 2
Arrach 166 E 3
Aš 164 E 2
Asbach (an der Rott) 166 EF 4
Ascension 172/173 J 6
Asch 164 E 2
Aschaffenburg 164 B 3
Aschgabad 172/173 MN 4
Aschheim 166 D 4
Aserbaidschan 170/171 S 7/8
Asmara 172/173 L 5
Asowsches Meer 170/171 Q 6
Astana 172/173 N 3
Astrachan 170/171 ST 6
Asunción 172/173 G 7
Atbassar 170/171 W 5
Athen 170/171 NO 8
Atlantischer Ozean 172/173 F-J 4-6
Atrek 170/171 U 8
Attersee 164 F 5
Auckland 172/173 S 7
Aucklandinseln 172/173 S 8
Aue 164 E 2
Auerbach (Oberpfalz) 164 D 3
Auerbach (Vogtland) 164 E 2
Augsburg-Westliche Wälder, Naturpark 166 C 4
Augsburg 164 C 4
Aussig 167 EF 3
Australien 172/173 QR 7
Azoren 172/173 H 4
Azorenschwelle 170/171 EF 8/9

B

Babol 170/171 T 8
Babylon, Ruinenstätte 170/171 R 9
Backnang 164 B 4
Bad Abbach 166 E 4
Bad Aibling 164 D 5
Bad Alexandersbad 166 DE 3
Bad Bayersoien 166 C 5
Bad Berneck 164 D 2
Bad Birnbach 166 EF 4
Bad Bocklet 166 C 2
Bad Brückenau 164 B 2
Bad Endorf 166 E 5
Bad Feilnbach 166 D 5
Bad Friedrichshall 164 B 3
Bad Füssing 164 F 4
Bad Gastein 164 F 5
Bad Griesbach 164 F 4
Bad Grönenbach 166 C 5
Bad Heilbrunn 166 D 5
Bad Hersfeld 164 B 2
Bad Hindelang 166 C 5
Bad Homburg 167 C 3
Bad Ischl 164 F 5
Bad Kissingen 164 C 2
Bad Königshofen 166 C 2
Bad Kötzting 164 E 3
Bad Kohlgrub 166 CD 5
Bad Langensalza 164 C 1
Bad Mergentheim 164 B 3
Bad Neuenahr-Ahrweiler 167 B 3
Bad Neustadt 164 BC 2
Bad Reichenhall 164 F 5
Bad Salzungen 164 C 2
Bad Saulgau 164 B 4/5
Bad Soden-Salmünster 164 B 2
Bad Staffelstein 164 CD 2
Bad Steben 164 D 2
Bad Tölz 164 D 5
Bad Vilbel 164 AB 2
Bad Waldsee 164 B 5
Bad Wiessee 166 D 5
Bad Wildungen 164 AB 1
Bad Wimpfen 164 AB 3
Bad Windsheim 164 C 3
Bad Wörishofen 164 C 5
Baden-Baden 167 C 4
Baden-Württemberg 167 C 4
Bäreninsel 172/173 KL 2
Baffinland 172/173 EF 2
Bagdad 170/171 RS 9
Bahamas 172/173 F 4
Bahrain 172/173 M 4
Baku 170/171 ST 7/8
Balakowo 170/171 ST 5
Balderschwang 166 BC 5
Balearen 170/171 J 7/8
Balıkesir 170/171 O 8
Balkan 170/171 NO 7
Balkanabad 170/171 TU 8
Bamako 172/173 J 5
Bamberg 164 C 3
Bangkok 172/173 OP 5
Bangladesch 172/173 O 4
Bangui 172/173 K 5
Barabinsk 170/171 Y 4
Barbados 172/173 G 5
Barbuda, Antigua und 172/173 FG 5
Barcelona 170/171 J 7
Bari 170/171 M 7
Basra 170/171 S 9
Batumi 170/171 R 7
Bautzen 167 F 3
Bavaria Filmstadt Geiselgasteig 166 D 5
Bayerisch Eisenstein 166 F 3
Bayerisch Gmain 166 EF 5
Bayerische Alpen 164 DE 5
Bayerische Rhön, Naturpark 166 B 2
Bayerischer Spessart, Naturpark 166 B 3
Bayerischer Wald, Mittelgebirge 164 EF 3/4
Bayerischer Wald, Nationalpark 166 F 3/4
Bayerischer Wald, Naturpark 166 EF 3/4
Bayern 167 DE 4
Bayern-Park Reisbach 166 E 4
Bayreuth 167 D 4
Bayrischzell 166 E 5
Bebra 164 B 2
Befreiungshalle 166 DE 4
Beilngries 166 D 3
Beirut 170/171 PQ 9
Belaja 170/171 TU 4
Belfast 170/171 G 4/5
Belgien 170/171 JK 5/6
Belgorod 170/171 Q 5
Belgrad 170/171 N 7
Belize 172/173 E 5
Belomorsk 170/171 P 3
Ben Nevis 170/171 GH 4
Benediktbeuern 166 D 5
Benediktenwand 164 D 5
Bengasi 170/171 N 9
Beni Mellal 170/171 GH 9
Benin 172/173 K 5
Beraun 164 F 3
Berchtesgaden, Nationalpark 166 EF 5
Berchtesgaden, Ort 164 EF 5
Berchtesgadener Land, Biosphärenregion 166 EF 5
Beresniki 170/171 U 4
Bergen 170/171 JK 3
Bergstraße-Odenwald, Naturpark 166 AB 3
Bergufer 170/171 RS 5
Berlin, Bundesland 167 E 2
Berlin, Stadt 167 E 2
Bermudainseln 172/173 F 4
Bern 170/171 K 6
Bernau 166 E 5
Bernried 166 D 5
Berounka 164 F 2/3
Bessarabien 170/171 O 6
Bhutan 172/173 O 4
Biberach 164 B 4
Bielefeld 167 C 2
Bietigheim-Bissingen 164 B 3/4
Bilbao 170/171 H 7
Bingen 167 B 4
Birkkarspitze 164 D 5
Birma → Myanmar
Birmingham 170/171 H 5
Bischkek 172/173 N 3
Bischofsgrün 166 D 2
Bischofshofen 164 EF 5
Bischofsmais 166 EF 3
Bischofswiesen 166 E 5
Biserta 170/171 KL 8
Biskra 170/171 K 9
Bissingen, Bietigheim- 164 B 3/4
Blaichach 166 C 5
Blatná 164 F 3
Blaubeuren 164 B 4
Bleilochtalsperre 164 D 2
Blovice 164 F 3
Bochum 167 B 3
Bode 167 D 3
Bodenmais 166 EF 3
Bodensee 164 B 5
Bodenwöhr 164 E 3
Böhmen 167 EF 4
Böhmerwald 164 F 3/4
Bogotá 172/173 F 5
Bolivien 172/173 FG 6
Bologna 170/171 L 7
Bombay → Mumbai
Bonininseln 172/173 R 4
Bonn 167 B 3
Bopfingen 164 C 4
Bordeaux 170/171 H 6/7
Borkum 167 B 2
Borna 164 E 1
Borneo 172/173 P 5/6
Bornholm 170/171 LM 4/5
Bosnien-Herzegowina 170/171 M 7
Bosporus 170/171 OP 7
Botsuana 172/173 L 7
Bottnischer Meerbusen 170/171 MN 2/3
Bouvetinsel 172/173 K 8
Brandenburg, Bundesland 167 EF 2
Brandenburg, Stadt 167 E 2
Brasília 172/173 G 6
Brasilien 172/173 FG 6
Braunau 164 F 4
Braunschweig 167 CD 2
Brdywald 164 F 3
Bregenz 164 B 5
Bremen, Bundesland 167 C 2

Bremen, Stadt 167 C 2
Bremerhaven 167 C 2
Breschnew → Nabereschnyje Tschelny
Breslau 170/171 M 5
Brest (Frankreich) 170/171 GH 6
Brest (Weißrussland) 170/171 NO 5
Bretagne 170/171 H 6
Brisbane 172/173 R 7
Bristol 170/171 H 5
Britische Inseln 170/171 FG 4/5
Brjansk 170/171 P 5
Brocken 167 D 3
Brüssel 170/171 JK 5
Brüx 164 F 2
Brunei 172/173 P 5
Buchen 164 B 3
Buchholz, Annaberg- 164 EF 2
Budapest 170/171 M 6
Budweis 167 F 4
Büdingen 164 AB 2
Buenos Aires 172/173 FG 7
Bug (zum Schwarzen Meer) 170/171 P 6
Bug (zur Weichsel) 170/171 N 5
Bukarest 170/171 NO 7
Bulgarien 170/171 NO 7
Burghausen 164 E 4
Burglengenfeld 164 DE 3
Burkina Faso 172/173 JK 5
Burladingen 164 B 4
Bursa 170/171 OP 7
Burundi 172/173 L 6
Buschir 170/171 T 10
Bussen 164 B 4

C

Cadolzburg 166 C 3
Cagliari 170/171 KL 8
Campbellinsel 172/173 S 8
Canberra 172/173 R 7
Caracas 172/173 F 5
Casablanca 170/171 FG 9
Catania 170/171 LM 8
Celebes 172/173 PQ 6
Celle 167 D 2
Čerchov 164 E 3
České Budějovice 167 EF 4
Chabarowsk 172/173 QR 3
Cham 164 E 3
Chanty-Mansiisk 170/171 W 3
Charkow 170/171 PQ 5/6
Chathaminseln 172/173 ST 8
Cheb 164 E 2
Chemnitz 164 EF 2
Chennai 172/173 O 5
Cherson 170/171 P 6
Chicago 172/173 E 3
Chieming 166 E 5
Chiemsee 164 E 5
Chile 172/173 F 7
China 172/173 OP 4
Chişinău 170/171 OP 6
Chiwa 170/171 V 7
Chodau 164 E 2
Chodov 164 E 2
Chomutov 164 F 2
Christmasinsel 172/173 P 6
Chur 164 B 6
Churpfalzpark Loifling 166 E 3
ClipperToninsel 172/173 D 5
Coburg 164 CD 2
Cochem 167 B 3
Colmar 167 B 4
Colombo 172/173 N 5
Constantine 170/171 K 8
Cork 170/171 G 5
Costa Rica 172/173 E 5
Côte d'Ivoire 172/173 J 5
Cottbus 167 EF 3
Crailsheim 164 BC 3
Crozetinseln 172/173 M 8
Cuxhaven 167 C 2
Cyrenaika 170/171 N 9
Czernowitz 170/171 NO 6

D

Dachau 164 D 4
Dachstein 164 F 5
Dänemark 170/171 KL 4
Dagö 170/171 N 4
Dakar 172/173 HJ 5
Dalmatien 170/171 M 7
Damaskus 170/171 Q 9
Damawand 170/171 T 8
Danzig 170/171 M 5
Daressalam 172/173 LM 6
Darmstadt, Stadt 167 C 4
Darß 167 E 1
Debrecen 170/171 N 6
Deggendorf 164 F 4
Delmenhorst 167 C 2
Demokratische Republik Kongo 172/173 KL 6
Denizli 170/171 OP 8
Der Kanal 170/171 GH 5/6
Dessau-Roßlau 167 DE 3
Detmold, Stadt 167 C 3
Deutschland 167
Dieburg 164 A 3
Diedenhofen 167 B 4
Diego Garcia 172/173 N 6
Dießen 164 CD 5
Dietfurt 164 D 3
Dillingen 164 C 4
Dinarisches Gebirge 170/171 M 6/7
Dingolfing 164 E 4
Dinkelsbühl 164 C 3
Disful 170/171 S 9
Diyarbakır 170/171 QR 8
Dnjepr 170/171 P 5/6
Dnjepropetrowsk 170/171 PQ 6
Dnjestr 170/171 O 6
Dodoma 172/173 L 6
Döbeln 164 F 1
Döbraberg 164 D 2
Domažlice 164 E 3
Dominica 172/173 FG 5
Dominikanische Republik 172/173 F 4/5
Don 170/171 R 6
Donau 164 D 4
Donaumoos 164 D 4
Donauried 164 C 4
Donauwörth 164 C 4
Donez 170/171 Q 6
Donezk 170/171 Q 6
Dorfen 164 E 4
Dornbirn 164 B 5
Dorpat 170/171 O 4
Dortmund 167 B 3
Dortmund-Ems-Kanal 167 B 2
Drachselried 166 E 3
Drau 170/171 M 6
Dresden 167 EF 3
Dschebel Tubkal 170/171 G 9
Dscherba 170/171 L 9
Dschibuti 172/173 M 5
Dublin 170/171 G 5
Düna 170/171 O 4
Dünaburg 170/171 O 4
Düren 167 B 3
Duero 170/171 G 7
Düsseldorf, Stadt 167 B 3
Duisburg 167 B 3
Dungau 164 E 4
Duppauer Gebirge 164 F 2
Duschanbe 172/173 N 3/4
Dwina 170/171 R 3

E

Ebensee 164 F 5
Eberbach 164 AB 3
Ebern 164 C 2
Ebersberg 164 DE 4
Eberswalde 167 E 2
Ebro 170/171 H 7
Ecuador 172/173 EF 6
Eder 167 C 3
Edinburgh 170/171 H 4
Eger, Fluss 164 F 2
Eger, Stadt 164 E 2
Egern, Rottach- 166 D 5
Egge 167 C 3
Eggenfelden 164 E 4
Ehingen 164 B 4
Eichstätt 164 D 4
Eider 167 C 1
Einödriegel 164 F 4
Eisenach 164 C 2
Eisenberg 164 D 1/2
El Salvador 172/173 E 5
Elazig 170/171 QR 8
Elbe-Seitenkanal 167 D 2
Elbe 167 D 2
Elbrus 170/171 R 7
Elbursgebirge 170/171 T 8
Elde 167 D 2
Elfenbeinküste → Côte d'Ivoire
Ellingen 166 D 3
Ellwangen 164 C 4
Elmshorn 167 CD 2
Elstergebirge 164 E 2
Emba 170/171 U 6
Emden 167 B 2
Emmen 167 B 2
Ems 167 B 2
Emsland 167 B 2
Engels 170/171 S 5
Enschede 167 B 2
Entenbühl 164 E 3
Ephesus, Ruinenstätte 170/171 O 8
Erbach 164 A 3
Erciyas Dag 170/171 Q 8
Erding 164 D 4
Erfurt 170/171 D 1
Eritrea 172/173 LM 5
Eriwan 170/171 R 7
Erlangen 164 D 3
Erzgebirge 164 EF 2
Erzurum 170/171 R 7/8
Esenguly 170/171 T 8
Eskişehir 170/171 OP 8
Essen 167 B 3
Esslingen 164 B 4
Estland 170/171 NO 4
Ettal 166 D 5
Euphrat 170/171 R 9
Europa 170/171
Europäisches Nordmeer 170/171 G-L 2

F

Färöer 170/171 G 3
Falkenau 164 E 2
Falklandinseln 172/173 G 8
Falster 167 DE 1
Fehmarn 167 D 1
Feldberg 167 B 5
Feldkirchen 166 DE 4
Felsengänge Furth 166 E 3
Fernando de Noronha 172/173 H 6
Fès 170/171 GH 9
Feucht 164 D 3
Feuchtwangen 164 C 3
Feuerland 172/173 FG 8
Fichtelberg 164 E 2
Fichtelgebirge, Mittelgebirge 164 DE 2/3
Fichtelgebirge, Naturpark 166 E 3
Fidschi 172/173 S 6
Finnische Seenplatte 170/171 NO 3
Finnischer Meerbusen 170/171 NO 3/4
Finnland 170/171 NO 2/3
Fischen 166 C 5
Fläming 167 E 2/3
Flensburg 167 C 1
Flims 164 B 6
Florenz 170/171 KL 7
Föhr 167 C 1
Foggia 170/171 M 7
Forchheim 164 D 3
Forggensee 164 C 5
Fort Schewtschenko 170/171 T 7
Fränkische Alb 164 CD 3/4
Fränkische Rezat 164 C 3
Fränkische Saale 164 BC 2
Fränkische Schweiz-Veldensteiner Forst, Naturpark 166 D 3
Fränkische Schweiz 164 D 3
Frankenhöhe, Höhenzug 164 C 3
Frankenhöhe, Naturpark 166 C 3
Frankenwald, Mittelgebirge 164 D 2
Frankenwald, Naturpark 166 D 2
Frankfurt (am Main) 167 C 3
Frankfurt (an der Oder) 167 F 2
Frankreich 170/171 H-K 6
Franz-Josef-Land 172/173 MN 2
Französisch-Guayana 172/173 G 5
Freiberg 164 F 2
Freiberger Mulde 164 F 1/2
Freiburg, Stadt 167 B 4/5
Freilassing 164 E 5
Freising 164 D 4
Freital 164 F 1/2
Freizeit-Land Geiselwand 166 C 3
Freyung 164 F 4
Friedberg 164 D 4
Friedrichshafen 164 B 5
Frunse → Bischkek
Fünfkirchen 170/171 M 6
Fürstenfeldbruck 164 CD 4
Fürth 164 C 3
Füssen 164 C 5
Fulda, Fluss 167 C 3
Fulda, Stadt 164 B 2
Furth im Wald 164 E 3
Further Felsengänge 166 E 3

G

Gabès 170/171 KL 9
Gabun 172/173 K 6
Gaildorf 164 B 3
Gaimersheim 164 D 4
Galápagosinseln 172/173 D 6
Galdhöpigg 170/171 K 3
Gambia 172/173 HJ 5
Ganges 172/173 O 4
Garching 164 D 4
Garmisch-Partenkirchen 164 D 5
Garonne 170/171 HJ 7
Gasan-Kuli 170/171 T 8
Gaziantep 170/171 Q 8
Gebweiler 167 B 5
Gedser 167 DE 1
Geesthacht 167 D 2
Geiersberg 164 B 3
Geislingen 164 B 4
Gelnhausen 164 AB 2
Gelsenkirchen 167 B 3
Gemünden 164 B 2
Genf 170/171 K 6
Genua 170/171 K 7
Georgien 170/171 R 7
Gera, Fluss 164 C 1
Gera, Stadt 164 DE 2
Geretsried 164 D 5
Gerlos 164 DE 5
Germering 164 D 4
Gerolzhofen 164 C 3
Gersthofen 164 C 4
Ghana 172/173 J 5
Giandscha 170/171 S 7
Gibraltar 170/171 GH 8
Giengen 164 C 4
Gießen, Stadt 167 C 3
Giseh 170/171 OP 9
Gjumri 170/171 R 7
Glauchau 164 E 2

Gleichberge 164 C 2
Gmunden 164 F 5
Göppingen 164 B 4
Görlitz 167 F 3
Göteborg 170/171 L 4
Göttingen 167 CD 3
Golf von Biskaya 170/171 H 7
Golf von Iskenderun 170/171 PQ 8
Golling 164 F 5
Gomel 170/171 P 5
Gorgan 170/171 TU 8
Gorki → Nischni Nowgorod
Goslar 167 D 3
Gotha 164 C 2
Gotland 170/171 M 4
Goughinsel 172/173 J 8
Grabfeld 164 C 2
Grafenau 164 F 4
Grahamland 172/173 G 9
Grainau 166 CD 5
Graz 170/171 M 6
Greifswald 167 E 1
Greiz 164 E 2
Grenada 172/173 FG 5
Griechenland 170/171 N 8
Grönland 172/173 GH 2
Groningen 167 B 2
Grosny 170/171 RS 7
Großbritannien 170/171 HJ 5
Große Salzwüste 170/171 TU 9
Große Syrte 170/171 M 9
Großer Arber 164 F 3
Großer Beerberg 164 C 2
Großer Osser 164 EF 3
Großglockner 164 E 5
Großostheim 164 B 3
Großvenediger 164 E 5
Grünberg 164 AB 2
Grünten 164 C 5
Grünwald 164 D 4
Grusinien → Georgien
Guadalquivir 170/171 GH 8
Guadeloupe 172/173 FG 5
Guadiana 170/171 G 8
Guam 172/173 R 5
Guatemala 172/173 E 5
Guben 167 F 3
Guebwiller 167 B 5
Günz 164 C 4
Günzburg 164 C 4
Güstrow 167 E 2
Gütersloh 167 BC 3
Guffertspitze 164 D 5
Guinea 172/173 J 5

Guinea-Bissau 172/173 HJ 5
Gunzenhausen 164 C 3
Guyana 172/173 FG 5

H

Haar 164 D 4
Haardt 167 BC 4
Hagen 167 B 3
Hagenau 167 B 4
Hahnenkamm 164 E 5
Haiderabad 172/173 NO 5
Haiti 172/173 F 5
Halab 170/171 Q 8
Halbinsel Kanin 170/171 RS 2
Halbinsel Kola 170/171 Q 2
Hall 164 D 5
Hallbergmoos 166 D 4
Halle 167 DE 3
Hallein 164 F 5
Hallertau 164 D 4
Hamadan 170/171 S 9
Hamburg, Bundesland 167 D 2
Hamburg, Stadt 167 CD 2
Hameln 167 C 2
Hamm 167 BC 3
Hammelburg 164 B 2
Hammerfest 170/171 NO 1
Hanau 164 AB 2
Hannover 167 C 2
Hanoi 172/173 P 4
Harare 172/173 L 6
Harz 167 D 3
Hase 167 B 2
Haßberge, Mittelgebirge 164 C 2
Haßberge, Naturpark 166 C 2
Haßfurt 164 C 2
Hausen 166 C 2
Hauzenberg 164 F 4
Havanna 172/173 E 4
Havel 167 E 2
Heardinsel 172/173 NO 8
Hebriden 170/171 G 4
Heidelberg 167 C 4
Heidenau 164 F 2
Heidenheim 164 BC 4
Heilbronn 164 B 3
Heiligenblut 164 EF 5
Helmstedt 167 D 2
Helsinki 170/171 NO 3
Herford 167 C 2
Herisau 164 B 5
Herrsching 166 D 4
Hersbruck 164 D 3
Herzegowina, Bosnien- 170/171 M 7
Herzogenaurach 164 C 3

Hesselberg 164 C 3
Hessen 167 C 3
Hildburghausen 164 C 2
Hilders 164 B 2
Hildesheim 167 C 2
Hilpoltstein 164 D 3
Hirschaid 164 D 3
Hirschwald, Naturpark 166 D 3
Ho-Tschi-Minh-Stadt 172/173 P 5
Hochalmspitze 164 F 5/6
Hochfeiler 164 D 6
Hochgall 164 E 6
Hochgolling 164 F 5
Hochkönig 164 EF 5
Hochland der Schotts 170/171 HJ 8/9
Höchstadt 164 C 3
Höchstädt 166 C 4
Hof 164 D 2
Hofheim 164 C 2
Hohe Tauern 164 E 5
Hohenloher Ebene 164 BC 3
Hohenwartetalsperre 164 D 2
Hoher Atlas 170/171 G 9
Hoher Bogen 164 E 3
Hoher Freschen 164 B 5
Hoher Ifen 164 C 5
Hoher Meißner → Meißner, Bergmassiv
Hohes Venn 167 AB 3
Homberg 164 AB 1/2
Homs 170/171 Q 9
Honduras 172/173 EF 5
Hongkong 172/173 PQ 4
Houston 172/173 E 4
Hoyerswerda 167 EF 3
Hünfeld 164 B 2
Hunsrück 167 B 3/4
Hunte 167 C 2
Husum 167 C 1

I

Iași 170/171 O 6
Ichenhausen 166 C 4
Idar-Oberstein 167 B 4
Iller 164 C 5
Illertissen 164 C 4
Ilm 164 D 2
Ilmenau 164 CD 2
Ilmensee 170/171 OP 4
Immenstadt 164 C 5
Imst 164 C 5
Indalsälv 170/171 LM 3
Indien 172/173 NO 4
Indischer Ozean 172/173 M-O 6/7

Indonesien 172/173 PQ 6
Ingolstadt 164 D 4
Inn 164 E 4
Innsbruck 164 D 5
Innviertel 164 F 4
Inselsberg 164 C 2
Inzell 166 E 5
Ionisches Meer 170/171 M 8
Irak 172/173 M 4
Iran 172/173 M 4
Irische See 170/171 GH 5
Irkutsk 172/173 OP 3
Irland 170/171 G 5
Isar 164 E 4
Ischewsk 170/171 T 4
Ischimsteppe 170/171 WX 4/5
Isfahan 170/171 T 9
Iskenderun 170/171 Q 8
Islamabad 172/173 NO 4
Island 170/171 DE 2
Islandbecken 170/171 D 3/4
Ismaning 164 D 4
Isny 164 C 5
Israel 172/173 L 4
Istanbul 170/171 O 7
Italien 170/171 KL 7
Itzehoe 167 C 2
Iwanowo 170/171 R 4
Izmir 170/171 O 8
Izmit 170/171 OP 7

J

Jagst 164 B 3
Jakarta 172/173 P 6
Jalta 170/171 PQ 7
Jamaika 172/173 EF 5
Jan Mayen 172/173 J 2
Jap 172/173 QR 5
Japan 172/173 QR 4
Jaroslawl 170/171 Q 4
Java 172/173 P 6
Jekaterinburg 172/173 N 3
Jemen 172/173 M 5
Jena 164 D 2
Jenbach 164 D 5
Jenissei 172/173 O 2
Jerusalem 170/171 PQ 9
Jesd 170/171 TU 9
Jordanien 172/173 L 4
Juan-Fernández-Inseln 172/173 E 7
Juneau 172/173 C 3

K

Kaaden 164 F 2
Kabul 172/173 N 4
Kachowkaer Stausee 170/171 P 6
Kadaň 164 F 2

Kahler Asten 167 C 3
Kairo 172/173 L 4
Kaiserslautern 167 B 4
Kalinin → Twer
Kalkutta → Kolkata
Kaluga 170/171 PQ 5
Kama 170/171 T 3/4
Kamastausee 170/171 TU 4
Kambodscha 172/173 P 5
Kamensk-Uralski 170/171 V 4
Kamerun 172/173 K 5
Kamtschatka 172/173 RS 3
Kanada 172/173 C-F 3
Kanarische Inseln 170/171 F 10
Kandalakscha 170/171 PQ 2
Kanin, Halbinsel 170/171 RS 2
Kap Arkona 167 E 1
Kap Blanc 170/171 KL 8
Kap Finisterre 170/171 FG 7
Kap Kanin Nos 170/171 R 2
Kap Verde 172/173 H 5
Kapstadt 172/173 K 7
Kara-Bogas-Bucht 170/171 T 7
Karachi 172/173 N 4
Karelien 170/171 P 2/3
Karlovy Vary 164 EF 2
Karlsbad 164 EF 2
Karlsruhe, Stadt 167 C 4
Karlstadt 164 BC 3
Karolinen 172/173 R 5
Karpaten 170/171 M-O 6
Kartaly 170/171 V 5
Karwendelgebirge 164 D 5
Kasachstan 172/173 MN 3
Kasan 170/171 S 4
Kaspische Senke 170/171 ST 6
Kaspisches Meer 170/171 ST 6-8
Kassel, Stadt 167 C 3
Kaswin 170/171 ST 8
Katar 172/173 M 4
Kattegat 170/171 L 4
Kattowitz 170/171 M 5
Katzenbuckel 164 B 3
Kaufbeuren 164 C 5
Kaukasus 170/171 Q-S 7

Kaunas 170/171 NO 4/5
Kayseri 170/171 Q 8
Kebnekajse 170/171 M 2
Keilberg 164 E 2
Kelheim 164 D 4
Kellerwald 164 AB 1
Kemnath 164 DE 3
Kempten 164 C 5
Kenia 172/173 L 5
Kenitra 170/171 G 9
Kerguelen 172/173 N 8
Kermanschah 170/171 S 9
Kertsch 170/171 Q 6
Khartum 172/173 L 5
Kiel 167 D 1
Kieler Bucht 167 D 1
Kiew 170/171 P 5
Kinding 166 D 4
Kinshasa 172/173 KL 6
Kinzig 164 B 2
Kirchham 166 F 4
Kirchheim 164 B 4
Kirgisistan 172/173 N 3
Kirkuk 170/171 RS 8
Kirow 170/171 S 4
Kirowabad → Giandscha
Kiruna 170/171 N 2
Kisangani 172/173 L 5
Kitzbühel 164 E 5
Kitzbüheler Alpen 164 E 5
Kitzingen 164 C 3
Kizilirmak 170/171 Q 8
Kladno 167 EF 3
Klarälv 170/171 L 3
Klatovy 164 F 3
Klattau 164 F 3
Klausenburg 170/171 N 6
Kleine Syrte 170/171 L 9
Kleve 167 B 3
Klinovec 164 EF 2
Knetzberg 164 C 3
Knüll 164 B 2
Koblenz 167 B 3
Kochel 166 D 5
Kocher 164 B 4
Köln, Stadt 167 B 3
Königsberg (Ostpreußen) 170/171 N 5
Königsbrunn 164 CD 4
Königshofen, Lauda- 164 B 3
Kokosinseln 172/173 O 6
Kola, Halbinsel 170/171 Q 2
Kolgujew 170/171 S 2
Kolkata 172/173 O 4
Kolumbien 172/173 F 5
Komoren 172/173 M 6
Komotau 164 F 2

Kongo, Fluss 172/173 KL 5/6
Kongo, Staat 172/173 K 5/6
Konoscha 170/171 R 3
Konschakowski Kamen 170/171 U 3/4
Konstanz 164 B 5
Konstanza 170/171 OP 7
Konya 170/171 P 8
Kopenhagen 170/171 KL 4
Kornwestheim 164 B 4
Korsika 170/171 K 7
Kosovo 170/171 N 7
Kostroma 170/171 R 4
Kostrzyn 167 F 2
Kotlas 170/171 S 3
Krakau 170/171 MN 5/6
Krasnodar 170/171 Q 6
Krasnowodsk 170/171 TU 7
Krementschuger Stausee 170/171 P 6
Kreta 170/171 O 9
Kreuth 166 D 5
Kreuzberg 164 B 2
Kreuzjoch 164 DE 5
Krim 170/171 P 6
Kriwoi Rog 170/171 P 6
Kroatien 170/171 LM 6
Kronach 164 D 2
Kronstadt 170/171 NO 6
Krün 166 D 5
Krumbach 164 C 4
Kuba 172/173 EF 4
Kuban 170/171 QR 6/7
Künzelsau 164 B 3
Küstenkanal 167 B 2
Küstrin 167 F 2
Kufstein 164 E 5
Kuibyschew → Samara, Stadt
Kulmbach 164 D 2
Kulsary 170/171 TU 6
Kum 170/171 T 9
Kura 170/171 S 7
Kurilen 172/173 R 3
Kursk 170/171 Q 5
Kutaissi 170/171 R 7
Kuwait, Staat 172/173 M 4
Kuwait, Stadt 170/171 S 10
Kykladen 170/171 NO 8

L

La Coruña → A Coruña
La Paz 172/173 F 6
Ladogasee 170/171 P 3
Lahn 167 B 3
Laibach 170/171 L 6
Laichingen 164 B 4

Lakkadiven 172/173 N 5
Lam 166 F 3
Landau (an der Isar) 164 E 4
Landeck 164 C 5
Landquart 164 B 6
Landsberg 164 CD 4
Landshut 164 E 4
Langenau 164 BC 4
Laos 172/173 P 4/5
Lappland 170/171 N-P 2
Lattakia 170/171 Q 8
Lauda-Königshofen 164 B 3
Lauf 164 D 3
Laun 164 F 2
Laupheim 164 B 4/5
Lausitzer Neiße 167 F 3
Lauterbach 164 B 2
Le Havre 170/171 HJ 6
Lech 164 C 4
Lechfeld 164 C 4
Lechtaler Alpen 164 C 5
Leer 167 B 2
Leeuwarden 167 AB 2
Legoland Günzburg 166 C 4
Leine 167 C 2/3
Leipzig 167 E 3
Lemberg 170/171 NO 5/6
Lena 172/173 Q 2
Lenggries 166 D 5
Leninakan → Gjumri
Leningrad → Sankt Petersburg
Lesotho 172/173 L 7
Lettland 170/171 NO 4
Leutensdorf 164 F 2
Leutkirch 164 B 5
Lhasa 172/173 O 4
Libanon 172/173 L 4
Libau 170/171 N 4
Liberec 167 F 3
Liberia 172/173 J 5
Libyen 172/173 KL 4
Lichtenfels 164 CD 2
Liechtenstein 164 B 5
Lienz 164 E 6
Lima 172/173 EF 6
Limbach-Oberfrohna 164 E 2
Limoges 170/171 J 6
Lindau 164 B 5
Lindenberg 164 B 5
Lingen 167 B 2
Lipezk 170/171 QR 5
Lippe 167 C 3
Lisboa 170/171 FG 8
Lissabon 170/171 FG 8
Litauen 170/171 NO 4
Litvínov 164 F 2
Liverpool 170/171 GH 5
Łódź 170/171 M 5

Lofotinseln 170/171 L 2
Lohberg 166 F 3
Lohr 164 B 3
Loire 170/171 J 6
Lolland 167 D 1
London 170/171 HJ 5
Los Angeles 172/173 CD 4
Louny 164 F 2
Luanda 172/173 K 6
Lubumbashi 172/173 L 6
Ludwigsburg 164 B 4
Ludwigshafen 167 C 4
Ludwigsstadt 166 D 2
Lübeck 167 D 2
Lübecker Bucht 167 D 1/2
Lüneburg 167 CD 2
Lüneburger Heide 167 CD 2
Lugansk 170/171 QR 6
Luleå 170/171 N 2
Lusen 164 F 4
Luxemburg, Staat 170/171 JK 6
Luxemburg, Stadt 167 AB 4
Lwiw 170/171 NO 5/6
Lyon 170/171 JK 6

M

Macau 172/173 P 4
Machatschkala 170/171 ST 7
Macquarieinseln 172/173 R 8
Madagaskar 172/173 M 6/7
Madeira 172/173 HJ 4
Madras → Chennai
Madrid 170/171 GH 7
Mädelegabel 164 C 5
Märchen-Erlebnispark Marquartstein 166 E 5
Märchenwald Wolfratshausen 166 D 5
Magdeburg 167 D 2
Mailand 170/171 KL 6
Main 164 C 2
Main-Donau-Kanal 164 CD 3
Mainz 167 C 3/4
Maladeta 170/171 HJ 7
Málaga 170/171 H 8
Malawi 172/173 L 6
Malaysia 172/173 P 5
Malediven 172/173 N 5
Mali 172/173 JK 5
Mallorca 170/171 J 8

Malmö 170/171 LM 4
Manaus 172/173 FG 6
Manchester 170/171 HJ 5
Manching 164 D 4
Manila 172/173 PQ 5
Mannheim 167 C 4
Manytschniederung 170/171 RS 6
Maputo 172/173 L 7
Marianen 172/173 R 4/5
Mariánské Lázně 164 E 3
Marienbad 164 E 2/3
Marienberg 164 F 2
Maritza 170/171 O 7
Marjupol 170/171 Q 6
Markt Indersdorf 164 D 4
Marktheidenfeld 164 B 3
Marktoberdorf 164 C 5
Marktredwitz 164 DE 3
Marktschellenberg 166 F 5
Marmarameer 170/171 O 7
Marokko 172/173 J 4
Marrakesch 170/171 G 9
Marseille 170/171 JK 7
Martinique 172/173 FG 5
Matrei 164 E 6
Mattighofen 164 EF 4
Mauretanien 172/173 J 4/5
Mauritius 172/173 MN 7
Maximiliansgrotte 166 D 3
Mazedonien 170/171 N 7
McDonald-Inseln 172/173 MN 8
Mecklenburg-Vorpommern 167 DE 2
Mehlis, Zella- 164 C 2
Meiningen 164 C 2
Meißen 167 E 3
Meißner 167 C 3
Melbourne 172/173 QR 7
Mellrichstadt 164 C 2
Memel 170/171 N 4
Memmingen 164 C 5
Memphis, Ruinenstätte 170/171 OP 10
Meppel 167 AB 2
Merseburg 167 DE 3
Mersin 170/171 P 8
Merzig 167 B 4

Mesen, Fluss 170/171 S 3
Mesen, Stadt 170/171 RS 2
Meseta 170/171 GH 7/8
Mesopotamien 170/171 R 8/9
Messina 170/171 LM 8
Meßkirch 164 B 5
Metten 166 E 4
Metzingen 164 B 4
Mexiko, Staat 172/173 DE 4/5
Mexiko, Stadt 172/173 DE 5
Miami 172/173 E 4
Michelstadt 164 AB 3
Mies, Fluss 164 E 3
Mies, Stadt 164 EF 3
Miesbach 164 DE 5
Mikronesien 172/173 R 5
Mindel 164 C 4
Mindelheim 164 C 4
Minden 167 C 2
Minneapolis 172/173 DE 3
Minsk 170/171 O 5
Misurata 170/171 LM 9
Mittelberg, Oy- 166 C 5
Mittellandkanal 167 BC 2
Mittelmeer 170/171 J-P 8/9
Mittenwald 164 D 5
Mittersill 164 E 5
Mittweida 164 EF 2
Mön 167 E 1
Mönchengladbach 167 AB 3
Mössingen 164 B 4
Mogadischu 172/173 M 5
Moldau 167 F 4
Molukken 172/173 Q 5/6
Monaco 170/171 K 7
Mondsee 164 F 5
Mongolei 172/173 OP 3
Montblanc 170/171 K 6
Montenegro 170/171 MN 7
Montreal 172/173 EF 3
Moosburg 164 D 4
Mosambik 172/173 L 6/7
Mosbach 164 B 3
Mosel 167 B 3
Moskau 170/171 PQ 4
Moskwa 170/171 PQ 4
Most 164 F 2
Mosul 170/171 R 8
Mühldorf 164 E 4
Mühlhausen 167 D 3
Münchberg 164 D 2
München 164 D 4
Münster, Stadt 167 B 2/3

Münsterland 167 B 3
Müritz 167 E 2
Mulde 167 E 3
Mumbai 172/173 N 5
Murcia 170/171 H 8
Murmansk 170/171 PQ 2
Murnau 164 D 5
Murrhardt 164 B 3
Myanmar 172/173 O 4/5
Mže 164 E 3

N

Naab 164 DE 3
Nabburg 164 E 3
Nabereschnyje Tschelny 170/171 TU 4
Nagelfluhkette, Naturpark 166 BC 5
Nairobi 172/173 LM 6
Namibia 172/173 K 6/7
Nanking 172/173 P 4
Nanseiinseln 172/173 Q 4
Nantes 170/171 H 6
Narjan-Mar 170/171 TU 2
Narvik 170/171 M 3
Naumburg 167 D 3
Ndschemena 172/173 KL 5
Neapel 170/171 L 7
Nebelhorn 164 C 5
Nebid Dag → Balkanabad
Neckar 167 C 4
Neckarsulm 164 B 3
Nedschef 170/171 R 9
Nepal 172/173 O 4
Nesselwang 166 C 5
Neu-Delhi 172/173 N 4
Neu-Ulm 164 C 4
Neualbenreuth 166 E 3
Neubrandenburg 167 E 2
Neuburg 164 D 4
Neufahrn 164 D 4
Neufundland 172/173 G 3
Neukaledonien 172/173 RS 7
Neukirchen beim heiligen Blut 166 EF 3
Neumarkt 164 D 3
Neumünster 167 CD 1
Neunkirchen 167 B 4
Neureichenau 166 F 4
Neuruppin 167 E 2
Neuseeland 172/173 S 7/8
Neustadt (an der Aisch) 164 C 3
Neustadt (an der Donau) 164 D 4
Neustadt (an der Orla) 164 D 2

Neustadt (bei Coburg) 164 CD 2
Neustrelitz 167 E 2
Neuwied 167 B 3
New Orleans 172/173 E 4
New York 172/173 F 3
Newcastle 170/171 HJ 4/5
Niamey 172/173 K 5
Nicaragua 172/173 EF 5
Nidda 164 B 2
Niedere Tauern 164 F 5
Niederlande 170/171 JK 5
Niederlausitz 167 EF 3
Niedersachsen 167 B-D 2
Nienburg 167 C 2
Niger 172/173 K 5
Nigeria 172/173 K 5
Nikobaren 172/173 O 5
Nikolajew 170/171 P 6
Nikosia 170/171 P 9
Nil 172/173 L 5
Ninive 170/171 R 8
Nischni Nowgorod 170/171 R 4
Nizza 170/171 K 7
Nördlicher Oberpfälzer Wald, Naturpark 166 DE 3
Nördlingen 164 C 4
Nord-Ostsee-Kanal 167 CD 1/2
Norden 167 B 2
Norderney 167 B 2
Nordfriesische Inseln 167 C 1
Nordfriesland 167 C 1
Nordhausen 167 D 3
Nordhorn 167 B 2
Nordkap 170/171 O 1
Nordkorea 172/173 Q 3/4
Nordrhein-Westfalen 167 BC 3
Nordsee 170/171 JK 4/5
Norfolkinsel 172/173 S 7
Norrköping 170/171 M 4
Norwegen 170/171 KL 2-4
Norwegische Rinne 170/171 JK 3/4
Norwegisches Becken 170/171 HJ 2
Nowaja Semlja 172/173 M 2

Nowgorod 170/171 P 4
Noworossiisk 170/171 Q 7
Nowosibirsk 172/173 O 3
Nürnberg 164 D 3
Nürtingen 164 B 4
Nuuk 172/173 G 2
Nyköbing 167 DE 1

O
Ob 172/173 N 2
Oberammergau 164 CD 5
Oberaudorf 166 E 5
Oberding 166 DE 4
Oberer Bayerischer Wald, Naturpark 166 E 3
Oberfrohna, Limbach- 164 E 2
Oberhof 164 C 2
Oberlausitz 167 F 3
Obermaiselstein 166 E 5
Oberpfälzer Wald, Mittelgebirge 164 E 3
Oberpfälzer Wald, Naturpark 166 E 3
Oberstaufen 166 B 5
Oberstdorf 164 C 5
Obervolta → Burkina Faso
Oberwiesenthal 164 EF 2
Ochsenfurt 164 BC 3
Ochsenhausen 164 BC 4/5
Odenwald 164 AB 3
Oder 170/171 M 5
Oderbruch 167 F 2
Odessa 170/171 P 6
Öland 170/171 M 4
Oelsnitz 164 E 2
Ösel 170/171 N 4
Österreich 170/171 LM 6
Östlicher Euphrat 170/171 QR 8
Oettingen 166 C 4
Ötztaler Alpen 164 CD 6
Offenbach 167 C 3
Offenburg 167 BC 4
Ofterschwang 166 C 5
Ohře 164 F 2
Oka 170/171 R 4
Olching 164 D 4
Oldenburg 167 BC 2
Olymp 170/171 N 7/8
Olympia, Ruinenstätte 170/171 N 8

Oman 172/173 M 4/5
Onegasee 170/171 Q 3
Oran 170/171 H 8
Ordschonikidse (Russland) → Wladikawkas
Orel 170/171 Q 5
Orenburg 170/171 U 5
Orkneyinseln 170/171 H 4
Orléans 170/171 HJ 6
Osaka 172/173 QR 4
Oslo 170/171 KL 4
Osnabrück 167 C 2
Oste 167 C 2
Osterinsel 172/173 D 7
Ostfriesische Inseln 167 B 2
Ostfriesland 167 B 2
Ostheim 164 C 2
Ostrov 164 E 2
Ostsee 170/171 MN 4
Osttimor 172/173 Q 6
Otava 164 F 3
Ottawa 172/173 EF 3
Ottobeuren 166 C 5
Ottobrunn 164 D 4
Oulu 170/171 O 2
Oy-Mittelberg 166 C 5

P
Paar 164 D 4
Paderborn 167 C 3
Pakistan 172/173 N 4
Palau 172/173 Q 5
Palermo 170/171 L 8
Palma 170/171 J 8
Panama 172/173 EF 5
Papua-Neuguinea 172/173 R 6
Paraguay 172/173 FG 7
Parchim 167 DE 2
Paris 170/171 J 6
Parsberg 164 D 3
Partenkirchen, Garmisch- 164 D 5
Partnachklamm 166 D 5
Passau 164 F 4
Patras 170/171 N 8
Peene 167 E 2
Pegnitz, Fluss 164 D 3
Pegnitz, Stadt 164 D 3

Peipussee 170/171 O 4
Peking 172/173 P 3
Peloponnes 170/171 N 8
Pensa 170/171 RS 5
Penzberg 164 D 5
Perm 170/171 TU 4
Persischer Golf 170/171 ST 10
Perth 172/173 P 7
Peru 172/173 F 6
Perwouralsk 170/171 U 4
Petrosawodsk 170/171 P 3
Petschora, Fluss 170/171 TU 2
Petschora, Stadt 170/171 TU 2
Pfänder 164 B 5
Pfaffenhofen 164 D 4
Pfarrkirchen 164 E 4
Pfofeld 166 C 3
Pforzheim 167 C 4
Pfullendorf 164 B 5
Philippinen 172/173 Q 5
Pilsen 164 F 3
Pindos 170/171 N 8
Pinzgau 164 EF 6
Pirmasens 167 B 4
Pirna 164 F 2
Písek 167 EF 4
Pitcairn 172/173 C 7
Pjatigorsk 170/171 RS 7
Plasy 164 F 3
Plattling 164 E 4
Plauen 164 DE 2
Pleinfeld 166 D 3
Pleiße 164 E 2
Pleskau 170/171 OP 4
Plöckenstein 164 F 4
Plzeň 164 F 3
Po 170/171 L 7
Pocking 164 F 4
Podgorica 170/171 M 7
Pößneck 164 D 2
Poing 166 DE 4
Polen 170/171 MN 5
Pommersche Bucht 167 F 1
Pontisches Gebirge 170/171 P-R 7
Port Moresby 172/173 R 6
Port Said 170/171 P 9
Porto 170/171 G 7
Portugal 170/171 G 7/8
Posen 170/171 M 5
Potsdam 167 E 2
Pottenstein 166 D 3
Prag 170/171 L 5/6
Praha 167 F 3/4

Pressburg 170/171 M 6
Příbram 167 EF 4
Prien 164 E 5
Prignitz 167 DE 2
Prinz-Eduard-Inseln 172/173 L 8
Priobje 170/171 V 3
Pripjet 170/171 O 5
Pripjetsümpfe 170/171 O 5
Priština 170/171 N 7
Puerto Rico 172/173 F 5
Punta Arenas 172/173 EF 8
Pusan 172/173 Q 4
Puttgarden 167 D 1
Pyrenäen 170/171 HJ 7

Q
Quito 172/173 EF 5

R
Rabat 170/171 G 9
Rachel 164 F 4
Radebeul 164 F 1
Radstadt 164 F 5
Rätikon 164 B 5/6
Rain 164 C 4
Rakonitz 164 F 2
Rakovník 164 F 2
Ramsau 166 E 5
Rangun → Yangon
Rankweil 164 B 5
Rauher Kulm 164 D 3
Ravensburg 164 B 5
Recife 172/173 H 6
Regen, Fluss 164 E 3
Regen, Stadt 164 EF 3/4
Regensburg 164 E 3
Regenstauf 164 E 3
Regnitz 164 C 3
Reichenbach 164 E 2
Reichenberg 167 F 3
Reit im Winkl 166 E 5
Remiremont 167 B 5
Rendsburg 167 CD 1
Rescht 170/171 S 8
Réunion 172/173 M 7
Reutlingen 164 B 4
Reutte 164 C 5
Reval → Tallinn
Revilla-Gigedo-Inseln 172/173 D 5
Reykjanesrücken 170/171 BC 3/4
Reykjavík 170/171 CD 3
Rhein 167 B 3

Rheine 167 B 2
Rheinland-Pfalz 167 BC 3/4
Rhodopen 170/171 NO 7
Rhodos 170/171 O 8
Rhön, Biosphärenreservat 166 BC 2
Rhön, Mittelgebirge 164 BC 2
Rhône 170/171 J 7
Riad 172/173 M 4
Ried 164 F 4
Riedenburg 166 D 3/4
Rienz 164 D 6
Ries 164 C 4
Riesa 167 E 3
Riga 170/171 N 4
Rio de Janeiro 172/173 GH 7
Rjasan 170/171 Q 5
Rockall 170/171 F 4
Roding 164 E 3
Rodrigues 172/173 N 6
Rödbyhavn 167 D 1
Röthenbach 164 D 3
Roggenburg 166 C 4
Rokycany 164 F 3
Rom 170/171 L 7
Roma 170/171 L 7
Romanshorn 164 B 5
Rosenberg, Sulzbach- 164 D 3
Rosenheim 164 E 5
Roßlau, Dessau- 167 DE 3
Rostock 167 E 1
Rostow 170/171 QR 6
Rotenburg 164 B 1
Roter Main 164 D 2/3
Roth 164 D 3
Rothaargebirge 167 C 3
Rothenburg 164 C 3
Rott 164 F 4
Rottach-Egern 166 D 5
Rottenburg 164 DE 4
Rotterdam 170/171 JK 5
Ruanda 172/173 L 6
Rudolstadt 164 D 2
Rügen 167 EF 1
Ruhpolding 164 E 5
Ruhr 167 C 3
Rumänien 170/171 NO 6
Russland 170/171 P-U 5
Rybinsk 170/171 QR 4
Rybinsker Stausee 170/171 PQ 4

S

Saalach 164 E 5
Saale 164 D 2
Saalfeld 164 D 2
Saalfelden 164 E 5
Saar 167 B 4
Saarbrücken 167 B 4
Saarburg 167 B 4
Saarland 167 B 4
Saaz 164 F 2
Sachalin 172/173 R 3
Sachsen-Anhalt 167 DE 2/3
Sachsen 167 EF 3
Säntis 164 B 5
Safi 170/171 G 9
Safid 170/171 ST 8
Sahara, Land 172/173 J 4
Saharaatlas 170/171 JK 8/9
Saint-Dié 167 B 4
Saint Kitts und Nevis 172/173 FG 4
Saint Lucia 172/173 F 5
Saint-Pierre und Miquelon 172/173 G 3
Saint Vincent und die Grenadinen 172/173 F 5
Sala-y-Gomez 172/173 DE 7
Salmünster, Bad Soden- 164 B 2
Salomonen 172/173 RS 6
Saloniki 170/171 N 7
Salzach 164 E 4
Salzbergwerk Berchtesgaden 166 F 5
Salzburg 164 F 5
Salzburger Alpen 167 E 5
Salzburger Kalkalpen 164 EF 5
Salzgitter 167 D 2
Salzkammergut 164 F 5
Samara 170/171 T 5
Sambia 172/173 L 6
Samsun 170/171 Q 7
San Félix 172/173 E 7
San Francisco 172/173 C 4
San Marino 170/171 L 7
Sankt Batholomä 166 EF 5
Sankt Englmar 166 E 4
Sankt Gallen 164 B 5
Sankt-Georgs-Kanal 170/171 G 5
Sankt Helena 172/173 J 6
Sankt Johann (im Pongau) 164 F 5
Sankt Johann (Tirol) 164 E 5
Sankt-Lorenz-Insel 172/173 T 2
Sankt Michael 164 F 5
Sankt Paul (Atlantischer Ozean) 172/173 H 5
Sankt Paul (Indischer Ozean) 172/173 N 7
Sankt Petersburg 170/171 OP 3/4
Sankt Wolfgang 164 F 5
Santander 170/171 H 7
Santiago 172/173 F 7
São Paulo 172/173 GH 7
São Tomé und Príncipe 172/173 JK 5/6
Saporoschje 170/171 Q 6
Sarajevo 170/171 M 7
Saratow 170/171 RS 5
Sardinien 170/171 K 7
Sarrebourg 167 B 4
Sassnitz 167 E 1
Saudi-Arabien 172/173 LM 4
Sauerland 167 BC 3
Save 170/171 M 6
Schachty 170/171 R 6
Schaffhausen 167 C 5
Schanghai 172/173 Q 4
Schaufling 166 F 4
Schdanow → Marjupol
Scheidegg 166 B 5
Scheliff 170/171 J 8
Schellenberger Eishöhle 166 F 5
Scheßlitz 164 D 3
Schiras 170/171 T 10
Schitomir 170/171 O 5
Schlackenwerth 164 E 2
Schladming 164 F 5
Schleiz 164 D 2
Schleswig-Holstein 167 CD 1/2
Schleswig 167 C 1
Schlettstadt 167 B 4
Schleusingen 164 CD 2
Schliersee 164 DE 5
Schloss Thurn Erlebnisland 166 C 3
Schlüchtern 164 B 2
Schlüsselfeld 164 C 3
Schmalkalden 164 C 2
Schmölln 164 E 2
Schnaittach 166 D 3
Schneeberg, Berg 164 DE 2
Schneeberg, Stadt 164 E 2
Schönau 166 E 5
Schongau 164 C 5
Schorndorf 164 B 4
Schott Dscherid 170/171 KL 9
Schotten 164 AB 2
Schrobenhausen 164 D 4
Schüttenhofen 164 F 3
Schulerloch, Tropfsteinhöhle 166 D 4
Schussen 164 B 5
Schwabach 164 C 3
Schwabmünchen 164 C 4
Schwäbisch Gmünd 164 B 4
Schwäbisch Hall 164 B 3
Schwäbische Alb 164 BC 4
Schwalm 164 B 2
Schwalmstadt 164 AB 2
Schwandorf 164 DE 3
Schwangau 166 C 5
Schwarze Elster 167 E 3
Schwarzenberg 164 E 2
Schwarzes Meer 170/171 PQ 7
Schwarzkoppe 164 E 3
Schwarzwald 167 BC 4/5
Schwaz 164 D 5
Schweden 170/171 LM 3/4
Schwedt 167 EF 2
Schweinfurt 164 C 2
Schweiz 170/171 K 6
Schwenningen, Villingen- 167 C 4/5
Schwerin 167 D 2
Seattle 172/173 C 3
Seefeld 164 D 5
Seeon, Kloster 166 E 4
Seine 170/171 J 6
Selb 164 E 2
Sélestat 167 B 4
Semnan 170/171 T 8
Senden 164 C 4
Senegal 172/173 J 5
Seoul 172/173 Q 4
Serbien 170/171 N 7
Sergejew Possad 170/171 Q 4
Setif 170/171 K 8
Sevilla 170/171 G 8
Sewalan 170/171 S 8
Sewastopol 170/171 P 7
Sewernaja Semlja 172/173 P 1/2
Sewerodwinsk 170/171 QR 3
Seychellen 172/173 MN 6
Sfax 170/171 L 9
Sheffield 170/171 HJ 5
Shetlandinseln 170/171 H 3
Sidi-bel-Abbès 170/171 HJ 8/9
Sieg 167 B 3
Siegen 167 C 3
Siegsdorf 166 E 5
Sierra Leone 172/173 HJ 5
Sierra Nevada 170/171 H 8
Sigmaringen 164 B 4
Silvrettagruppe 164 BC 6
Simbabwe 172/173 L 6/7
Simbach 164 E 4
Simferopol 170/171 P 6/7
Sindelfingen 164 B 4
Singapur 172/173 P 5
Sirte 170/171 M 9
Sivas 170/171 Q 7/8
Sizilien 170/171 L 8
Skagerrak 170/171 L 4
Skandinavien 170/171 L-N 2/3
Skikda 170/171 K 8
Skopje 170/171 N 7
Skyline Park Rammingen 166 C 4
Slatoust 170/171 U 4
Slowakei 170/171 MN 6
Slowenien 170/171 LM 6
Smolensk 170/171 P 5
Sofia 170/171 N 7
Sokolov 164 E 2
Sokotra 172/173 M 5
Solingen 167 B 3
Solling 167 C 3
Sollum 170/171 NO 9
Somalia 172/173 M 5
Sonneberg 164 D 2
Sonthofen 164 C 5
Sorau 167 F 3
Sotschi 170/171 Q 7
Southampton 170/171 H 5
Spanien 170/171 GH 8
Spessart 164 B 2/3
Spiegelau 166 F 4
Spitzbergen 172/173 KL 1
Split 170/171 M 7
Sporaden 170/171 O 8
Spree 167 F 3
Sri Lanka 172/173 O 5
Stade 167 C 2
Stadtallendorf 164 AB 2
Staffelsee 164 D 5
Staňkov 164 EF 3
Starnberg 164 D 4
Starnberger See 164 D 5
Stausee von Nischni Nowgorod 170/171 RS 4
Stausee von Samara 170/171 ST 5
Stawropol 170/171 R 6
Steigerwald, Mittelgebirge 164 C 3
Steigerwald, Naturpark 166 C 3
Steinach 164 D 5
Steinwald, Naturpark 166 E 3
Stendal 167 D 2
Sterlitamak 170/171 TU 5
Sterzing 164 D 6
Stettin 170/171 LM 5
Stockholm 170/171 M 4
Stollberg 164 E 2
Stralsund 167 E 1
Straßburg 170/171 K 6
Straße von Dover 170/171 J 5
Straße von Gibraltar 170/171 GH 8
Straße von Sizilien 170/171 L 8
Straßwalchen 164 F 4/5
Straubing 164 E 4
Stříbro 164 EF 3
Stubaier Alpen 164 CD 5
Sturmannshöhle 166 BC 5
Stuttgart, Stadt 167 C 4
Suchona 170/171 R 3
Suchumi 170/171 QR 7
Sudan 172/173 L 5
Süd-Orkney-Inseln 172/173 GH 8/9
Süd-Sandwich-Inseln 172/173 HJ 8
Südafrika 172/173 KL 7
Südgeorgien 172/173 H 8
Südkorea 172/173 Q 4
Südsudan 172/173 L 5
Sues 170/171 P 10
Sueskanal 170/171 P 9
Suhl 164 C 2
Sulzbach-Rosenberg 164 D 3
Sumatra 172/173 OP 5/6
Sumgait 170/171 S 7
Sumy 170/171 P 5
Sundsvall 170/171 M 3
Suriname 172/173 G 5
Susa, Ruinenstätte 170/171 S 9
Sušice 164 F 3
Swasiland 172/173 L 7
Swerdlowsk → Jekaterinburg
Swinemünde 167 EF 2
Świnoujście 167 EF 2
Sydney 172/173 R 7
Syktywkar 170/171 T 3
Sylt 167 C 1
Syrien 172/173 LM 4
Syrische Wüste 170/171 QR 9
Sysran 170/171 S 5
Szczecin 167 F 2

T

Tachau 164 E 3
Tachov 164 E 3
Tadschikistan 172/173 N 4
Täbris 170/171 S 8
Taipeh 172/173 Q 4
Taiwan 172/173 Q 4
Tajo 170/171 H 7
Tallinn 170/171 NO 4
Tambow 170/171 R 5
Tampere 170/171 N 3

Tanger 170/171 G 8
Tansania 172/173 L 6
Tanta 170/171 P 9
Taschkent 172/173 N 3
Tasmanien 172/173 R 8
Tauber 164 BC 3
Tauberbischofsheim 164 B 3
Taufstein 164 B 2
Taunus 167 C 3
Taurus 170/171 PQ 8
Taus 164 E 3
Tbilissi 170/171 RS 7
Tegernsee 164 D 5
Teheran 170/171 ST 8
Tel Aviv-Jaffa 170/171 P 9
Telfs 164 CD 5
Tellatlas 170/171 H-K 8
Temesvar 170/171 N 6
Teplice 164 F 2
Teplitz 164 F 2
Ternopol 170/171 O 6
Tetuan 170/171 GH 8
Teufelshöhle 166 D 3
Teutoburger Wald 167 BC 2/3
Thailand 172/173 OP 5
Theiß 170/171 N 6
Thionville 167 B 4
Thüringen 167 D 3
Thüringer Wald 164 C 2
Thyrnau 166 F 4
Tibet 172/173 O 4
Tiflis 170/171 RS 7
Tigris 170/171 S 9
Timanrücken 170/171 ST 2/3
Tirana 170/171 M 7
Tobruk 170/171 N 9
Togliatti 170/171 S 5
Togo 172/173 JK 5
Tokio 172/173 R 4
Torgau 167 E 3
Toulouse 170/171 HJ 7
Trabzon 170/171 QR 7
Traun 164 F 5
Traunreut 164 E 5
Traunsee 164 F 5
Traunstein 164 E 5
Travemünde, Lübeck- 167 D 1
Treuchtlingen 164 C 4
Trier 167 B 4
Trindade 172/173 H 7
Trinidad und Tobago 172/173 FG 5
Tripolis 170/171 L 9
Tristan da Cunha 172/173 J 7
Troisdorf 167 B 3

Trondheim 170/171 KL 3
Tropfsteinhöhle Schulerloch 166 D 4
Trostberg 164 E 4
Tschad 172/173 KL 5
Tschagosinseln 172/173 NO 6
Tscheboksary 170/171 S 4
Tschechische Republik 170/171 LM 6
Tschelkar 170/171 U 6
Tschernigow 170/171 P 5
Tschita 172/173 P 3
Tschungking 172/173 P 4
Tshwane 172/173 L 7
Tübingen, Stadt 164 B 4
Türkei 170/171 O-Q 8
Tula 170/171 Q 5
Tunesien 172/173 K 4
Tunis 170/171 KL 8
Turgaisenke 170/171 V 5
Turin 170/171 K 6/7
Turkmenistan 172/173 MN 3/4
Turku 170/171 N 3
Tuttlingen 167 C 5
Tutzing 164 D 5
Twer 170/171 Q 4
Tyrrhenisches Meer 170/171 L 7/8

U

Uchta 170/171 TU 3
Uckermark 167 EF 2
Überlingen 164 B 5
Uelzen 167 D 2
Ufa 170/171 TU 4/5
Uffenheim 164 C 3
Uganda 172/173 L 5/6
Ujda 170/171 H 9
Ukraine 170/171 O-Q 6
Ulan-Bator 172/173 P 3
Ulm 164 B 4
Ungarn 170/171 M 6
Unstrut 167 D 3
Unterföhring 166 D 4
Unterhaching 166 D 4
Unterschleißheim 166 D 4
Uppsala 170/171 M 3/4
Ur, Ruinenstätte 170/171 S 9
Ural, Fluss 170/171 T 6
Ural, Gebirge 170/171 U 3/4
Uralsk 170/171 T 5
Urfa 170/171 Q 8
Urmia 170/171 RS 8

Urmiasee 170/171 RS 8
Uruguay 172/173 G 7
USA → Vereinigte Staaten
Usbekistan 172/173 MN 3/4
Usedom 167 EF 1

V

Vaduz 164 B 5
Vänersee 170/171 L 4
Valencia 170/171 HJ 8
Van 170/171 R 8
Vancouver 172/173 CD 3
Vansee 170/171 R 8
Vaterstetten 166 DE 4
Vatnajökull 170/171 E 3
Vechta 167 C 2
Vechte 167 B 2
Veldensteiner Forst, Naturpark 166 D 3
Venedig 170/171 L 6
Venezuela 172/173 F 5
Venlo 167 AB 3
Verden 167 C 2
Vereinigte Arabische Emirate 172/173 M 4
Vereinigte Staaten 172/173 DE 3/4
Vestfjord 170/171 L 2
Vesuv 170/171 LM 7
Viechtach 164 E 3
Vietnam 172/173 P 5
Villingen-Schwenningen 167 C 4/5
Vilnius 170/171 O 5
Vils (zur Donau) 164 E 4
Vils (zur Naab) 164 D 3
Vilsbiburg 164 E 4
Vilseck 164 D 3
Vilshofen 164 EF 4
Vimperk 164 F 3
Vipiteno 164 D 6
Vltava 167 F 4
Vöcklabruck 164 F 4
Vogelsberg 164 B 2
Vogesen 167 B 4/5
Vogtland 164 DE 2
Volkach 164 C 3
Vorpommern, Mecklenburg- 167 DE 2
Vulkaninseln 172/173 R 4

W

Waging 166 E 5
Waiblingen 164 B 4
Walachei 170/171 NO 7
Walchensee 164 D 5

Waldkirchen 166 F 4
Waldkraiburg 164 E 4
Waldmünchen 164 E 3
Waldsassen 164 E 3
Walenstadt 164 B 5
Walhalla 166 E 3
Waltershausen 164 C 2
Wangen 164 B 5
Warburg 167 C 3
Warna 170/171 O 7
Warnemünde, Rostock- 167 DE 1
Warschau 170/171 N 5
Warszawa 170/171 N 5
Washington 172/173 F 4
Wasserburg (am Bodensee) 166 B 5
Wasserburg (am Inn) 164 E 4
Wasserkuppe 164 B 2
Wattwil 164 B 5
Watzmann 164 E 5
Weichsel 170/171 N 5
Weiden 164 E 3
Weilheim 164 CD 5
Weimar 164 D 2
Weingarten 164 B 5
Weiße Elster 164 DE 2
Weißenburg 164 D 3
Weißenstadt 166 DE 2
Weißer Main 164 D 2/3
Weißes Meer 170/171 QR 2
Weißrussland 170/171 N-P 5
Wellington 172/173 ST 8
Weltenburg 166 DE 4
Wendelstein 164 E 5
Werdau 164 E 2
Werneck 164 C 3
Wernigerode 167 D 3
Werra 167 C 3
Wertach, Fluss 164 C 4
Wertach, Ort 166 C 5
Wertheim 164 B 3
Wertingen 164 C 4
Wesel 167 B 3
Weser 167 C 2
Wessobrunn, Kloster 166 CD 5
Westerland 167 C 1
Westerwald 167 BC 3
Westeuropäisches Becken 170/171 E-G 6
Westirian 172/173 Q 6
Westlicher Euphrat 170/171 QR 8
Wettersteingebirge 164 CD 5

Wetzlar 167 C 3
Wien 170/171 M 6
Wiesbaden 167 BC 3
Wiesenufer 170/171 S 5
Wilder Kaiser 164 E 5
Wildspitze 164 C 6
Wilhelmshaven 167 B 2
Wilna → Vilnius
Windhuk 172/173 K 7
Windischeschenbach 164 DE 3
Winnipeg 172/173 DE 3
Winniza 170/171 OP 6
Winterberg 164 F 3
Wismar 167 D 2
Witebsk 170/171 P 4
Wittenberg 167 E 3
Wittenberge 167 DE 2
Wjatka 170/171 S 4
Wladikawkas 170/171 RS 7
Wladimir 170/171 QR 4
Wladiwostok 172/173 QR 3
Wörgl 164 E 5
Wörnitz 164 C 3/4
Wörth 164 E 3
Wolfgangsee 164 F 5
Wolfratshausen 164 D 5
Wolfsburg 167 D 2
Wolga 170/171 Q 4
Wolgograd 170/171 R 6
Wollin 167 F 1/2
Wologda 170/171 QR 4
Wolschski 170/171 RS 6
Wolynien 170/171 O 5
Woronesch 170/171 QR 5
Woroschilowgrad → Lugansk
Würzburg 164 B 3
Wuppertal 167 B 3
Wytschegda 170/171 T 3

X

Xian 172/173 P 4

Y

Yangon 172/173 O 5

Z

Zagreb 170/171 M 6
Zagrosgebirge 170/171 ST 8/9
Zaragoza 170/171 HJ 7

Zard-Kuh 170/171 T 9
Žatec 164 F 2
Zeitz 164 E 1
Zell am See 164 E 5
Zella-Mehlis 164 C 2
Zentralafrikanische Republik 172/173 KL 5
Zentralmassiv 170/171 J 6/7
Ziller 164 D 5
Zillertaler Alpen 164 DE 5
Zimljansker Stausee 170/171 RS 6
Zirndorf 164 C 3
Zittau 167 F 3
Zonguldak 170/171 P 7
Zschopau, Fluss 164 F 1/2
Zschopau, Stadt 164 F 2
Zürich 170/171 K 6
Zugspitze 164 D 5
Zwernitz 166 D 3
Zwickau 164 E 2
Zwickauer Mulde 164 E 1/2
Zwiesel 164 F 3
Zwolle 167 B 2
Zypern 170/171 P 8